全国高等职业教育“十三五”规划教材
休闲农业系列教材

休闲农业管理

XIUXIAN NONGYE GUANLI

苏允平　主编

中国农业出版社
北　京

图书在版编目（CIP）数据

休闲农业管理 / 苏允平主编 . —北京：中国农业出版社，2019. 11

全国高等职业教育“十三五”规划教材 休闲农业系列教材

ISBN 978-7-109-26145-7

Ⅰ. ①休… Ⅱ. ①苏… Ⅲ. ①观光农业—农业管理—高等职业教育—教材 Ⅳ. ①F304. 1

中国版本图书馆 CIP 数据核字（2019）第 244571 号

中国农业出版社出版

地址：北京市朝阳区麦子店街 18 号楼

邮编：100125

总 策 划：颜景辰　　责任编辑：许艳玲　　文字编辑：刘昊阳

版式设计：王　晨　　责任校对：巴洪菊

印刷：北京通州皇家印刷厂

版次：2019 年 11 月第 1 版

印次：2019 年 11 月北京第 1 次印刷

发行：新华书店北京发行所

开本：787mm×1092mm　1/16

印张：11. 25

字数：256 千字

定价：36. 50 元

编写人员

主　编　苏允平

副主编　覃嘉佳　周小艳

编　者　（以姓氏笔画为序）

许　敏　孙　铮　苏允平

李　明　李　敏　杨　明

吴　珍　吴国庆　余海波

周小艳　徐　静　覃嘉佳

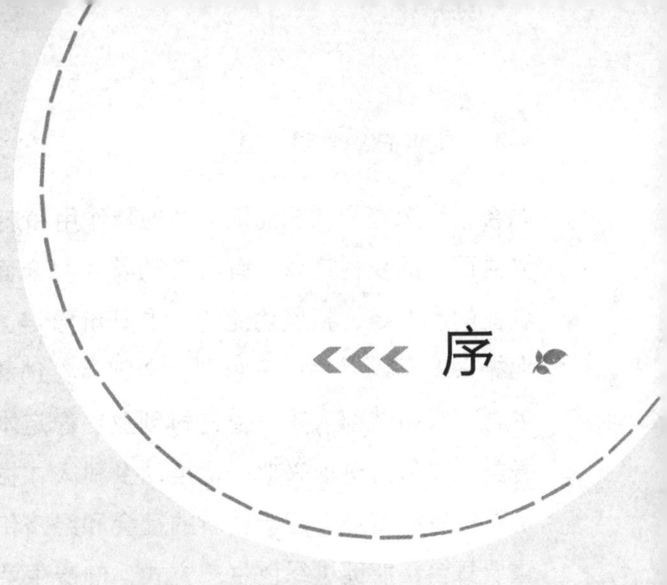

序

实施乡村振兴战略，是党的十九大做出的重大决策，是新时代“三农”工作的总抓手。实现乡村振兴，基础在产业振兴。习近平总书记强调，产业兴旺是解决农村一切问题的前提，要推动乡村产业振兴，构建乡村产业体系，实现产业兴旺。休闲农业促进了农业文化旅游“三位一体”、生产生态生活同步改善、一产二产三产深度融合，已成为农民就近就业增收的重要渠道和促进城乡融合发展的桥梁纽带，对于实现乡村振兴和全面小康有着十分重要的意义。

近年来，我国休闲农业有了长足的发展，产业规模迅速扩大，发展主体类型多元，产业布局不断优化，发展机制持续创新。2017 年我国休闲农业和乡村旅游接待人次已达 28 亿，营业收入超 7 400 亿元，从业人员达到 1 100 万人，带动 750 万户农民受益。从实践看，休闲农业依托农村资源，开发服务城乡居民的市场产品，一端连着田间地头，一端连着消费市场，不断吸引城乡各类要素资源向乡村汇聚。在农业供给侧，发掘了乡村的新功能新价值，把绿水青山转化为金山银山，让农业农村不仅可以为全国人民“搞饭”，也可以为城市人“搞绿”，为农村人“搞钱”；不但生产农产品，也生产生态产品、体验产品和文旅产品等，促进“农业＋”文化、教育、旅游、康养等产业，催生创意农业、教育农园、消费体验、民宿服务、康养农业等新产业新业态，为农业农村重塑产业形态，实现乡村产业变革。在需求侧，实现了消费主体的集聚，通过试吃体验、科普讲解等方式，发挥网站、公众号和电商的展示、互动、体验功能，帮助消费者获取对称的信息，让农业农村资源充分发挥价值。

休闲农业以其新颖的产业形态和有效的运行方式，日益展现出产业融合、资源整合和功能聚合的独特作用和迷人魅力，成为农民参与度高、受益面广的乡村产业，有力推动着乡村全面振兴。休闲农业能有效延伸农业的产业链、拓展功能链、提升价值链、构建利益链，是推动乡村产业振兴的有效抓手；将智创、文创、农创和现代科技、方式、理念引入乡村，吸引外部人才下乡进村创业、稳定本乡人才就地就近就业、激发各类人才努力进取兴业，是推动乡村人才振兴的重要平台；能深入挖掘沉睡的乡村资源，赋予其新的社会和经济价值，是推动乡村文化振兴的重要舞台；能促进绿色生产方式、健康生活方式和科学消费方式在乡村的推广，是推动乡村生态振兴的重要途径；能激励乡村产业体系、经营方式、经济关系的重塑，从而促进乡村治理体系和治理能力的重塑，是推动乡村组织振兴的重要推手。

为顺应休闲农业快速发展和持续创新的需要，回应各界人士对加强休闲农业理论研究和教学实践的关注，解决休闲农业专业学历教育与从业人员培训教材匮乏的问题，农业农村部乡村产业发展司和中国农业出版社组织全国十多所院校、部分省市休闲农业协会等单位编写的这套休闲农业系列教材，就休闲农业专业对接新型产业、人才培养进行了探索。这套教材结合国家现有相关政策，进一步明确了休闲农业专业与其他学科、专业的区别，既系统阐述了休闲农业专业的基础理论，又紧扣现代农庄、共享农庄、民宿等发展实践需求，有理论、有案例，对休闲农业专业人才与从业人员学习、培训有很好的参考价值。

当然，由于休闲农业是一种新兴产业，其理论研究需要不断探索和创新，这套教材也需要在今后休闲农业产业发展实践中逐步完善。

农业农村部乡村产业发展司司长

前言

随着休闲农业的发展，休闲农业园区管理变得越来越重要。针对从事休闲农业和乡村旅游规划设计和开发、经营和管理等岗位的应用型人才，我们编写了《休闲农业管理》这本教材。本教材针对目前我国休闲农业发展的特点，以适合的相关理论为前提，以加强休闲农业规范化、特色化管理为目的，对休闲农业园区管理的基本概念、理论和特征，休闲农业项目开发，以及休闲农业园区生产、游客、服务、人力资源、财务、质量、安全、环境8个方面的管理方式方法等进行了系统讲述和分析，较全面地反映了当今休闲农业园区管理的重点与关键。本教材充分考虑教与学的需要，融知识传授、技能训练和素质养成为一体，案例丰富、难度适宜。本教材还考虑到培养职场人士应具备的基本素质，包括自理自律能力、学习发展能力、交流合作能力、信息处理能力、管理能力、耐苦耐挫能力、应急应变能力、创新能力。通过本教材的学习，可以掌握休闲农业的园区管理知识，具备休闲农业园区管理的应用能力，此外，本课程还与休闲农业概论、休闲农业规划、休闲农业营销、休闲农业服务、休闲农业电子商务等专业课程形成先后衔接、融会贯通的效果。

本教材由苏允平担任主编，覃嘉佳、周小艳担任副主编，具体编写分工为：第一章由湖南生物机电职业技术学院吴珍编写，第二章、第九章由河南农业职业学院徐静编写，第三章由辽宁职业学院杨明编写，第四章由江西生物科技职业学院、江西省休闲农业产业技术体系规划与设计岗位专家覃嘉佳编写，第五章由上海农林职业技术学院李明编写，第六章由湖南生物机电职业技术学院周小艳编写，第七章由辽宁职业学院苏允平编写，第八章由江苏农牧科技职业学院许敏编写，第十章由江苏农林职业技术学院余海波编写，本教材由苏允平、覃嘉佳统稿并进行文字编排，北京市农村经济研究中心吴国庆、李敏，中国农业出版社孙铮为本书提供了部分视频和资源。

在本教材中，编者借鉴并引用了部分国内外专著、科技期刊的书刊资料和研究成果，浏览了许多相关网站，在此表示感谢！

编　者

2019 年 4 月

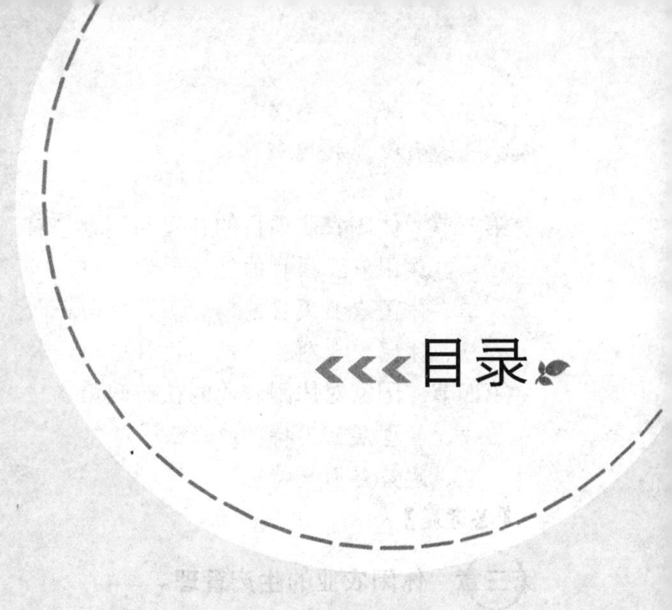

目录

序
前言

第一章　休闲农业管理概述　/ 1

第一节　管理与现代企业管理概述 / 1
一、管理概述 / 1
二、现代企业管理概述 / 2
第二节　休闲农业管理 / 5
一、休闲农业管理的概念 / 5
二、休闲农业管理的内容 / 6
三、休闲农业企业管理模式 / 8
【思考题】/ 9

第二章　休闲农业项目　/ 10

第一节　休闲农业资源 / 10
一、农业生态环境类休闲农业资源 / 10
二、农民生活类休闲农业资源 / 11
三、农事生产类休闲农业资源 / 12
第二节　休闲农业项目的类型 / 12
一、现代农业科技示范园 / 12
二、特色农庄 / 13
三、民宿 / 13
四、特色小镇 / 13
五、田园综合体 / 13
六、农业嘉年华 / 13

第三节　休闲农业项目的开发与创办 / 14
一、休闲农业项目的开发原则 / 14
二、休闲农业项目前期资源调查与评价 / 15
三、休闲农业项目的规划设计 / 16
第四节　国家对休闲农业的扶持政策 / 17
一、管理层面支持 / 17
二、政策层面支持 / 18
【思考题】/ 18

第三章　休闲农业的生产管理　/ 19

第一节　休闲农业土地资源管理 / 19
一、休闲农业土地管理的相关政策法规 / 19
二、休闲农业的土地流转 / 22
三、休闲农业土地管理的原则 / 23
第二节　休闲农业生产技术管理 / 23
一、休闲农业生产技术管理原则 / 24
二、休闲农业作物生产技术管理 / 24
三、休闲畜牧业技术管理要点 / 27
四、休闲渔业技术管理 / 29
第三节　休闲农业食品加工管理 / 30
一、休闲农业食品加工中存在的安全隐患 / 30
二、休闲农业食品加工管理原则 / 31
三、休闲农业食品加工管理要点 / 32
【思考题】/ 34

第四章　休闲农业园区的游客管理　/ 35

第一节　休闲农业园区游客管理的内涵 / 36
一、游客管理的定义 / 36
二、游客管理的意义 / 36
三、休闲农业园区游客的构成 / 37
第二节　休闲农业园区游客行为特征 / 37
一、休闲农业园区内游客的时空特征 / 38
二、休闲农业园区内游客行为的差异 / 39
三、游客行为对休闲农业园区的影响 / 40
第三节　休闲农业园区游客管理的内容 / 41
一、规范游客的行为 / 41
二、保障游客在休闲农业园区的安全 / 43
三、保全休闲农业园区资源 / 45
第四节　休闲农业园区游客管理方法 / 48

一、休闲农业园区游客的引导型管理方法 / 48
二、休闲农业园区游客的激发型管理方法 / 49
三、休闲农业园区游客的约束型管理方法 / 50
四、园区重点时段的游客管理方法 / 50
五、园区重点区域的游客管理方法 / 51
【思考题】/ 52
第五章　休闲农业服务管理　/ 53
第一节　休闲农业园区的接待管理 / 53
一、售票服务 / 53
二、验票服务 / 54
三、咨询服务 / 55
四、投诉受理服务 / 58
第二节　休闲农业园区的商业服务管理 / 60
一、餐饮服务管理 / 60
二、购物服务管理 / 62
三、休闲农业园区特色活动服务管理 / 64
第三节　休闲农业园区的住宿服务管理 / 65
一、住宿的服务流程管理 / 65
二、住宿的卫生管理 / 66
三、住宿的安全管理 / 68
第四节　休闲农业园区的公共服务管理 / 70
一、公共服务管理的内容 / 70
二、休闲农业园区公共服务体系的完善 / 73
【思考题】/ 75
第六章　休闲农业人力资源管理　/ 76
第一节　人力资源管理概述 / 76
一、休闲农业人力资源的特点 / 77
二、休闲农业人力资源管理的问题 / 77
三、休闲农业园人力资源管理的重要性 / 78
第二节　休闲农业人力资源组织 / 79
一、休闲农业人力资源的组织结构 / 79
二、休闲农业园人力资源的组织 / 84
第三节　休闲农业人力资源开发 / 85
一、招聘的概念与原则 / 85
二、招聘的程序 / 86
三、招聘的方式 / 87
四、休闲农业员工的培训 / 88

第四节 休闲农业人力资源绩效考核与工作激励 / 91
一、绩效考核 / 91
二、工作激励 / 94
【思考题】/ 97

第七章 休闲农业企业财务管理 / 98

第一节 休闲农业企业财务管理概述 / 98
一、休闲农业企业财务管理的概念 / 98
二、休闲农业企业财务管理的内容 / 99
三、休闲农业企业财务管理的目标 / 99
第二节 休闲农业企业筹资管理 / 100
一、政策扶持资金 / 101
二、银行借款 / 102
三、建设-经营-转让（BOT）融资 / 102
四、PPP 融资 / 102
五、股份制融资 / 103
六、风险投资 / 103
七、众筹 / 104
第三节 休闲农业企业投资管理 / 104
一、投资管理 / 104
二、投资现金流量估算 / 105
第四节 休闲农业企业营运资金管理 / 107
一、营运资金 / 107
二、现金和有价证券管理 / 107
三、存货管理 / 109
四、应收账款管理 / 110
第五节 股利分配管理 / 110
一、股利分配 / 110
二、股利政策 / 111
【思考题】/ 114

第八章 休闲农业园区质量管理 / 115

第一节 休闲农业园区质量概述 / 115
一、休闲农业园区质量的定义 / 115
二、休闲农业园区质量的分类 / 116
第二节 休闲农业园区质量管理 / 116
一、质量管理概述 / 117
二、休闲农业园区质量管理的定义 / 119
三、休闲农业园区质量管理的原则 / 119

第三节 休闲农业园区全面质量管理 / 120
一、休闲农业园区全面质量管理的定义 / 120
二、休闲农业园区全面质量管理的特点 / 120
三、休闲农业园区全面质量管理的方法 / 121
第四节 休闲农业园区服务质量管理 / 124
一、休闲农业园区服务质量的概念 / 124
二、休闲农业园区服务质量的内容 / 124
三、休闲农业园区服务质量规范 / 125
【思考题】/ 125

第九章 休闲农业安全管理 / 126

第一节 休闲农业安全管理概述 / 126
一、休闲农业安全管理的概念 / 126
二、休闲农业安全事故发生的原因 / 127
三、休闲农业安全管理的特点 / 128
四、休闲农业安全管理的原则 / 128
第二节 休闲农业常见安全隐患 / 129
一、自然环境方面的安全隐患 / 129
二、社会环境方面的安全隐患 / 129
三、游客方面的安全隐患 / 129
四、休闲农业管理方面的安全隐患 / 129
第三节 休闲农业安全风险预防措施 / 131
一、休闲农业安全管理机构及制度 / 131
二、休闲农业安全意识管理 / 132
三、休闲农业安全标志设施 / 133
四、休闲农业应急准备与响应控制程序 / 135
第四节 休闲农业突发事件处理 / 136
一、交通事故的应急处理 / 136
二、治安事故的应急处理 / 137
三、火灾事故的应急处理 / 137
四、自然灾害事故的应急处理 / 138
五、食物中毒事故的应急处理 / 139
六、游客死亡事故的应急处理 / 139
【思考题】/ 140

第十章 休闲农业环境管理 / 141

第一节 休闲农业环境概述 / 141
一、环境、农业环境与休闲农业环境 / 141
二、休闲农业环境资源与特征 / 143

第二节　休闲农业环境问题 / 144
一、休闲农业环境问题概述 / 145
二、休闲农业环境问题的解决方法 / 146
第三节　休闲农业环境管理 / 148
一、休闲农业环境管理概述 / 148
二、休闲农业环境管理的内容 / 150
【思考题】/ 151

附录一 / 152
附录二 / 157

参考文献 / 163

CHAPTER1 第一章 休闲农业管理概述

知识目标：

1. 了解管理和现代企业管理的概念，掌握现代企业管理的特征和基本原理。
2. 理解休闲农业管理的概念和内容，掌握休闲农业管理的模式。

技能目标：

1. 树立和培养现代企业管理的思维模式。
2. 能够运用现代企业管理基本原理进行思考。
3. 借鉴休闲农业管理的模式，深入探究休闲农业的发展。

第一节 管理与现代企业管理概述

一、管理概述

管理是由人类、人类社会的产生和发展而来的。从早期的群居生活和原始社会的分工协作，到国家的出现和阶级的产生，随着生产力的发展和经济的繁荣，管理也从无意识进入到有意识的阶段，人类在征服自然和发展自我的实践活动中，不断总结经验、吸取教训，形成了一套管理思想和原则。在我们平常的活动中，上班打考勤、班级管理制度、职员小汽车车位分配、年终发放奖金、举办员工素质培训等都是一种管理的活动。

（一）管理的概念

关于管理的概念有多种。1942 年，福莱特对管理的定义是“管理就是通过其他人来完成工作的艺术”；泰勒指出，管理是一门怎样建立目标，然后用最好的方法经过他人的努力来达到的艺术；法约尔将管理定义为“管理就是计划、组织、指挥、协调及控制等职能”；西蒙指出，管理就是决策；德鲁克认为，管理是以绩效责任为基础的专业职能；马克斯·韦伯指出，管理就是协调活动；美国管理协会则认为“管理是通过他人的努力来达到目标”。

综上所述，我们认为，管理是指一个组织为了实现组织的目标，通过计划、组织、领导、控制和创新等工作，对组织所拥有的资源进行合理配置和有效使用，以实现组织预定目标的过程。

管理的本质为：①管理的目的是提高资源的使用效率（管理也是生产力）；②管理是一门科学——规律性、制度性、程序性（知识的系统性）；③管理是一项修己安人的艺术——自律性、灵活性、创造性（管理的实践性）。

（二）管理的性质

第一，管理的自然属性与社会属性表明，管理普遍存在于一切社会协作生产和社会公共生活的过程中，具有自身的一般规律，管理活动和方法具有可学习和借鉴性。

第二，管理的科学性与艺术性意味着管理是一门科学，由大量学者和实业家在总结管理工作的客观规律的基础上形成，用以指导人们从事管理的实践。

第三，管理普遍存在于各种活动之中，这就决定了管理的普遍性。

（三）管理的职能

一般根据管理过程的内在逻辑，将管理职能划分为几个相对独立的部分。划分管理的职能并不意味着这些管理职能是互不相关、截然不同的。

1. 计划职能

计划职能是对未来活动进行的一种预先谋划，其内容包括研究活动条件、决策和编制计划。

2. 领导职能

领导职能是管理者利用组织所赋予的权利去指挥、影响和激励组织成员，为实现组织目标而努力工作的过程，其内容包括指挥职能、协调职能、激励职能。

3. 控制职能

控制职能是保证组织各部门、各环节能按预定要求运作而实现组织目标的一项管理工作活动，其内容包括拟定标准、寻找偏差和下达纠偏指令。

4. 创新职能

创新职能就是创造性地开展各种管理活动。

二、现代企业管理概述

（一）现代企业

1. 企业的概念

企业是指依法成立的以营利为目的，从事生产经营活动和商业服务等经济活动，实行自主经营、自负盈亏、独立核算，具有法人资格的经济组织。现代企业是指所有者和经营者分离，并达到技术现代化和管理现代化的企业组织形式。

2. 企业的基本特征

（1）商品性。企业是劳动的产品，具有价值。企业的目标是满足顾客的需要。

（2）营利性。企业的经营活动是一种追求利润的行为。

（3）法人性。企业是依法成立并能独立行使法定权利和承担法律义务的社会组织。

（4）竞争性。企业是市场中的经营主体，同时也是竞争主体。

（5）独立性。独立核算、自负盈亏。

（二）现代企业管理

1. 现代企业管理的概念

（1）企业管理的含义。企业管理是采用现代化大生产方式、从事大规模产销活动的企业为实现目标，达到最大效益，通过现代企业制度进行计划、组织、领导和控制的现代化管理。

企业管理的目的是尽可能利用企业的财力、人力、物力、信息等资源实现目标，取得最大的投入产出效率。

（2）企业管理的基本特征。企业管理的基本特征包括：①企业管理是一种社会现象和文化现象。②企业管理的主体是管理者。③管理的职能是计划、组织、领导、协调、控制和创新；管理的任务是设计和维持一种环境，使在这种环境中工作的人能够用尽可能少的投入实现既定的目标；管理的层次包括上层管理、中层管理、基层管理。④管理的核心是处理好人际关系。

2. 企业管理的基本原理

（1）人本原理。以人为中心，充分调动人的积极性、主动性和创造性。职工是企业的主体，有效管理的关键是职工参与，以促进人的全面发展为宗旨，重视人的素质的培养和提高。管理的本质是为人服务。

（2）系统原理。系统是指在特定的环境中，由若干相互联系、相互作用的要素组成的具有特定功能的有机整体。

（3）创新原理。创新不仅是一种职能，也是一种思维的新模式。创新的目的不仅是实现管理的目标和责任，更重要的是发现“新的机会”。管理创新的形式是多种多样的，管理系统中的各个要素都可以是创新的对象。管理创新不是管理者随意的主观创造，受创新成本的约束，其核心是具有创新精神、创新思想和创新能力的人。

（4）责任原理。明确每个人的职责；职位设计和权限委托要合理；奖惩要分明、公正、及时。

（5）效益原理。效益是指在物质生产过程中，有效产出与全部投入之间的比例关系，如利润、利润率等。追求效益是管理的根本目的。

（6）核心竞争力原理。充分利用核心能力增强竞争力，实现企业的成长。将企业有限的资源配置到核心能力之上，集中精力，做好企业最重要的事情，实现企业内部扩张。将企业外部资源配置到非核心能力之上，实现企业的外部扩张。

（三）企业管理的模式和基本方法

企业是一个复杂的系统，管理企业不能只凭经验，而应运用合理科学的方法。

1. 企业管理模式

（1）系统化管理模式。企业的系统化、标准化、统筹化管理是通过建立企业组织机构战略愿景管理、工作责任分工、薪酬设计、绩效管理、招聘、全员培训、员工生涯规划七大系统来完成的。

（2）亲情化模式。亲情化模式利用家族血缘关系中的一个很重要的功能——内聚功能来实现对企业的管理。当家族血缘关系中的内聚性功能转化成为内耗功能时，这种企业管理模式也就应该被其他的管理模式所替代了。

（3）友情化模式。这一模式在企业初创阶段有积极意义。在资金较少的时候，这种模式是很有内聚力量的，但是当企业发展到一定规模，尤其是企业利润增长到一定程度之后，友情就淡化了，因而企业如果不随着发展而尽快调整这种企业管理模式，必然会导致企业很快衰落甚至破产。

（4）温情化模式。温情化模式强调管理应该更多地调动人性的内在作用，只有这样，才能使企业快速发展。在企业管理中，强调人情味的一面是对的，但是不能把强调人情味作为企业管理制度的最主要原则。人情味原则与企业管理原则是不同范畴的原则，过度强调不利于企业发展，最后往往会失控，甚至导致企业破产。

（5）随机化模式。在现实中，随机化模式具体表现为两种形式：一种是民营企业中的独裁式管理。有些民营企业的创业者很独裁，他可以随时任意改变各种规章制度，他的话就是原则和规则。另外一种形式是发生在国有企业中的行政干预，即政府机构可以任意干预一个国有企业的经营活动，最后导致企业的管理非常随意。

（6）制度化管理模式。制度化管理模式是指按照一定的已经确定的规则来推动企业管理。这种规则必须是大家所认可的带有契约性的规则，同时这种规则也是责权对称的。因此，未来企业管理的目标模式是以制度化管理模式为基础的，同时适当吸收和利用其他几种管理模式的某些有用因素。

2. 企业管理的基本方法

（1）经济方法。这是依靠利益驱动，按照客观经济规律的要求，运用各种经济手段（价格、工资、税收、信贷、利润、利息、奖金、罚款等）和经济方式（经济合同、经济责任制等），调节各种不同经济利益之间的关系，执行管理职能，实现管理任务的方法。

（2）行政方法。这是指依靠行政机构和领导者的权力，运用命令、规定、指示、条例等行政手段，按照行政系统和层次，以权威和服从为前提，对子系统进行管理和控制的方法，具有强制性。

（3）法律方法。这种方法是指借助国家法规和组织制度，并以国家强制力保证实施的行为规范以及相应的社会规范来严格约束管理对象，为实现组织目标而工作的管理方法。

（4）心理学和社会学方法。心理学和社会学方法指借助社会学和心理学原理，通过满足管理对象社会心理需要的方式来调动其积极性的方法。

（5）教育方法。教育方法是指组织根据一定的目的和要求，对被管理者进行有针对性的思想道德教育，启发其思想觉悟，以便自觉地根据组织目标去调节各自行为的管理方法。

（四）现代企业制度

1. 现代企业制度的内涵

现代企业制度是以企业法人制度为基础、以企业产权制度为核心、以公司制度为主体的适应社会化大生产和现代市场经济要求的企业组织和管理制度，是企业制度的现代形态。

2. 现代企业制度的基本特征

（1）产权清晰。建立在现代企业制度基础上的企业，其产权归结为两个方面：一是法律上的清晰，二是经济上的清晰。

（2）权责明确。合理区分和确定企业所有者、经营者和劳动者的各种权利和责任。

（3）政企分开。政资职能分开，即政府的行政管理职能与资产管理职能分开。

（4）管理科学。建立科学的企业领导体制和组织管理制度，调节所有者、经营者和职工之间的关系，形成激励和约束相结合的经营机制。

3. 现代企业制度的基本内容

（1）现代企业法人制度。现代企业法人制度主要体现为公司的产权制度，核心是要理顺和完善企业的产权关系。

（2）现代企业组织制度。现代企业组织制度是以股东代表大会、董事会、经理人和监事会共同组成的法人治理结构。公司制就是决策权、执行权和监督权三权分立。

（3）现代企业管理制度。现代企业管理制度是约束和调整企业各种经营管理行为方式和关系的行为规则。现代企业管理制度要适应市场经济的发展，积极应用现代科学技术成果。

第二节　休闲农业管理

一、休闲农业管理的概念

休闲农业是指利用田园景观、自然生态及环境资源，结合农林牧渔生产、农业经营活动、农村文化及农家生活，为游客提供休闲、体验农业及农村生活的一种新型农业生产经营形态。它的前提是充分开发具有观赏、旅游价值的农业资源和农业产品，再把科技应用、农业生产、艺术鉴赏和游客参加农事活动等融为一体，供游客领略在其他风景名胜地体验不到的大自然的浓厚意趣和现代化的新型农业艺术。它是以农业为基础、以休闲为目的、以服务为手段、以城市游客为目标，农业与观光旅游业相结合，第一产业和第二、三产业相结合的新型产业，主要围绕“农”字做动态农业旅游，以体验“农”的氛围、享受“农”的生活、感受“农”的文化、接受“农”的教育为内涵。

休闲农业一词来源于英文的 agritourism，是由农业（agricuture）和旅游（tourism）两个词组合起来翻译的。休闲农业起源于 19 世纪 30 年代，由于城市化进程加快和人口急剧增加，快生活已经成为常态，人们为了缓解生活的压力，渴望到农村享受悠闲的慢生活。于是，休闲农业逐渐在意大利、奥地利等地兴起，随后迅速在欧美国家发展起来。

20 世纪 90 年代以后，我国的农业和旅游业得到了迅速发展，观光与休闲相结合的休闲农业旅游开始发展，进入 21 世纪，休闲农业旅游有了较快的发展。

全国各地的发展实践证明，休闲农业不仅可以充分开发农业资源，延长农业产业链，调整和优化产业结构，带动农村的餐饮、住宿、运输、商业及其他服务业的发展，促进农村劳动力转移就业，增加农民收入，而且可以增进城乡之间信息、科技、观念的交流，增强城里人对农村农业的认识和了解，实现城乡协调发展。

我国是一个历史悠久的农业大国，农业土地广阔，自然景观优美，农业经营类型多种多样，农业文化丰富多彩，乡村民俗风情浓厚，因此，我国发展休闲农业具有优越的条件、巨大的潜力和广阔的前景。

休闲农业管理就是在农村空间、农业景观和农业产品相结合的基础上，充分利用自身资源吸引游客前来游览、品尝、休闲、劳作的新型农业生产形态。

二、休闲农业管理的内容

休闲农业管理的内容是由战略策划、核心产品、质量管理、营销策略、创新研发以及持续发展等组成的一个系统。

1. 战略策划：依托优势产业，展示亮点

发展休闲农业的战略选择应该是区域优势农业资源的集聚与集中展示。换句话说，就是在一个地方的农业领域中，产品和技术影响决定着休闲农业的发展重点和特色定位。发展休闲农业项目的首要原则是依托区域优势产业资源，展示亮点，依托区域优势产业及其品牌拓展休闲农业。

休闲农业的选址布局原则是依托优势旅游产业集聚效应，强化休闲服务。发展休闲农业，必须从区域旅游生产力布局优化的战略高度来研究和论证休闲农业产业集群化问题，这就要求我们在对休闲农业进行规划设计的过程中，必须充分依托现有的旅游接待设施和重要旅游线路，尽可能毗邻区域内重要的景区景点。这样不仅可以节约前期开发投资，减少风险，而且可以促进旅游产业集聚，迅速形成旅游竞争力。

我们需要因地制宜，探索研究土地流转整合新技巧，同时，进行利益共享机制的构建与优化、休闲农业服务站点的精心设计与精华浓缩、休闲农业企业的运行机制设计与优化。休闲农业产品的设计要围绕农业文化及农业产业链开展，遵循休闲农业客观规律，这些是在实现规模化经营过程中的必要因素。

2. 核心产品：开发体验项目，丰富休闲产品

在发展休闲农业产品方面，突出特色至关重要。因此，我们必须切实开展调查研究，熟悉地方资源，发挥创新创意的智慧，创造性地设计系列休闲农业旅游产品。以浙江省金华市为例，该地的休闲农业旅游包含了观光农业、禽畜娱乐、生态休闲、运动体验、膳食滋补以及养生温泉等内容。

（1）观光农业产品。观光农业产品有荷花桂花十里、茶园万亩、葡萄长廊、桃花满山、太空南瓜、大棚番茄、铁皮石斛、藏红花、灵芝等珍稀种植业，以及长毛兔、麋鹿、野鸭、野鸡等特色养殖业。

（2）禽畜娱乐产品。欣赏金华斗牛、武义斗鸡、狗算算术、飞鸟认钱等表演，还有“两头乌”表演迪斯科，彰显“金华火腿”文化。

（3）生态休闲产品。考察牛头山森林公园、大红岩风景名胜区、寿仙谷清风古寨原始生态；探访熟溪桥、俞源古村落以及千年古寺明招寺的质朴古风；了解叶法善“南极仙翁”养生文化的传承与弘扬。

（4）运动体验产品。可以学习制作“克隆组培”，参与“刨甘薯”“锄禾日当午”（土地平整）、采茶制茶、牛头山“狩猎旅游”；欣赏特色茶艺表演、山歌对唱；体验漂流比赛、游客赛车、武术表演、书画创作鉴赏现场拍卖会以及山花节插花比赛等。

（5）膳食滋补产品。品尝宣平莲子汤、国药老母鸡、武义老豆腐、寿仙茶叶蛋、蜜汁火腿、白切猪肉、油爆溪鱼等特色风味。

（6）养生温泉产品。利用中国第一有机国药基地的产业资源优势，积极研制和推出女贞子、薄荷、人参、藏红花、咖啡、牛奶等各类药汤养生温泉产品。

3. 质量管理：强化服务质量管理和品牌提升

休闲农业是现代旅游服务业，因此特别强调服务质量管理提升与品牌创建。对于休闲农业来说，从业人员的主体部分应该是当地农民，这也是休闲农业发展的着力点和原动力。但是，我们必须注意到，想要从农民转变为旅游业的经营服务人员，必须经过严格的服务技能培训，并建立起一整套的服务质量管理规范、服务文化与运行机制。否则，即使有好的战略策划与产品设计，没有高质量的旅游服务，休闲农业也会失去活力。“质量就是生命”，对于休闲农业来说，这里的质量就是指服务质量。

我们可以依托旅游院校的专业人才优势开展服务技能培训，实施持证上岗；聘请专家支持，提供科学规划和实施方案，加强休闲农业的服务文化建设，实施服务质量标准，推进服务管理流程规范化，并构建服务质量控制与反馈机制。

作为休闲农业旅游企业，必须注重服务质量管理及品牌建设与打造，在实施服务质量标准化的基础上，注重特色服务项目及产品的设计与宣传，努力打造区域休闲农业服务的品牌。休闲农业服务质量品牌可以是单项的，如餐饮服务、表演服务、茶文化服务、讲解服务以及养生服务等，也可以是综合的。休闲农业旅游服务质量品牌建设往往与休闲农业企业的核心竞争力密切相关，并有利于一个区域整体形象的提升，因此应特别重视。

休闲农业发展进入品牌阶段以后，就可以实施连锁经营等战略，在不断强化品牌提升的同时，积极整合外部资源，不断对外辐射，谋求综合效益最大化。

4. 营销策略：整合旅行社营销与市场拓展

休闲农业旅游市场的营销工作需要统筹规划，实施整体营销、关系营销、绿色营销、网络营销与品牌营销等综合措施。

休闲农业企业应努力将休闲农业旅游区纳入目标市场的旅行社销售系统，积极创建国家级休闲农业旅游示范区、国家休闲农业4A与5A景区；与区域及周边主要景区、重点旅游区及黄金旅游线路密切合作，进行整合营销；与地方重大活动，如旅游节庆、农交会、花交会以及农博会等进行整合，实施关系营销；与发展生态产业、推进生态文明大型宣传活动相结合，实施绿色营销；与主要旅游网络进行合作，实施网络营销；与重要媒体合作，创意营销策划，实施品牌营销。

整合旅行社营销与市场拓展，必须作为一项长期战略并建立一种长效机制。

5. 创新研发：开展产学研合作，强化人才保障

休闲农业是新生事物，在发展过程中不断面临很多新课题。我们可以依托高等院校及科研院所组建决策咨询、规划设计与培训队伍；可以借助休闲农业专业委员会的智慧，建立“交流、研发、服务、辐射”的科技服务机制；还可以借鉴四川雅安“专家大院”模式，实施专家智力入股的方式，深化产学研合作，为发展休闲农业提供人才保障。

随着休闲农业旅游的不断发展，要根据市场需求变化推陈出新，不断转换卖点以适应市场需要，因此，休闲农业旅游产品设计与创新是一项长期的工作，不可能一次设计完成、永远坐享其成，这就需要专业人才持续不断的支持。

在产学研合作基础上，要根据休闲农业发展需要，有计划地培养当地人才，强化专业人才梯队建设，厚积薄发，增强发展后劲。“人才是兴业的根本”，休闲农业产业的发展关键是人才。

6. 持续发展：利益共享，互惠多赢，推进和谐

休闲农业发展需要在区域统筹规划的基础上，创新机制组织经营，推进区域内休闲农业企业的合作互助、优势共创、品牌共创、产业共树、利益共赢和风险共担。

休闲农业分散经营已经暴露了诸如各自为政、监管困难、资源闲置、产品雷同、恶性竞争等一系列的问题，这些问题已经严重阻碍了休闲农业的优势发挥和产业发展，必须从根本上加以解决。休闲农业必须按照产业集群化、区域一体化、业态多元化与市场国际化发展的要求，通过利益共享和互惠多赢，实现持续发展。我国农村有几十年的集体经济体制经验，这为我们开展休闲农业互助合作奠定了良好的社会基础。

三、休闲农业企业管理模式

为了使休闲农业企业有更长远的发展并获得更好的经济效益，企业经营者必须抛弃以往单纯以追求利润为目的的管理模式，选择适合休闲农业企业发展的管理模式。休闲农业企业的管理模式有很多种，主要包括：

1. 系统化管理模式

休闲农业企业要根据休闲农业发展的特点，规范企业的系统化、标准化、统筹化管理。在打造完成一个管理模式的标准模板后，其余的分公司或代理均能简单复制，这样有利于休闲农业企业的迅速扩张，同时能更好地掌控和协调日益壮大的经营规模，最大限度地实现系统的可利用性。

2. 制度化管理模式

制度化管理模式是指按照科学确定的规则规范企业管理的方式，主要依靠外在于个人的、科学合理的理性权威实行管理。这种以严格、标准、细致为显著特色的管理模式强调用公平、公开、严肃的制度来约束和规范人的思想与行为，是一种行为标准化、考核数据化的管理模式。当然，这些规则必须是所认可的带有契约性的规则，同时这种规则也是责权对称的。由于制度呆板，终究被管理的主要对象是人，完全讲制度化管理是不行的，所以有时得适当地对管理中的矛盾及利益关系做一点随机性的处理，恰当地“软化”一下，建成一种带有混合性的休闲农业管理模式。

3. 文化管理模式

休闲农业企业在逐渐完善发展中会经历由快速发展到缓慢前进的过程，在这中间可能会伴随着管理者的管理方式和理念而产生一定的企业文化。为了企业的长远发展，需要将这些文化整合创新，遵循以人为本的基本原则，构建符合休闲农业企业特色的文化。文化管理模式指的是树立以休闲农业文化推动休闲农业企业发展的经营理念，通过休闲农业文化实现企业内部的高效管理。文化建设是一个长期而艰难的过程，最终是为了“战略落地”，能吸引更多的组织成员参与，使休闲农业企业的文化建设成为提升组织成员共同价值观和精神境界的过程，通过文化的力量使企业战略更具理由、业务实践更显章法、员工劳动更富活力，同时谋求休闲农业在更高精神境界范围内的持续成长。

4. 创新管理模式

当休闲农业企业发展趋于稳定后，管理者在安逸中将不同程度地出现管理思想的懈怠，然而，以往的管理观念和模式将逐步不能适应企业的持续发展，需要企业经营者及时改变管理模式，采取先进的管理策略促进发展。创新导向的管理模式是将休闲农业企业的发展重点放到创新上，在经营方式、先进技术、资源整合、内容更新、项目升级等方面进行一系列创新策略，使休闲农业企业不断发展。同时，充分发挥创新在企业内部的作用，建立更有效的激励创新机制，重新为企业定位，实现战略调整，寻求新的发展机遇，实现企业的可持续发展。

【思考题】

1. 简述休闲农业管理的概念及内容。

2. 简述休闲农业管理模式，并举例说明。

第二章 CHAPTER2
休闲农业项目

知识目标：

1. 了解我国休闲农业资源及休闲农业项目的类型。
2. 掌握休闲农业项目开发与创办的流程。
3. 理解我国对于休闲农业的政策扶持。

技能目标：

1. 能够对休闲农业进行内容开发。
2. 通过对休闲农业资源的调查，对其进行评价及定位。
3. 能够模拟创办休闲农业项目，正确运用国家政策法规。

第一节 休闲农业资源

休闲农业资源是指可应用于休闲农业活动的各类农业资源，包括农业生产、农民生活方式、农耕文化、农业设施、农村环境、农副产品等。休闲农业资源是休闲农业项目开发的基础，无资源依托的项目是无本之木，应充分挖掘我国休闲农业资源，发挥我国休闲农业资源的优势，实现休闲农业在经济、社会、环保、医疗、旅游、教育等方面的重要作用。

一、农业生态环境类休闲农业资源

我国广袤的农村大地有丰富多样的生态环境，包括各具特色的地形地貌、丰富的动植物资源、形态多样的水体资源、多样化气象气候等。休闲农业充分利用当地丰富的农业生态环境资源，使其转化为休闲农业的自然农业资源，有效发挥青山绿水的作用，满足现代人回归大自然的旅游需求。

1. 地形地貌资源

我国广泛分布着高原、平原、丘陵、山岭，地形复杂多样，或雄伟或广阔或低缓，加上四周群山环抱、中间低平的大小盆地，地形种类齐全，地质构造复杂。全国各地都有其独特的地形地貌，拥有天然的旅游资源，为发展休闲农业提供了资源保障。如河南洛阳栾川重渡沟和河北的野三坡，借用天然形成的奇石怪峰、沟壑溪谷，加上当地的农耕文化，将休闲度假旅游做得红红火火。

2. 动植物资源

植物资源具有净化空气、改善环境等生态功能，此外还具有独特的观赏价值和实用价值。观赏价值主要体现为植物的色彩美、芳香美、姿态美、意境美；实用价值主要体现为植物根、茎、叶、果实的开发与加工。动物具有不同的形态、生活习惯、活动特点等，加上我国动物资源极其丰富，具有极强的观赏价值；还有一些动物通过驯化可进行表演，供游客欣赏。

各地应依托特有的动植物资源进行养殖场、牧场、森林动物园、特色农产品等方面的开发利用，开发游客观光、娱乐及体验项目，让游客从中获取知识和乐趣。

3. 水体资源

“无水不成景，山无水不活”，因水具有独特的形态及特性，人们对其有特殊的情结。休闲农业项目可依托当地的水库、池塘、河流、温泉等水体进行观光、垂钓、驾船和其他水上娱乐活动，游人在享受乐趣之外，还可学习相关的渔业养殖及捕捞技术，并能品尝其劳动成果。水体资源可开发的项目有很多，包括钓鱼捕鱼、抓螃蟹等；水上运动，如水上步行球、水上飞机、水上滑道、情侣脚踏船、水上摩托艇等，还可进行垂钓比赛；有条件的地区还可举办渔业节庆活动。

4. 其他

我国拥有多种多样的气象气候资源，“千里冰封，万里雪飘”的北方冬天是开展滑冰、滑雪的好时机；气候温和、花木繁茂的南方冬季是北方人避寒的好选择。此外，各地还有独特的气候美景，如江南的烟雨蒙蒙，东北的冰雪景，高山区的霞光、日月景，海边的海市蜃楼，最北边的极光等。优雅的环境、良好的空气质量、充足的阳光对人体健康有积极作用，适宜开发身心疗养休闲度假游，我国森林覆盖好的山区、湖滨、海滨往往都会成为主要的疗养场所。

另外，如果附近有海洋、沙滩、温泉，可利用这些天然的自然资源开发休闲旅游，定会吸引大批游客。

二、农民生活类休闲农业资源

我国各地城市近郊及农村在饮食、居住、娱乐等方面存在着不同，有着各具特色的乡土民俗、节庆资源等，形成了各地不同的居住形式、民族民俗风情、乡土文化及农耕文化。休闲农业应深入挖掘当地农民生活资源，开发民居观光、民间技艺、时令民俗、节庆活动、民间歌舞、农耕展示等休闲农业旅游活动，丰富休闲农业旅游的文化内涵。

1. 居住形式

由于我国地形及气候条件不同，为适应不同的自然环境，居民的居住形式有所不同，北京地区的四合院、陕北的窑洞、土家族的吊脚楼、客家族的土楼等各具特色。除此之外，还有历史遗存建筑，古色古香别有韵味，如古宅院（山西王家大院和乔家大院、河南康百万庄园）、古民居（福建地区土楼、河南三门峡地区地坑院）、古镇（云南丽江古镇、安徽徽州镇)、民族村寨(云南傣族自然村、红河哈尼族的民俗村)等。

2. 民风民俗

俗话说“五里不同风，十里不同俗”，各地及各民族在居住、服饰、饮食、礼仪、婚姻、宗教、节日、禁忌等方面都各具特色，如彝族传统的火把节、傣族每年4月的泼水节、蒙古族的那达慕大会等不同节日；藏族的袍子、朝鲜族的白色服装、苗族的银饰等特色服饰。

3. 乡土文化资源

“一方水土养一方人，一方山水有一方风情”，各地在民俗歌舞、民间技艺、民间戏曲、民间表演等方面都有着各自的乡土文化印记，以下是乡土文化资源的典型代表：

(1) 民间技艺，包括剪纸艺术、年画、彩绣、皮影、口技、布袋戏、变脸、吹糖人、捏面人、空竹等。

(2) 民间戏曲，包括二人转、花鼓戏、秧歌戏、道情戏、木偶戏、花灯戏、皮影戏、采茶戏等。

(3) 民间表演，包括京剧、沪剧、黄梅戏、川剧、越剧、粤剧、昆曲、秦腔、武术、舞狮、舞龙、评弹、相声、山歌、小品、杂技、魔术等。

三、农事生产类休闲农业资源

我国地形及气候条件不同，各地农耕用具、农耕习俗各异，尤其是各地土特产品不同，可充分利用当地农耕技艺、农耕用具、农耕节气、农产品加工活动等开展农业文化旅游。如河南郸城中原民俗文化园借用农耕用具向游客介绍中国农业文化，园中39 052块石磨收藏于2009年7月被正式载入吉尼斯世界纪录。

第二节 休闲农业项目的类型

依托丰富的休闲农业资源，加上各地不同的相关条件，我国的休闲农业现已呈现多元化发展趋势，出现了观光农业园、休闲农场、休闲农庄、特色小镇、现代农业科技园、田园综合体、农业嘉年华等多种项目类型。

一、现代农业科技示范园

现代农业科技示范园区是融现代农业科技成果、现代农业经营方式和先进农业管理手段于一体的综合体，是我国传统农业向现代农业转变过程中的示范园，是现代农业的展示窗口。现代农业科技示范园以环境优美、设施先进、技术领先、品种优新、高效开放为特点，代表现代和谐农业的发展方向。

现代农业科技示范园包括粮油作物优质高产、名特优新果品生产、设施蔬菜栽培、花卉苗木种植、良种畜禽养殖、特种水产养殖、农产品加工等示范园，以高科技含量技术为突出特点，如生态循环高效科技、高科技农作物种植、航空育种(太空育种，选育新种、新材料，培育新品种的育种新技术)等。我国第一个综合性现代农业开发区是上海的孙桥现代农业园区，该园区采用现代高科技技术进行农业生产，使农业向现代化迈出了坚实的步子，是全国农业旅游示范点。

二、特色农庄

特色农庄是以农业资源为依托，以乡村民俗文化为灵魂，融入现代元素的集旅游观光、休闲度假、科普教育于一体的新型旅游形式。其分布在我国大中城市的边缘区或近郊，有充足的客源，基础配套条件较好，随着我国休闲度假市场的发展而不断完善提升。特色农庄以当地农业文化和民俗文化内涵为核心吸引力，并以核心吸引力为主题，农庄产品的每一个环节都呼应主题、体现主题，突出特色农业文化内涵，并配套有书吧、茶吧、咖啡厅、小型会所等相应设施，以提升农庄项目的整体品位。当前比较流行的特色农庄主题有养生、科普教育、葡萄酒庄园、特色农业、体育运动等，福建白沙湾生态农庄、浙江瑞安小王子主题农庄、上海多利农庄、北京张裕爱斐堡国际酒庄等均是优秀的农庄案例。

三、民宿

民宿于 1981 年在我国台湾首先发展起来，其中最早大规模发展民宿的地区是垦丁国家公园。

民宿区别于传统的旅馆，利用自家空闲房间进行人文设计，带有当地人文、自然景观、生态、环境资源及农林渔牧生产活动的氛围，给人以乡野之趣。我国台湾地区的民宿已发展成熟，有体验式民宿（艺术、运动、农家、自然、民俗主题）、依地理条件开设的民宿（原住民部落、温泉、海滨、农园、传统建筑主题）和个性主题民宿（巧克力、怀旧复古、人文沙龙主题）等多种类型。

四、特色小镇

我国的特色小镇起源于 2014 年，浙江杭州云栖小镇是我国旅游快速发展大背景下的探索，对城镇化发展发挥了积极的作用。国家支持特色小镇的发展，2016 年 7 月 1 日，住房和城乡建设部、国家发展和改革委员会、财政部联合发文，计划到 2020 年在全国范围培育 1 000 个左右各具特色、富有活力的特色小镇。2016 年，127 个国家级特色小镇入围；2017 年，公布了 276 个国家级特色小镇，如北京昌平区小汤山镇、河北秦皇岛市卢龙县石门镇、上海青浦区朱家角镇、河南焦作市温县赵堡镇等。

五、田园综合体

田园综合体是在我国城镇化发展、新型产业发展、农村供给侧结构改革基础上发展起来的一种旅游发展模式，这一名词最早出现在 2017 年的中央 1 号文件中。它是让企业进行运营，以“企业＋地方”的方式，围绕以循环农业、创意农业、农事体验为主的核心产品、支持产品、配套产品及衍生品，形成产业链条，营造人居环境，最终形成社区群落。

六、农业嘉年华

“嘉年华”是以大型游乐设施为主、辅以各种文化艺术活动形式的公众娱乐盛会。农业嘉年华是在农业节庆活动中加入嘉年华的娱乐方式，通过农业成果展示、农产品展销、民风民俗演艺、农业种植及养殖示范、农业发展研讨等一系列活动，突出农业主题的都市型现代农业盛会。农业嘉年华是我国现代农业的一种新探索，北京、南京等地每年都会举办农业嘉年华。

第三节 休闲农业项目的开发与创办

据统计，2017 年全国休闲农业和乡村旅游营业收入超过 6 200 亿元，接待游客近 22 亿人次，从业人员涉及 845 万人，呈"井喷"发展之态势，这表明休闲农业已成为我国农村经济发展新的增长点，是极具发展潜力的朝阳产业，休闲农业前景宽广。

休闲农业兴起于 19 世纪 30 年代的意大利、奥地利，我国开始于 20 世纪 60 年代的台湾，到现在已走过了半个世纪，经过了初期萌芽阶段、初期粗放开发阶段。进入 21 世纪后，政府越来越重视旅游业的发展，休闲农业已成为农村发展、农业转型、农民致富的重要渠道。休闲农业正在向规范化、科学化发展，现已建立一系列评定的标准及相关的管理规范，国家对土地有严格的管理政策，各级地方政府对休闲农业的发展也有立项、规划等审批要求，休闲农业将逐步进入有序发展的轨道。

一、休闲农业项目的开发原则

1. 因地制宜原则

休闲农业项目的开发依赖于当地地理环境，包括地形地貌、动植物、气候、水体、土壤性状、农业耕作制度和植被情况、交通条件、能源供给条件等基础条件。遵循因地制宜原则可使项目有很强的操作性，同时还可实现成本最小化。

2. 突出特色原则

休闲农业项目的开发应有地方特色，深挖当地资源潜力，在把握市场定位的基础上，开发具有地域优势的旅游形象、旅游项目和旅游产品，形成地方特色，与周边区域已有的同类休闲农业园区和乡村旅游点差别经营，进行错位竞争。

3. 优化结构原则

休闲农业项目的开发涉及吃、住、行、游、购、娱各类要素，各要素所占比例要根据园区主题进行合理布局和规划，在满足游客休闲度假的同时满足购物、娱乐、品尝美食的需求，但规划比例不能过大。

4. 科学选址原则

休闲农业选址主要考虑 3 个条件：农业资源条件、区位和交通。调查显示，城市郊区型休闲农业地有 85%集中分布在距离一级客源地城市 100 千米范围内；客源最密集地带是在距一级客源地城市 30 千米左右的地区，次密集带是在距一级客源地城市 80 千米左右的地区。因此，休闲农业园区规划建设选址或选择在城市周边，或者依托成熟景区和便利的交通，即距离一级客源地城市 100 千米范围内或大型旅游景区周边。

5. 注重生态原则

休闲农业项目的开发要把资源保护和优化生态环境放在首位，控制园区建设及运营后的环境破坏和污染，搞好园区内绿化建设工程。园区内的休闲设施设备要与自然生态环境协调，创造人与自然和谐的生产、生活、休闲环境景观和空间。

二、休闲农业项目前期资源调查与评价

休闲农业项目的开发是使休闲农业资源为休闲农业所用，使潜在的资源优势变为现实的经济优势。因此，休闲农业开发的前提是对休闲农业资源的全面研究和准确的分析评价，主要是调查与分析休闲农业资源的地脉、文脉和休闲旅游消费市场，进而进行定位。定位时既要把握休闲农业资源的文脉特色，与之相适应，也可借鉴移植，但要注意后期效果的维护。

1. 休闲农业资源调查与分析

休闲农业资源调查是休闲农业开发的基础，目的是了解休闲农业旅游所在区域的自然条件、社会经济条件、交通条件、农业产业发展现状、观光旅游资源等，从而全面、系统地分析与掌握休闲农业资源的优劣势、区域环境和开发条件。其主要的调查方法有资料统计法、综合考察法、遥感调查法等；主要评价方法有经验评价法、美感质量评价法和美学评分法等。

2. 市场调查与分析

市场调查与分析是为了掌握现实与潜在的休闲旅游市场的类型和范围，确定休闲旅游的目标市场。市场调查与分析的结果是确定休闲旅游活动策划、服务设施、基础设施规模和档次的前提和基础，分析市场也是市场营销战略和促销计划的决策依据。市场调查与分析的主要内容包括宏观环境分析、市场规模分析、市场结构分析、竞争对手分析和竞争优势分析等；数据来源可通过观察、面谈、抽样调查等方式获得；使用的分析工具有波士顿矩阵法、态势（SWOT）分析法等。

3. 休闲农业项目定位

在完成以上休闲农业资源、区位、市场和空间竞争等多方面因素的综合分析后，还要发挥创造性思维，确定休闲农业项目的定位，定位准确与否直接关系到其开发的成败。休闲农业项目定位包括主题定位、功能定位、市场定位、产品定位。

（1）项目主题定位。休闲农业项目主题是在项目建设和旅游活动中不断展示和体现出来的一种理念与价值观念。其主题是综合休闲农业基本条件、市场环境和竞争者后，借助多种分析法才最终确定下来的。准确的主题定位可以形成竞争优势，如河南洛阳重渡沟利用当地水、竹资源多的特性，围绕泉、瀑、竹进行自然景观组合，并对当地农事活动进行重点开发建设，最终呈现出“百瀑千泉万亩①竹”的景观，并以“水乡竹韵”为主题口号进行宣传，产生了非常好的市场效果。

（2）项目功能定位。功能定位可分为主导功能、支撑功能、辅助功能 3 类。休闲农业项目的功能定位要从项目本身资源条件、可进入性等因素进行考量，如前面提到的河南洛阳重渡沟，夏季凉爽怡人，是避暑的好地方，所以它的主导功能就是休闲度假，支撑功能为娱乐，辅助功能为观光游览。

（3）项目市场定位。准确的市场定位可以引导市场，最终满足潜在市场需求，所以项目市场定位决定着休闲农业项目的经济效益。通常市场按所在区域可分为本地市场、国内市场、国际市场；按照重要性可分为核心市场、外围市场、拓展市场和机会市场；按旅游目的可分为观光市场、度假市场、商务旅游市场等。从现阶段休闲农业发展情况来看，我国休闲农业项目大多定位为本地市场，因为本地是主要的目标市场，具有较高的重游率，可作为核

---

① 亩为非法定计量单位，1 亩≈667 米^2。——编者注

心进行开发，然后慢慢渗透外围市场。同时，我国的休闲农业项目多以观光为主，兼有度假市场，商务市场等其他类市场较少。

（4）项目产品定位。休闲农业项目最终要靠有竞争力的产品来实现项目的目标。应根据目标、主题、市场定位来决定产品开发的规模、类型、价格、档次等，产品开发要与休闲农业项目主题相协调，且有一定的超前性，以适应未来旅游者多元化、个性化的需求。

三、休闲农业项目的规划设计

休闲农业项目的规划设计包括项目建议书、可行性研究报告、总体规划设计、详细规划设计。

1. 项目建议书

项目建议书是对拟建休闲农业园区提出的框架性总体设想，是休闲农业园区建设的可行性研究依据。

休闲农业园区项目建议书的内容有：①总论；②项目提出的必要性和条件；③项目建设方案，拟建规模和建设地点的初步设想；④投资估算、资金筹措及还贷方案设想；⑤项目的进度安排；⑥经济效果和社会效益的初步估计；⑦环境影响的初步评价，包括治理“三废”措施、生态环境影响分析；⑧结论；⑨附件。

2. 可行性研究报告

休闲农业园区可行性研究报告是在园区建设投资之前，对经济、技术、生产、供销、社会环境及法律等各种因素进行具体调查、研究、分析，确定有利和不利的因素，评判项目是否可行，估计成功率、经济效益和社会效果，供决策者和主管机关审批的上报文件。

休闲农业园区可行性研究报告的内容有：①项目总论；②项目背景；③市场预测与分析；④项目地点的选址；⑤项目规划建设宗旨与目标；⑥项目总体方案设计；⑦项目总投资估算与资金筹措；⑧项目的组织与管理；⑨项目效益评价；⑩可行性研究结论与建议；⑪附件。大型园区规划建设还需单独做环境影响评价。

3. 总体规划设计

休闲农业园区总体规划用以确定休闲农业园区的性质、范围、总体布局、功能分区、总体定位、产品发展方向和设施布置，规定农业保护地区和控制建设地区，提出园区发展目标、原则以及规划实施措施。总体规划的期限时间比较长，一般为10～20年，对于近期的发展布局和主要建设项目，应做出近期规划，期限短，一般为3～5年。

休闲农业园区总体规划的内容有：①休闲农业园区的资源情况；②园区规划依据、功能分区、产品和市场营销、旅游线路、旅游设施、土地利用等。

4. 详细规划设计

休闲农业园区详细规划设计是在总体规划的基础上，对园区重点发展地段上的土地使用性质、开发利用强度、环境景观要求、保护和控制要求、旅游服务设施和基础设施建设等做出控制规定。详细规划设计分为控制性详细规划和修建性详细规划。

（1）控制性详细规划。控制性详细规划以总体规划为依据，详细规定休闲农业园区内建设用地的各项控制指标和其他规划管理要求，为区内一切开发建设活动提供指导。详细规划设计内容有用地的具体事项、分区的具体事项、景观与周边环境的具体事项、道路的具体事项、工程管线的事项等。

（2）修建性详细规划。修建性详细规划是在总体规划的基础上进行深化和细化，用以指导休闲农业园区各项建筑和工程设施的设计和施工。修建性详细规划主要内容有道路交通、工程管线、整体空间布局的规划设计，估算总造价，分析投资效益。

第四节 国家对休闲农业的扶持政策

一、管理层面支持

1. 出台文件，引导发展

休闲农业旅游的产业带动作用能增加农民收入，实现农民脱贫。2015 年，国家提出扶持 6 000 个扶贫重点村开展乡村旅游，希望通过乡村旅游的发展实现年营业收入 100 万元，2020 年实现每年 200 万农村贫困人口脱贫致富。

近几年，国家引导农业发展方向，鼓励发展休闲农业，政府部门发挥宏观调控能力，出台了有利于休闲农业与乡村旅游发展的相关文件。

2015 年出台了关于《积极开发农业多种功能，大力促进休闲农业发展》的通知；2016 年 7 月出台《大力发展休闲农业的指导意见》，指出各地可依托所具有的山水、田园、乡土文化有规划地开发多业态产品，如休闲农庄、特色民宿、乡村酒店、户外运动等，发展旅游观光、休闲度假、创意农业、养生养老、农耕体验、乡村手工艺等，促进休闲农业的多样化、个性化发展。

2017 年，中央 1 号文件将休闲农业上升为我党战略、国家战略，提出利用“旅游＋”“生态＋”模式，推进产业深度融合，大力支持休闲农业发展。

各级地方政府在国家政策的基础上也相应出台了一系列文件，政策红利促进了休闲农业的发展。

2. 制定规划，完善标准

为推动各地休闲农业和乡村旅游规范有序地发展，政府部门通过编制规划和制定标准规范，明确发展思路和发展重点，引导休闲农业和乡村旅游逐步朝管理规范化和服务标准化方向发展。2016 年，国家提出“十三五”期间重点发展休闲农业和乡村旅游新业态；2017 年，农业部制定了《农业观光休闲农庄建设标准》和《现代农业科技园建设规范》两个标准，为了加大对全国休闲农业和乡村旅游示范县示范点、中国美丽休闲乡村、全国休闲农业星级企业、特色景观旅游名镇名村示范等景点的动态管理，制定了全国休闲农业与乡村旅游示范县、示范点的评选标准。规范和标准的制定充分体现了政府的主导作用，促进了休闲农业和乡村旅游的提档升级。

3. 改善设施，完善服务

国家为推进城乡一体化发展，不断加大基础设施建设，使农村的基础设施得到较大改善，这些都为休闲农业和乡村旅游的开发建设打下了良好的基础，但与此同时，4G 网络覆盖、电子商务、在线支付等还需要完善。在农业供给质量方面，不仅要满足消费者对优质农产品的需求，还要提升服务质量和环境质量。

4. 宣传推介，培训人才

为了扩大休闲农业和乡村旅游的影响力，农业农村部提出强化宣传推介，通过传统媒体和新兴媒体宣传推介线路与景点，也可通过举办农事节庆活动，吸引消费者到乡村休闲旅游。

为提高休闲农业与乡村旅游从业人员素质，提升服务水平，农业农村部举办了多期全国休闲农业与乡村旅游管理人员培训班，并将休闲农业与乡村旅游从业人员培训纳入阳光工程培训计划。各地区的培训活动也是因地制宜、形式多样，依托各地的职业院校、行业协会和产业基地，分类、分层地开展休闲农业及乡村旅游管理和服务人员的培训工作。

二、政策层面支持

1. 用地政策

国家为鼓励各地发展休闲农业与乡村旅游，在土地利用方面也有优惠政策，2015 年、2016 年、2017 年的中央 1 号文件都提出了休闲农业用地优先列入土地利用总体规划和年度计划。发展休闲农业和乡村旅游可以通过股份合作、经营权流转、代耕代种、土地托管等多种方式，加快发展土地流转型、服务带动型等多种形式的规模经营。

2. 财税政策

在财税方面的优惠政策主要体现在中央有关乡村建设资金适当向休闲农业集聚区倾斜，同时鼓励各地采取以奖代补、先建后补、财政贴息、设立产业投资基金等方式加大财政扶持力度。

3. 金融政策

为加大对休闲农业和乡村旅游的信贷支持，金融机构采取多种信贷模式和服务方式，拓宽抵押担保物范围，在符合条件的地区开展承包土地的经营权、集体林权等农村产权抵押贷款业务。在融资方面，鼓励利用众筹模式、公共私营合作制（PPP）模式、发行私募债券、“互联网+”模式等方式，加大对休闲农业开发建设的金融支持。

4. 公共服务

在公共服务方面，国家鼓励社会资本参与休闲农业的推介平台建设，提升旅游地信息化水平，扩大休闲农业和乡村旅游的影响力。依托职业院校、行业协会等加强对休闲农业和乡村旅游管理及服务人员的培训，提升从业人员素质。

【思考题】

1. 简述我国休闲农业资源的内容。
2. 简述我国休闲农业项目的典型类型，掌握民宿、特色小镇、田园综合体各自的特征。
3. 简述家乡某一休闲农业项目开发与创办的流程。
4. 讨论我国对于休闲农业的扶持政策。

新农人

发展休闲农业的意义

多产融合发展

都市农业

CHAPTER3 第三章 休闲农业的生产管理

知识目标：

1. 熟悉休闲农业土地资源管理。
2. 掌握休闲农业农作物、渔业、畜牧业技术管理要点。
3. 熟悉休闲农业食品加工中存在的安全隐患。
4. 掌握休闲农业食品加工管理原则和管理要点。

技能目标：

1. 能够进行休闲农业生产技术管理，制订管理方案及相关制度文件。
2. 能够进行休闲农业食品加工管理规划，制订食品加工管理方案及相关制度文件。

第一节 休闲农业土地资源管理

休闲农业以农业农村资源为依托，围绕农、林、牧、渔开展特色项目。休闲农业用地包括农民原有住房，农、林、牧、渔消费所需求的耕地、林地、草地、农田水利用地、养殖水面等农用地或未利用地，但大部分土地均属于农业用地范畴，而其土地所有权大部分归农民集体所有。

一、休闲农业土地管理的相关政策法规

（一）关于土地用途管制的规定

我国实行土地用途管制制度。《中华人民共和国土地管理法》（以下简称《土地管理法》）规定，国家编制土地利用总体规划，规定土地用途，将土地分为农用地、建设用地和未利用地。农用地是指直接用于农业生产的土地，包括耕地、林地、草地、农田水利用地、养殖水面等；建设用地是指建造建筑物、构筑物的土地，包括城乡住宅和公共设施用地、工矿用地、交通水利设施用地、旅游用地、军事设施用地等；未利用地是指农用地和建设用地以外

的土地。

土地用途管制严格限制农用地转为建设用地，控制建设用地总量，对耕地实行特殊保护。使用土地的单位和个人必须严格按照土地利用总体规划确定的用途使用土地。

（二）关于农用地审批的规定

《土地管理法》规定，任何单位和个人进行建设，需要使用土地的，必须依法申请使用国有土地。但是，兴办乡镇企业和村民建设住宅经依法批准使用本集体经济组织农民集体所有的土地的，或者乡（镇）村公共设施和公益事业建设经依法批准使用农民集体所有的土地的除外。

建设占用土地，涉及农用地转为建设用地的，应当办理农用地转用审批手续。省、自治区、直辖市人民政府批准的道路、管线工程和大型基础设施建设项目，国务院批准的建设项目占用土地，涉及农用地转为建设用地的，由国务院批准；在土地利用总体规划确定的城市和村庄、集镇建设用地规模范围内，为实施该规划而将农用地转为建设用地的，按土地利用年度计划分批次由原批准土地利用总体规划的机关批准。在已批准的农用地转用范围内，具体建设项目用地可以由市、县人民政府批准。除此以外的建设项目占用土地，涉及农用地转为建设用地的，由省、自治区、直辖市人民政府批准。

（三）关于基本农田保护制度的规定

依据《土地管理法》和《中华人民共和国基本农田保护条例》（以下简称《基本农田保护条例》）的规定，我国实行基本农田保护制度。

基本农田是指按照一定时期人口和社会经济发展对农产品的需求，依据土地利用总体规划确定的不得占用的耕地。基本农田保护区是指为对基本农田实行特殊保护而依据土地利用总体规划和依照法定程序确定的特定保护区域。

《基本农田保护条例》第十条规定，下列耕地应当划入基本农田保护区，严格管理：①经国务院有关主管部门或者县级以上地方人民政府批准确定的粮、棉、油生产基地内的耕地；②有良好的水利与水土保持设施的耕地，正在实施改造计划以及可以改造的中、低产田；③蔬菜生产基地；④农业科研、教学试验田。

根据土地利用总体规划，铁路、公路等交通沿线，城市和村庄、集镇建设用地区周边的耕地，应当优先划入基本农田保护区；需要退耕还林、还牧、还湖的耕地，不应当划入基本农田保护区。

《基本农田保护条例》还规定，禁止任何单位和个人在基本农田保护区内建窑、建房、建坟、挖砂、采石、采矿、取土、堆放固体废弃物或者进行其他破坏基本农田的活动；禁止任何单位和个人占用基本农田发展林果业和挖塘养鱼；禁止任何单位和个人闲置、荒芜基本农田。经国务院批准的重点建设项目占用基本农田的，满1年不使用而又可以耕种并收获的，应当由原耕种该幅基本农田的集体或者个人恢复耕种，也可以由用地单位组织耕种；1年以上未动工建设的，应当按照省、自治区、直辖市的规定缴纳闲置费；连续2年未使用的，经国务院批准，由县级以上人民政府无偿收回用地单位的土地使用权；该幅土地原为农民集体所有的，应当交由原农村集体经济组织恢复耕种，重新划入基本农田保护区。

《土地管理法》规定，因建设需要征收属于集体所有土地的，必须按照权限，由省级以上人民政府批准；征收基本农田、基本农田以外的耕地超过35公顷的、其他土地超过70公顷的由国务院批准；征收前3种规定以外的土地的，由省、自治区、直辖市人民政府批准，并报国务院备案。

征收农用地的，应当依照《土地管理法》的规定，先行办理农用地转用审批。其中，经国务院批准农用地转用的，同时办理征地审批手续，不再另行办理征地审批；经省、自治区、直辖市人民政府在征地批准权限内批准农用地转用的，同时办理征地审批手续，不再另行办理征地审批；超过征地批准权限的，应当依照规定另行办理征地审批。

（四）关于土地流转的规定

《土地管理法》和《土地管理法实施条例》规定，农民集体所有的土地的使用权不得出让、转让或者出租用于非农业建设，但符合土地利用总体规划并依法取得建设用地的企业，因破产、兼并等情形致使土地使用权依法发生转移的除外。

1. 流转方式

依据《中华人民共和国农村土地承包法》（以下简称《农村土地承包法》）和《中华人民共和国农村土地承包经营权证管理办法》规定，通过家庭承包取得的土地承包经营权可以依法采取转包、出租、互换、转让或者其他方式流转；通过招标、拍卖和公开协商等方式承包荒山、荒沟、荒丘、荒滩等农村土地，经依法登记取得农村土地承包经营权证的，可以采取转让、出租、入股、抵押或者其他方式流转。

（1）转包。转包指承包方将部分或全部土地承包经营权以一定期限转给同一集体经济组织的其他农户从事农业生产经营。转包后原土地承包关系不变，原承包方继续履行原土地承包合同规定的权利和义务。接包方按转包时约定的条件对转包方负责。承包方将土地交他人代耕不足一年的除外。

（2）出租。出租指承包方将部分或全部土地承包经营权以一定期限租赁给他人从事农业生产经营。出租后原土地承包关系不变，原承包方继续履行原土地承包合同规定的权利和义务。承租方按出租时约定的条件对承包方负责。

（3）互换。互换指承包方之间为方便耕作或者各自需要，对属于同一集体经济组织的承包地块进行交换，同时交换相应的土地承包经营权。

（4）转让。转让指承包方有稳定的非农职业或者有稳定的收入来源，经承包方申请和发包方同意，将部分或全部土地承包经营权让渡给其他从事农业生产经营的农户，由其履行相应土地承包合同的权利和义务。转让后原土地承包关系自行终止，原承包方承包期内的土地承包经营权部分或全部灭失。

（5）入股。入股是指实行家庭承包方式的承包方之间为发展农业经济，将土地承包经营权作为股权，自愿联合从事农业合作生产经营；其他承包方式的承包方将土地承包经营权量化为股权，入股组成股份公司或者合作社等从事农业生产经营。

2. 流转原则

《农村土地承包法》规定，土地承包经营权流转的主体是承包方。承包方有权依法自主决定土地承包经营权是否流转和流转的方式。承包期内，发包方不得单方面解除承包合同，不得假借少数服从多数强迫承包方放弃或者变更土地承包经营权，不得以划分“口粮田”和“责任田”等为由收回承包地搞招标承包，不得将承包地收回抵顶欠款。

土地承包经营权流转应当遵循以下原则：①平等协商、自愿、有偿，任何组织和个人不得强迫或者阻碍承包方进行土地承包经营权流转；②不得改变土地所有权的性质和土地的农业用途；③流转的期限不得超过承包期的剩余期限；④受让方须有农业经营能力；⑤在同等条件下，本集体经济组织成员享有优先权。

二、休闲农业的土地流转

（一）休闲农业土地运用的特点

从利用规模角度看，休闲农业用地规模大小不一。由于休闲农业的项目类型不同，对土地的利用规模也不尽相同，小则不到一亩，大则达到几百亩甚至上千亩。单纯的特征餐饮型项目大多是当地农民利用原有住宅开展的运营活动，运营规模较小，占地面积不大，如各地发展的“农家乐”项目多数属于这一类型；而休闲农场、观光农园、民俗风情旅游等项目大多以种养基地和自然风光为基础，综合发展餐饮、文娱、休闲、教育等功能，因此占地面积较大，如云南省腾冲市15万亩油菜花景观、富阳的双峰生态牧场、杭州的大观山果园等。

从项目用地的开发角度看，休闲农业对农用地的破坏程度不同。一部分休闲农业项目与农业产业结构调整紧密相连，项目用地属于农业产业结构调整范围之内，基本保持了原自然地貌和发展种植业，对农用地的可耕作层破坏较小；部分休闲农业项目的辅助用房，如餐饮、住宿等建筑多采用搭建草棚、竹楼等非永世性建筑或者经过建筑物架空等方法，在一定程度上避免了对耕地的破坏；农民利用自家住宅及宅基地的空闲场地开发的特征餐饮型项目也基本上不占用农用地。但也有一部分休闲项目的辅助用房占用了大面积的农业用地，甚至是耕地，而且可复垦的可能性极小，这在一定程度上对耕地造成了破坏。

（二）休闲农业土地流转方式

目前，休闲农业中常见的土地流转方式主要有转包、互换、入股、出租、反租倒包等。其中，转包、互换适用于本集体经济组织内的成员，出租适用于本集体经济组织外成员。入股既可以解决土地问题，也可以解决资金问题，有时还能解决劳动力问题，由于休闲农业经营通常需要的投入较多，因而通过股份制获取相应的资源是解决休闲农业开发和其他资源筹集的最有效的手段。反租倒包是指在农户自愿的前提下，由集体经济组织将承包到户的土地通过租赁形式集中（称为反租），进行统一规划和布局，然后将土地的使用权通过市场的方式承包给农业经营大户或从事农业经营的公司（称为倒包）。如果没有集体经济组织进行协调，休闲农业投资者，特别是集体经济组织外的投资者很难进入集体经济组织，加之投资者与分散农户沟通的成本很高，投资者难以获得规模土地。通过集体经济组织的协调，由集体先与成员交易，然后投资者再与集体经济组织交易，会大大降低投资者的成本。

（三）休闲农业土地利用存在的问题

1. 破坏农业用地

发展规模较大的观光园、休闲度假型休闲农业项目时，存在的主要土地利用问题就是对农用地，特别是耕地的大量占用与破坏。从侵占、破坏耕地的类型角度看，主要存在下面几种情况：第一是占用耕地后主要用于种植有观赏性的经济作物。这种情况对耕地的耕作层破坏较小，园区内搭建附着物比例较低，而且主要以架空型的临时性建筑为主。如果这部分土地属于基本农田范畴，则违反了《基本农田保护条例》及国务院关于保护基本农田的规定。第二是部分项目大面积建造永世性建筑。虽然这些项目从广义上也可以列入农业的范畴，但已与土地性质分类中以种植业为主的农用地有本质的区别。在不办理农用地转用手续的情况下，这是一种土地违法行为和违规操作。第三是一些水产养殖类的休闲农业项目在挖塘时，直接破坏了耕作层，导致耕地总量的减少。

2. 非法转用农用地

休闲农业用地大多数采用的是向农村集体经济组织租赁的方式，这样土地使用权取得的价格低，获得土地使用权速度快，而且土地租用到期后处理比较方便。而在休闲农业发展中，一些项目借用农用地流转途径，把流转来的农地用于盖房子、修路，变相搞非农产业开发，这些租用的土地存在规避国土资源部门审批和监管的问题，属于农用地非法转用为非农建设用地。

3. 损害农民利益

近几年，休闲农业作为一项新型产业方式，从名义上没有改变土地的农用地性质，部分项目租地协议中的租赁期限长达二三十年，但是其租金所补偿的本质上仍然只是这些土地的当年农业产值，这种“以租代征”及私自压低失地农民合理补偿的情况直接损害了农民的利益。

4. 影响社会稳定

我国农业用地具有对农民的基本社会保障功能。农民将耕地大量转让出去，又不能在休闲农业项目中获得就业机会，便只能靠二三产业生存。如果农民在城市没有得到适当的社会保障，当经济危机发生时，往往会返乡回家，而其耕地已经流转出去，农民工要承受巨大的物质和精神双重压力。他们一旦大量失业，很容易滋生社会矛盾，影响社会稳定。

三、休闲农业土地管理的原则

（一）农用地保护原则

农业用地是休闲农业园区的基础，农业用地的保护是休闲农业可持续发展的关键。应针对耕地、园地、林地、牧草地、水产用地不同类型的农业用地特点，注重农业用地的保护，从而提高农业用地的质量。

（二）挖掘土地附加值原则

土地本身具有资产与资源的双重特性，土地作为自然资源，是人类生产和生活的根本源泉，作为财产，土地具有经济价值和法律意义。应注重提高农庄中土地资源的附加值，充分利用土地的资源属性，为农村建设创建良好条件。

（三）可持续发展原则

在休闲农业项目中，土地资源的利用必须注重综合效益的提高，即共同实现经济、社会、生态效益。要规范用地行为，合法合理利用土地资源，不能以牺牲社会和生态效益为代价盲目提高经济效益，要注重土地资源的可持续发展。

第二节　休闲农业生产技术管理

休闲农业园区生产以农业生产为基础，主要包括作物生产、畜牧养殖、渔业养殖等。休闲农业园区生产技术主要包括生产所涉及的具体操作规程、分析与计划的方式方法以及所需工具和设备等。技术管理负责协调生产人员共同劳动，具体内容主要包括制订生产计划、合理组织生产、生产控制等。

一、休闲农业生产技术管理原则

（一）以保证休闲农业的安全、健康为宗旨

在休闲农业中，一些农产品最终供人食用，必须在生产技术上保证食用的安全与健康。同时，在种养品种选择上，既要能够适应当地的环境条件或设施化条件，又不能带来或造成新的病害、虫害和生态灾害，对人体有害的植物必须谨慎引种。

（二）突出体验与休闲特色

在休闲农业生产技术管理上，必须保证休闲农业体验与休闲功能的科学和可行性。例如，在耕作制度上，无论空间的利用还是时间的利用，都既要保证生产的正常运行，又要满足一定的休闲需要。在茬口安排上，要明确所用品种、设备的规格和数量、种养方式和生产资料、生产操作程序及种养技术规格；对于体验功能，如农耕的设计，其全程配套技术和所需的设施、设备要求在技术上必须有可应用性，并指明技术要点和技术关键。

（三）规范化、标准化与先进性

休闲农业园区生产应根据市场需求，建立规范化、标准化技术体系，使休闲农业园区生产实现科学化管理。同时，应积极引进推广新品种、新技术、新方法，加大休闲农业生产的科技投入，突出“名优奇特”等特色，如特色土特产农副产品、禽蛋产品。

（四）优化配置技术人员

在管理过程中，技术管理人员和专业技术人员是技术管理的关键所在，休闲农业项目技术管理需要根据不同的休闲农业项目类型，配置不同技术人员，优化技术人员配置，实现可持续发展。不同的休闲农业项目，农业生产所需掌握的技术复杂程度不同、技术管理重点不同，对技术人员的要求也不同。一些休闲农业项目仅为当地固有的动植物生产，这时生产技术管理的重点在于支持性的工作，如制定技术文件、布置设施、规划流程、维修保养设备等，操作人员只需要按照操作规程进行操作即可。一些休闲农业项目，如珍稀动植物、名贵花卉、跨区域动植物的栽培与养殖，对直接从事生产的工作人员要求较高，因此技术管理的重点内容是加强专业知识技能的训练。

二、休闲农业作物生产技术管理

（一）休闲农业作物生产的基本含义

作物即农作物的简称，广义上指农业上栽培的各种植物，包括粮食作物、经济作物两大类。粮食作物以水稻、玉米、豆类、薯类、青稞、蚕豆、小麦为主；经济作物包括油料作物、蔬菜作物、花、草、树木等。在休闲农业中，农作物的功能主要体现在提供绿色农产品、运动体验、营造特色景观、科学教育等方面，如绿色果蔬、葡萄采摘、满山遍野的油菜花、农产品博览馆等。

农作物的生长需要科学的生产技术，特别是休闲农业中的一些特色作物，需要特殊的栽培技术，在技术管理中需要配备专门的技术人员进行指导。

（二）休闲农业农作物技术管理要点

1. 熟悉农作物的生长发育特点

在综合考虑气候、地形、土壤、交通等自然条件和休闲农业项目设计的功能及美学考量基础之上，需要根据农作物生长发育的特点，选定农作物栽培种类。此外，熟悉农作物的生

长发育，特别是珍稀植物、名贵花卉、跨区域植物等，是成功栽培的首要条件。

熟悉农作物的生长发育，主要是了解农作物的形态特征、熟悉农作物的生长发育规律以及作物生长发育所需要的环境条件等。不同的农作物，在形态特征、生长发育规律以及所需的环境条件方面差异很大，一般作物的生长发育均可归纳为种子萌发出苗、幼苗生长、产品器官形成、开花、产品器官成熟这 5 个过程，在管理上应注重不同阶段作物对于水分、养分、温度、光照等影响因素的要求。

2. 播前准备

播前准备是农作物栽培的基础性工作，播种材料的准备、种子处理、化肥的准备与施用等会直接影响农作物的生长发育。因此，必须严格按照相关标准与要求做好播种前的准备工作，以保证顺利完成生产任务。

（1）准备播种材料。种子、农药、化肥、农机具等播种材料是农作物栽培前必须准备的生产资料，播种材料的质量会直接影响农作物的生长发育，为此，播种前必须合理确定播种材料的种类、数量，正确辨别播种材料的优劣真伪，并制订合理的购买计划。

（2）种子处理。为了增进种用质量，提高种子纯度与发芽率，提高种子抗逆性，种子在播种前常采用物理、化学等方法进行处理，主要包括精选、晒种、浸种、拌种、催芽等措施，以达到促使种子发芽快而整齐、幼苗生长健壮、预防病虫害和促使某些农作物早熟的目的。

（3）化肥的准备与施用。肥料是提供植物必需的营养元素、改善土壤性质、提高土壤肥力水平的一类农业生产资料。合理施肥要综合考虑农作物需肥规律、土壤供肥特性以及肥料性质等影响因素，实现农作物生产的高产、稳产、低成本与环保目标。

3. 土壤耕作

土壤耕作是指使用农机具以改善土壤耕层构造和地面状况等多种技术措施。它既关系到农作物的播种保苗，又影响着农作物生长的全过程，并对施肥和灌溉以及经济效益有重要影响。

通常，土壤耕作技术分为基本耕作技术和表土耕作技术两类。

（1）基本耕作技术。基本耕作技术或称初级耕作，指入土深、作用强烈、能显著改变耕层物理性状、后效较长的土壤耕作措施，一般在种植作物播种之前进行，主要方式有翻耕、深松耕、旋耕。

（2）表土耕作技术。表土耕作技术或称次级耕作，是配合基本耕作使用的入土较浅、作用强度较小，以破碎土块、平整土地、消灭杂草为目的的一类土壤耕作措施。主要的表土耕作方式有耙地、耱地、镇压、起垄、中耕等。

中耕一般是作物生育期间在株行间进行的表土耕作，通常采用手锄、齿耙和各种耕耘器等工具。由于作物种类、苗情、杂草和土壤状况不同，中耕的时间和次数也不同，生育期长、杂草多、结构性差的土壤应增加中耕次数，反之则应减少。中耕深度应与作物根系生长情况相适应，作物苗期为免伤根中耕应浅，生育中期为促进根系发育中耕应加深，生育后期作物封行前为破板结中耕应浅。

4. 播种

农作物的播种应根据农作物种类、品种特性、种植制度、栽培方式及其对环境条件的要求，选择合适的播种时间、播种量以及播种方式。

(1) 确定播种时间。在农作物适期播种，能充分利用温度、光照、水分等自然资源，保证农作物整个生长过程均处于生长发育最适合的环境，有利于稳产、高产，增进品质。作物适宜播种期主要考虑温度、土壤墒情、耕作制度等因素。当然，如果是休闲农业的温室栽培，还应考虑温室内周年供应的农产品及观光等需求。

(2) 计算播种量。单位面积内所用种子的数量称为播种量，播种量因作物类型、品种、种子质量、土壤质地、气候冷暖、病虫草害、降水量、播种方式（直播或者育苗)、播种方法等的不同而不同。一般情况下，土壤肥沃田块、分蘖性强的品种，播种量宜少；反之，播种量可以适当增加。

确定播种量时，主要依据单位面积内留苗株树和间苗的情况，同时考虑种子千粒重、发芽率、种子净度和田间实际出苗率进行计算。

(3) 播种方式。常见的播种方式有撒播、条播、点播等。撒播即将种子均匀地撒于田地表面，根据作物的不同特性及当地具体条件，撒播后可覆土或不覆土。撒播大多为手工操作，简便省工，但种子不易分布均匀，覆土深浅不一，后期不便中耕除草。目前撒播主要用于休闲农业生产中的蔬菜、水稻等作物的苗床播种或绿肥、牧草等的播种。条播即将种子成行地播入土层中，播种深度较一致，种子在行内的分布较均匀，便于进行行间中耕除草、施肥等管理措施和机械操作，多用于玉米、高粱、棉花、甜菜、大豆、小麦、亚麻和某些牧草等。点播又称穴播，是在播行上每隔一定距离开穴播种。点播能保证株距和密度，有利于节省种子，便于间苗和中耕，多用于玉米、棉花、甜菜、向日葵等农作物。

5. 水肥管理

农作物施肥要综合考虑作物需肥规律、肥料性质以及土壤供肥特性 3 个方面的因素，合理确定施肥时间、施肥种类、施肥数量以及施肥方式。一般情况下，肥料可分为有机肥料、化学肥料、生物肥料，鉴于休闲农业在提供农产品时突出健康的特色，在施肥时应控制化肥用量，推荐合理施用有机肥料。同时，要特别注意氮磷钾元素的配合施用，防止微量元素的缺乏和过量。

农作物水分管理主要包括灌溉和排水两个方面。灌溉是人工向农田补水的技术措施，既能满足作物需水要求，还具有调节土壤的温热、培肥地力、改善田间小气候、改善土壤理化性质等作用。灌溉分为地面灌溉、地下灌溉、喷灌和滴灌。在进行灌溉时，应根据作物种类、地形、土壤类型、水源状况和经济条件等因素，选择适宜的灌溉方法，这对满足作物用水以及其他要求具有十分重要的作用。排水主要是将农田中过多的地面水、土壤水和地下水排除，改善土壤的水、肥、气、热关系，以利于作物生长。排水方式有明沟排水和暗沟排水，应结合具体情况选择不同的排水方式。

6. 病虫害防治

农作物在生长发育过程中常会由于病虫害导致农作物减产、降低品质，这对休闲农业项目来说危害巨大。休闲农业的病虫害防治要根据病虫与农作物、耕作制度、有益生物和环境条件等因素，运用农业、生物、物理、化学、人工等防治方法，因地制宜，合理应用防治措施，经济、安全、有效地把病虫控制在不造成危害的程度。病虫害防治措施主要有农业防治、生物防治、物理防治、化学防治，鉴于休闲农业应突出健康安全的理念，在病虫害防治时应提倡农业、生物、物理等防治措施，尽量减少农药的使用，做到合理施用农药。使用农药时的要求和具体注意事项如下：①根据病虫害发生情况，严格掌握施药关键期，严格控制用药面积，按照防治标准进行防治；②根据病虫种类、农药性能选用合适品种，对症下药；③严格按照规定浓度和用量施药，提高用药质量；④要根据天气情况施药，一般应在无风晴天进行；⑤坚决不能使用禁用农药。

（三）特色植物的应用

特色植物是指可用于养生和防病的草本、木本、藤本植物，如苦荞、青稞、莜麦、薯类等食用类植物，金银花、菊花、藏红花、玫瑰花、决明子等用于饮用的植物以及绿色观叶植物。特色植物通常含有各种生物活性成分，有些特色植物除了能作为食材外，还可广泛用于药材、营养保健、调味剂、香料、化妆品等。

休闲农业选择种植特色植物不仅能吸引更多的客人，带来可观的收入，还能体现特色，提升档次。但目前很多休闲农业项目并没有意识到这一点，其选择的植物多是经济效益不高、观赏效果一般的普通植物，导致特色不鲜明，游客觉得平淡无味，无法留下深刻印象。休闲农业项目可以根据主题定位，选择不同种类的特色植物，并根据植物特性创意设计多彩的田园景观，打造不同的养生功能。

1. 芳香类植物的运用

芳香类植物指具有香气和可供提取芳香油的植物。芳香植物给人心旷神怡的感觉，具有药用价值，且具有深刻的寓意，常常被用于制作成精油等，越来越多地出现在我们的生活中。常见的芳香类植物有玫瑰、薰衣草、碰碰香、迷迭香，薄荷、百里香、罗勒，洋甘菊、留兰香等，这些植物不仅观赏性能好，有些还能食用和加工提炼香精油等，潜在的经济价值巨大。

2. 药食同源植物的运用

药食同源植物指既可做食物又能做药品的植物。休闲农业项目可充分利用这类植物制作各种养生菜，以满足消费者的养生需求。适合休闲农业种植的药食同源植物有丁香、金银花、枸杞子、桑葚、藿香、栀子、罗汉果、鱼腥草、紫苏等。

3. 特效功能植物的运用

特效功能植物指其体内含有某些特殊物质，人类食用后能对人体的某些功能起到促进作用的植物。这类植物一般比较新奇、功效显著，深受消费者的喜欢，主要有青钱柳、辣木、红豆杉、铁皮石斛等。如青钱柳，别名摇钱树，被誉为植物界的大熊猫，具有调节血糖、降血脂、降血压的奇效。

4. 养生果树的运用

普通果树如柑橘、桃、梨等到处都有，对客人缺乏吸引力。那些有特殊养生功能的果树能有效激发客人的购买欲望，加之有采摘的乐趣，能吸引更多的游客，也就达到了休闲农业种植果树的目的。比较适宜的养生果树有果桑、蓝莓、三叶木通、无花果等。

三、休闲畜牧业技术管理要点

（一）休闲畜牧业的基本含义

传统畜牧业是利用畜禽等已经被人类驯化的动物，或者鹿、麝、狐、貂、水獭、鹌鹑等野生动物的生理机能，通过人工饲养、繁殖，使其将牧草和饲料等植物能转变为动物能，以取得肉、蛋、奶、羊毛、山羊绒、皮张、蚕丝和药材等畜产品的生产部门。

畜牧业是指用放牧、圈养或者二者结合的方式，饲养畜禽以取得动物产品或役畜的生产部门。区别于自给自足家畜饲养，畜牧业的主要特点是集中化和规模化，并以营利为生产目的。而休闲畜牧业是以传统畜牧业为基础，以休闲为目的，畜牧业和旅游业相结合，为游客提供优质、绿色、生态、安全、健康的产品及观光、休闲、体验、娱乐、度假等活动的场所和服务，使游客亲身感受畜牧业景观、参与牧业生产活动。

（二）休闲畜牧业技术管理要点

常见的休闲畜牧业可以集中展示猪、牛、羊、鸡、鸭、鹅等常见家禽家畜，以及一些特种养殖，如蜜蜂、蚕等，也可训导家禽进行趣味表演，如鸭子赛跑、小猪跳水等，还可以让游客进行饲养体验并提供畜产品等。其涉及的动物种类繁多，在技术管理中存在着具体操作上的不同，但由于休闲畜牧业的观光、休闲、度假、体验、娱乐、健身等功能，在技术管理中存在着相似的要点。

1. 建设无公害饲料基地，进行饲料清洁生产

有条件的休闲农业项目可以通过饲料（草）品种选择、土壤培肥、有机肥制备和施用、配方施肥、高效低残留农药施用等配套技术，种植清洁的饲料原料。常见种植类饲料原料有谷物、油料作物、豆科作物、块茎块根作物、牧草、藻类及其他植物。

休闲农业中无公害饲料生产的基本要求是无农药残留、无有机或无机化学毒害品、无抗生素残留、无致病微生物、真菌毒素不超标准，因此，在生产时对饲料原料、饲料添加剂的选择和质量控制比普通饲料更严格。

2. 保证水源质量，科学供水

在休闲农业中，大部分家禽家畜在养殖过程中涉及喂水问题，在用水的选择方面要注意水源的质量，并科学喂水，避免附近有污染源的水源，并根据水质情况进行必要的处理，保证饮水源的质量标准，同时保证足量供水和灵活饮水。

其中特别注意的是要在供水过程中保证畜禽养殖饮水器符合卫生要求，尤其是在夏秋两季，相对的高温环境更容易滋生细菌等微生物，导致水质下降，因此需要针对不同的畜牧品种进行饮用水消毒。

3. 严格用药管理

传统畜牧业产品普遍存在药物残留过高的现象，一些养殖户为了片面追求经济效益，设法降低畜禽的死亡率，缩短畜禽的饲养周期，在养殖过程中大量使用抗生素和化学合成药物，无节制地在畜禽饲料中添加各种微量元素和激素，从而造成畜产品中重金属、抗生素等含量严重超标，危害消费者身体健康。在休闲农业中，必须严格用药管理，主要注重以下技术环节：

（1）掌握《兽药管理条例》《食品动物禁用的兽药及其他化合物清单》《饲料中允许使用的添加剂》《禁止在饲料和动物饮用水中使用的药物品种目录》《动物性食品中最高残留限量标准》《兽药休药期规定》《禁止销售含有违禁药物或者兽药残留量超过标准的食用动物产品》等一系列国家相关法规和标准，根据生产的动物品种自觉执行各种条例，坚决不违规使用药物。

（2）自觉遵守宰前停药期的规定，在停药期内患病宰杀的动物不得供游客食用。只要有足够长的停药期，随着药物不断从体内代谢出体外，肉品中的药物残留是不会超标的。

（3）要聘请专门的兽医指导动物疫病的预防和治疗，使用国家允许使用的畜禽养殖药物，并认真做好用药、停药记录，其内容至少包括用药时间、用药名称、用药方式、剂量、

停药日期，并将处方保留一定时间。

（4）在使用消毒药时，不仅要考虑其消毒效力，还必须考虑消毒药可能带来的药物残留问题。

4. 营造优美意境，防治环境污染

休闲农业的观光、休闲、体验、娱乐、度假功能均要求休闲农业园区干净整洁、环境优美，有益身心健康。园区内应严格执行生产区与生活区、行政区相隔离的原则，防止交叉污染和疫病传播。配备相应废物处理系统和环保措施，对畜禽排出的大量粪尿及时进行无害化处理，避免对环境造成污染，危害游客身体健康。

四、休闲渔业技术管理

（一）休闲渔业的基本含义

传统渔业是指开发和利用水域，采集捕捞与人工养殖各种有经济价值的水生动植物以取得水产品的社会生产部门。渔业生产主要以各种水域为依托，具有明显的区域性和季节性，初级产品具鲜活、易变腐和商品性的特点，按水域可分为海洋渔业和淡水渔业。除沿海休闲农业项目外，一般休闲渔业均为淡水渔业。

休闲农业中的渔业主要体现娱乐功能。目前休闲渔业按其表现的形态看，可大致分为4类：一是生产经营型，以渔业生产活动为依托，让游客直接参与渔业生产，亲身体验猎渔活动，如垂钓、观赏捕鱼等。二是饮食服务型，让游客直接品尝美味的水产品，建立起集鱼类养殖、垂钓、餐饮与旅游度假为一体的经营形式，如都市郊区以渔为依托的农家乐、避暑山庄、都市鱼庄等。三是游览观光型，让游客走进海洋、江河、湖库等自然环境，结合旅游景点，综合开发渔业资源。四是科普教育型，主要表现为以水产品种、习性等知识性教育和科普为目的的展示形式，如水族馆、海洋博物馆等。

（二）休闲渔业技术管理要点

休闲渔业养殖技术比较复杂，但大部分品种的养殖技术已较成熟。淡水鱼养殖技术的关键主要表现为对水质的控制、饲料的质量和投喂方法、病害防治3个方面。

1. 改善水质

养殖用水是一个非常复杂的体系，在水中溶解了各种离子和分子，包含各种微生物、浮游生物及其他水生生物。这些物质之间相互作用与制约，其含量的多少决定了水质的好坏，对水生动物养殖有着巨大的影响。

影响水质变化的因素有水源、换水量、增氧设施、放养密度、施肥、投饵量、底质等，一般情况下，在养殖之前应对水源做全面的监测并评价。休闲渔业养殖人员要经常测定水温、透明度、pH、溶解氧、氨氮等水质条件，同时，在养殖过程中一定要保持水质的稳定性，换水时不要大排大灌，要少换多次，塘水和新水不要有太大的差异。

2. 加强投饲管理

要坚持定时、定位投喂，在鱼群经常出没的地方设饲料台作为投喂点，饲料应尽量撒开，如果池塘较大，可通过敲桶、击水、拍掌等声音对其进行驯化。如遇雨天、闷热天气、鱼不正常活动等特殊情况，要适当减少投饲量。随着鱼的生长，投饲量逐渐增加，同时应选定一个品牌的饲料，最好不要随意改投其他品牌的饲料。饲料要求质量好、营养全面，不要投有异味、变质的饲料。

3. 病害防治

鱼病的发生与环境、病原体密切相关，要预防鱼病，必须控制水质，从而控制病菌的传播与繁殖，同时应进行合理的饲养管理，增强鱼的体质。

常见的鱼病有细菌性鱼病和寄生虫病。当发现鱼有不正常行为时，应立即调查原因，采取有效的防治措施，控制鱼病的发展。在用药方面，要对症下药，不能滥用药物，杜绝使用易被鱼体积累和污染环境的有机物、农药、重金属、抗生素、呋喃类、磺胺类等药物。

除此之外，在技术管理方面，还应要求养殖人员坚持每天早晚巡塘，查看鱼群活动和吃食情况，查测水色、透明度、pH，及时捞掉腐草、残饵，消毒清理食场。

第三节　休闲农业食品加工管理

食品加工是休闲农业提供农产品的必要环节，也是休闲农业园区生产管理的重要部分。食品加工应坚持安全性、营养性、嗜好性 3 项原则，同时满足外观、风味、货架寿命、方便性、功能特性等要求，其关键在于食品安全的控制。

一、休闲农业食品加工中存在的安全隐患

（一）食品加工用原料存在的安全隐患

土壤重金属超标、作物在栽培中大量使用化肥和农药、在养殖过程中滥用兽药和激素等会给食品安全造成极大隐患。在休闲农业食品加工中，由于自己提供加工原料，必须严格控制化肥、农药、兽药、激素等投入品的使用，杜绝原料隐患。

（二）加工过程中存在滥用食品添加剂和其他化学用品的隐患

食品添加剂是加工食品不可缺少的物料，其在改善食品的质量和色香味、原料至成品的保鲜、提高食品的营养价值等方面都起着重要的作用。按照国家有关标准规定的范围和用量添加食品添加剂，安全性是可以保证的，但是滥用和超量添加将会损害人体健康，将非食品用原料加入食品中更是会对人体健康造成巨大的危害。

（三）食品加工过程中控制不当造成的微生物污染隐患

食品加工过程中环境卫生差，不按照卫生操作规范进行操作，原料、半成品和成品储存不当等都可能带来微生物的污染。微生物污染带来细菌毒素和真菌毒素，若长期食用，轻者会造成慢性中毒，重者可直接引起食物中毒，给人体健康带来巨大伤害。

（四）食品加工技术可能导致的安全隐患

在食品生产过程中要利用多种加工技术，但有些加工技术本身或运用不当会产生很多安全隐患。例如，在干燥过程中，若食品的酶或微生物不能得到及时抑制，可能引起食品风味和品质发生变化，甚至变质，特别是油脂含量较高的食品；在蒸馏的过程中，由于高温及化学酸碱试剂的作用，产品容易受到金属蒸馏设备溶出重金属离子的污染；发酵生产中会不同程度地产生一些对人体有危害的副产品，如酒精发酵过程中形成的甲醇、杂醇油等，某些发酵菌种，如曲霉等在发酵过程中可能产生某些毒素；洗涤剂和消毒剂在使用中可能会产生危害，在配制过程中，无毒的化学药品在高温高压、强酸强碱等的影响下，易变成有毒物质。

（五）食品包装中存在的安全隐患

食品包装常用材料有纸类、塑料、金属、玻璃及其制品，通常不同的包装类型存在不同的安全隐患。

1. 纸制品包装

纸制品包装主要存在以下两个方面的安全问题：一是在加工处理时，纸浆中的化学残留物，纸板间的黏合剂、涂料和油墨等若处理和使用不当均会对食品造成污染，轻则造成产品中出现异味，重则将某些有毒物质渗透到食品中；二是由于包装用纸和纸制品直接与食品接触，如果采用废旧报纸和社会回收废纸为原料，并使用荧光增白剂或对人体有害的化学助剂，会对人体直接产生伤害。

2. 塑料包装材料及其制品

塑料包装材料及其制品主要存在如下安全问题：一是用于食品包装的大多数塑料树脂材料是无毒的，但它们的单体分子却大多有毒性，如聚苯乙烯树脂中的苯乙烯单体对肝脏细胞有破坏作用、丙烯腈塑料的单体是强致癌物；二是塑料添加剂一般包括增塑剂、稳定剂、着色剂、油墨和润滑剂等，有一定的毒性，在加工时应慎用。

3. 金属包装材料及其制品

金属包装材料及其制品存在的安全问题如下：一是由于金属包装材料及制品的化学稳定性能较差，不耐酸、碱，尤其对酸性食品敏感，金属包装的食品放置一定时间后，涂层可能会溶解，使金属离子析出，存在严重安全隐患；二是由于金属材料的阻隔性优于其他材料，故放置一定时间后，包装内部处于无氧或少氧的状态，厌氧或兼性厌氧的微生物有增殖的可能，如肉毒梭状芽孢杆菌的存在与繁殖，它产生的毒素的毒力是氰化钾的1万倍。

4. 玻璃包装材料及其制品

玻璃包装材料及其制品本身不存在安全性隐患，但由于玻璃材料及其制品的循环使用，玻璃材料中有存在异物和清洗消毒剂残留的隐患。

二、休闲农业食品加工管理原则

（一）以合法性与安全性为管理理念

目前我国在食品安全领域的立法包括《中华人民共和国食品安全法》《中华人民共和国产品质量法》《中华人民共和国农业法》《中华人民共和国商检法》等近20部法律、40余部行政法规、150余个部颁规章、几千个食品标准，已初步形成一个由国家、部门、行业和地方制定颁发的食品安全法律法规及规章制度体系。

休闲农业食品加工必须遵守国家政策法规的规定，保障休闲农业中的食品安全。根据《中华人民共和国食品安全法》《食品生产加工企业质量安全监督管理实施细则》等法律法规规定，食品生产加工企业在生产加工过程中严禁下列行为：①违反国家标准规定使用或者滥用食品添加剂；②使用非食用的原料生产食品，加入非食品用化学物质或者将非食品当作食品；③以未经检验检疫或者检验检疫不合格的肉类生产食品，以病死、毒死或者死因不明的禽、畜、兽、水产动物等生产食品，生产含有致病性寄生虫、微生物，或者微生物毒素含量超过国家限定标准的食品；④在食品中掺杂、掺假，以假充真、以次充好，以不合格食品冒充合格食品；⑤生产和使用国家明令淘汰的食品及相关产品。

（二）建立食品加工质量安全控制体系

休闲农业的食品加工应当建立健全企业质量管理体系，在生产的全过程实行标准化管理，实施从原材料采购、生产过程控制与检验、产品出厂检验到售后服务全过程的质量管理。

目前，国家鼓励食品生产加工企业根据国际通行的质量管理标准和技术规范获取质量体系认证或者危害分析与关键控制点管理体系认证（HACCP），提高企业质量管理水平。HACCP是一种保证食品安全与卫生的预防性管理体系，该体系强调在食品加工的全过程中，对各种危害因素进行系统和全面的分析，然后确定关键控制点（CCP），进而确定控制、检测、纠正方案，是目前食品行业有效预防食品质量与安全事故最先进的管理方案。

（三）确保硬件卫生条件符合规定

休闲农业食品加工必须具备保证产品质量安全的生产设备、工艺装备和相关辅助设备，具有与产品质量安全相适应的原料处理、加工、包装、贮存和检验等厂房或者场所。生产加工食品需要特殊设备和场所的，应当符合有关法律法规和技术规范规定的条件。

（四）注重生产人员安全管控

休闲农业项目从事食品加工的，必须具有与食品生产加工相适应的专业技术人员、熟练技术工人、质量管理人员和检验人员。从事食品生产加工的人员必须身体健康、无传染性疾病和影响食品质量安全的其他疾病，并持有健康证明；检验人员必须具备相关产品的检验能力，取得从事食品质量检验的资质。食品加工人员应当具有相应的食品质量安全知识，负责人和主要管理人员应当了解与食品质量安全相关的法律法规知识。

（五）适时发展绿色食品、有机食品加工

随着人们消费需求的变化，提供健康、安全、营养的农产品成为休闲农业发展的特殊魅力，休闲农业适时更新食品加工技术，发展绿色食品、有机食品加工，必有助于休闲农业项目的资源优势、生产优势和产品优势转化为质量优势、品牌优势和效益优势，推动休闲农业项目可持续发展。

三、休闲农业食品加工管理要点

根据《中华人民共和国食品安全法》的规定，在食品加工过程中，应当对原料采购、原料验收、投料等进行原料控制，对生产工序、设备、贮存、包装等生产关键环节进行控制，对原料检验、半成品检验、成品出厂检验等进行检验控制，同时进行运输和交付控制，保证所生产的食品符合食品安全标准。

（一）原料管理

每种原料要根据其特性选择不同的存放环境，如冷藏、防凉、常温、避光等。原料要存放于垫仓板上，堆垛不能靠墙，原料不能堆放至天花板，堆垛间要留有间距，以便防潮通风和原料进出。存放区要保持清洁，并设置温湿度调节设施和温湿度表监控。

食品加工用原料、辅料的卫生应当符合下列要求并得到有效控制：①生产用原料、辅料应当符合安全卫生规定要求，避免来自空气、土壤、水、饲料、肥料中的农药、兽药或者其他有害物质的污染；②作为生产原料的动物，应当经检疫合格；③超过保质期的原料、辅料不得用于食品加工；④加工用水（冰）应当符合国家《生活饮用水卫生标准》等必要的标

准，对水质的公共卫生防疫卫生检测每年不得少于两次，自备水源应当具备有效的卫生保障设施。

（二）食品加工中卫生管理

（1）食品加工中应配备足够数量的、具备相应资格的专业人员从事卫生质量管理工作。食品加工的生产和质量管理人员应当符合下列要求：①与食品生产有接触的人员经体检合格后方可上岗；②生产、质量管理人员每年进行一次健康检查，必要时做临时健康检查，凡患有影响食品卫生的疾病者，必须调离食品生产岗位；③生产、质量管理人员保持个人清洁，不得将与生产无关的物品带入加工车间，工作时不得佩戴首饰、手表，不得化妆，进入车间时要洗手、消毒，穿着工作服、帽、鞋，并对其进行定期消毒；④生产、质量管理人员经过培训并考核合格后方可上岗。

（2）食品加工环境卫生应当符合下列要求：①食品生产区不能建在有碍食品卫生的区域，加工区内不得兼营、生产、存放有碍食品卫生的其他产品；②食品生产区应当保持整洁、卫生、通风；③生产区卫生间应当有冲水、洗手、防蝇、防虫、防鼠设施，墙裙以浅色、平滑、不透水、无毒、耐腐蚀的材料修建，并保持清洁；④生产区建有与生产能力相适应的符合卫生要求的原料、辅料、化学物品、包装物料储存等辅助设施和废物、垃圾暂存设施；⑤生产区与生活区隔离。

（3）食品加工车间及设施的卫生应当符合下列要求：①车间面积与生产能力相适应，布局合理、排水畅通，车间地面用防滑、坚固、不透水、耐腐蚀的无毒材料修建，平坦、无积水并保持清洁，车间出口及与外界相连的排水、通风处应当安装防鼠、防蝇、防虫等设施；②车间内墙壁、屋顶或者天花板使用无毒、浅色、防水、防霉、不脱落、易于清洗的材料修建，墙角、地角、顶角具有弧度；③车间门窗应用浅色、平滑、易清洗、不透水、耐腐蚀的坚固材料制作，结构严密；④车间内位于食品生产线上方的照明设施装有防护罩，工作场所以及检验台的照度符合生产、检验的要求，光线以不改变被加工物的本色为宜；⑤车间供电、供气、供水满足生产需要；⑥在适当的地点设足够数量的洗手、清洁消毒、烘干手的设备或者用品，洗手水龙头应为非手动开关；⑦根据产品加工需要，车间入口处设有鞋、靴和车轮消毒设施；⑧设有与车间相连接的更衣室，不同清洁程度要求的区域设有单独的更衣室，视需要设立与更衣室相连接的卫生间和淋浴室，更衣室、卫生间、淋浴室应当保持清洁卫生，其设施和布局不得对车间造成潜在的污染风险；⑨车间内的设备、设施和工器具用无毒、耐腐蚀、不生锈、易清洗消毒、坚固的材料制作，其构造易于清洗消毒。

（4）食品生产加工过程应当符合下列要求：①生产设备布局合理，并保持清洁和完好；②生产设备、工具、容器、场地等严格执行清洗消毒制度，盛放食品的容器不得直接接触地面；③班前班后进行卫生清洁工作，专人负责检查，并做检查记录；④原料、辅料、半成品、成品以及生熟品分别存放在不会受到污染的区域；⑤按照生产工艺的先后次序和产品特点，将原料处理、半成品处理和加工、工器具的清洗消毒、成品内包装、成品外包装、成品检验和成品贮存等不同清洁卫生要求的区域分开设置，防止交叉污染；⑥对加工过程中产生的不合格品、跌落地面的产品和废弃物，在固定地点用有明显标志的专用容器分别收集盛装，及时处理，其容器和运输工具及时消毒；⑦对不合格品产生的原因进行分析，并及时采取纠正措施。

（5）包装、储存、运输过程的卫生控制。其具体内容包括：①用于包装食品的物料符合卫生标准并且保持清洁卫生，不得含有有毒有害物质，不易褪色；②包装物料间干燥通风，内、外包装物料分别存放，不得有污染；③运输工具符合卫生要求，并根据产品特点配备防雨、防尘、冷藏、保温等设施；④成品库的温度、湿度符合产品工艺要求，并配备温度显示装置，必要时配备湿度计，库内保持清洁，定期消毒，有防霉、防鼠、防虫设施，库内物品与墙壁、地面保持一定距离，库内不得存放有碍卫生的物品，同一库内不得存放可能造成相互污染的食品。

（三）产品质量检验管理

休闲农业食品质量对休闲农业项目至关重要，必须进行严格检验，以确保游客食用安全、营养、健康的休闲农业食品，增加休闲农业的吸引力。休闲农业食品质量检验应当符合下列要求：①应有与生产能力相适应的内设检验机构和具备相应资格的检验人员；②企业内设检验机构具备检验工作所需要的标准资料、检验设施和仪器设备，检验仪器按规定进行计量检定，检验要有检测记录；③使用社会实验室承担卫生质量检验工作的，该实验室应当具有相应的资格，并签订合同。

法律规定，在食品加工过程中必须对原材料、食品添加剂、包装材料和容器等实施进货验收制度，不符合质量安全要求的不得用于食品生产加工；食品成品必须经过检验，未经检验或者检验不合格的，不得销售。

具备食品出厂检验能力的企业可以按要求自行进行食品出厂检验，不具备产品出厂检验能力的企业必须委托有资质的检验机构进行出厂检验。实施自行检验的企业，应当每年将样品送到质量技术监督部门指定的检验机构进行一次比对检验。

（四）废弃物控制

休闲农业食品加工产生的废弃物在管理上应遵循减量化、资源化、无害化的原则。食品加工的废弃物实行集中处置，不得随意处置食品加工产生的废弃物。在废弃物控制过程中要注意如下几点：①设置符合标准的食品加工废弃物收集容器；②将食品加工产生的废弃物与非食品加工的废弃物分类收集、单独存放，并按照环境保护的有关规定，设置油水分离器或者隔油池等污染防治设施；③保证食品加工废弃物的收集容器和污染防治设施完好、密闭、整洁，并保持周边环境干净、整洁；④在食品加工企业废弃物产生后 24 小时内将食品加工企业废弃物交给与其签订协议的食品加工企业废弃物收集、运输服务企业，食品加工企业废弃物处置所采用的技术、设备应当符合国家和省有关食品加工企业废弃物处置技术标准，防止对环境造成污染；⑤不得将食品加工产生的废弃物排入雨水管道、污水管道、河道、湖泊、水库、沟渠和公共厕所；⑥禁止以食品加工产生的废弃物为原料生产加工食品，禁止使用未经无害化处理的食品加工废弃物喂养畜禽。

【思考题】

1. 简述休闲农业土地资源流转方式。
2. 简述休闲农业农作物、渔业、畜牧业技术管理要点。
3. 简述休闲农业食品加工中存在的安全隐患。
4. 简述休闲农业食品加工管理要点。

CHAPTER4 第四章

休闲农业园区的游客管理

知识目标：

1. 了解休闲农业园区游客管理对园区的影响以及游客管理的内容。

2. 了解各类型游客在休闲农业园区的行为特征。

3. 掌握规范游客在休闲农业园区行为的措施、保障游客在休闲农业园区安全的措施和保全休闲农业园区资源与环境的措施。

4. 掌握休闲农业园区游客引导型、激发型、约束型管理的方法，以及重点时段和重点地域的管理办法。

技能目标：

1. 学会分析休闲农业园区不同游客的行为特征。

2. 采取针对性措施，规范游客行为，保障游客安全，保全资源与环境，并制定相应制度办法。

3. 根据不同的园区特点实行合理的游客管理办法。

游客是休闲农业园区的主角，是给休闲农业园区带来经济效益的“顾客”，为游客服务好，并期望更多的游客前来游览观赏是休闲农业管理者的追求。但服务质量的好坏不仅仅由休闲农业园区的服务人员决定，同样也取决于前来游览观赏游客的行为特征与素质。因此，也应了解游客类型及其行为特征，通过正确组织和管理游客的行为活动，倡导文明、积极向上的社会文化氛围，这样不仅可以保护休闲农业园区的资源、优化休闲农业园区的环境、保证游客心情畅快，还可以不断提高游客的满意度和体验质量，实现休闲农业园区资源的可持续发展。游客管理是休闲农业园区管理的重要组成部分，是保障休闲农业园区正常运转的基础，游客管理可以减少游客因不文明行为对休闲农业园区资源和环境的破坏。若忽略了游客管理，有可能导致游客投诉，甚至是旅游事故，将造成无法挽回的损失。

第一节　休闲农业园区游客管理的内涵

一、游客管理的定义

游客在休闲农业园区管理中具有双重角色，一方面，游客是休闲农业园区的服务对象，扮演着园区旅游产品消费者的角色，另一方面，游客不合理的行为会对休闲农业园区经营或可持续发展产生影响，需要进行必要的引导和管理。游客管理是指旅游管理部门或机构通过运用科技、教育、经济、行政、法律等各种手段组织和管理游客的行为过程，通过对游客容量、行为、体验、安全等方面的调控和管理来强化旅游资源和环境吸引力，提高游客体验质量，实现旅游资源的永续利用和旅游目的地经济效益的最大化。

游客管理的核心是游客行为的引导与调控，这就需要在充分认识休闲农业园区游客行为特点及规律的基础上，运用恰当的管理方法和技术，对游客行为进行必要的引导、约束与管理，以保障游客的生命财产安全，使其获得高质量的旅游体验，并促进休闲农业园区旅游资源和生态环境的保护以及设施的合理利用。

二、游客管理的意义

休闲农业园区管理者通过各种管理方法和管理技术，引导、约束和规范游客行为，实现休闲农业园区资源的保护、游客人身安全保障和游客游览体验质量提升 3 个直接目标。

1. 休闲农业园区旅游资源、生态环境的保护

旅游资源和环境是休闲农业园区赖以生存和可持续发展的物质基础。休闲农业园区的旅游资源包括人文资源和自然资源，其中相当一部分旅游资源是具有珍稀性和不可再生性的，一旦受到破坏难以恢复。休闲农业园区是一个有限的生态旅游系统，对于外来人流、能流等的容纳有一定的限度，而游客是休闲农业园区生态系统中最主要的输入变量，游客的大量来访将给休闲农业园区的资源、环境造成极大的压力。在旅游旺季，由于旅游者骤增，若突破休闲农业园区的承载能力，可能对旅游资源、生态环境、园区设施产生破坏性影响，还可能出现对自然生态环境以及公共设施的人为破坏。另外，游客不文明的旅游行为可能导致生态环境的污染，使旅游资源质量下降甚至寿命缩短，其最终结果必然是造成休闲农业园区整体吸引力下降、旅游价值降低，严重影响和直接威胁园区的可持续发展。更有甚者，还可能给园区带来灾难性的破坏，如违章烧烤、抽烟、燃放烟花爆竹等行为很容易引起火灾，一旦发生，后果不堪设想。因此，休闲农业园区游客管理的首要目标是把游客数量、游览活动强度控制在园区生态系统的承载力范围内，引导、管理和约束游客行为，最大限度地抑制游客的不文明行为，减少或杜绝对休闲农业园区旅游资源和生态环境的破坏。

2. 游客人身安全的保障

保护好游客的人身安全是园区的基本职责。旅游安全问题有很多方面，有些是游客自身安全认知不够造成的，如在禁烟区抽烟、不听工作人员劝阻、违章露营、随意给动物喂食、袭击动物、不按规定操作游艺器械等，这些行为都可能给游客自身带来意外伤害；有些是景区管理方面的原因，如在解说系统中缺乏必要的安全警示、没有定期检查旅游设施的安全、没有很好的安全事故处理机智等；当然也不排除一些客观原因，如地质灾害等，但这是很少见的。因此，休闲农业园区游客管理必须要做好提醒、示范、检查、应急预案等工作，保证游客的人身安全。

3. 游客游览体验质量的提升

使游客获得良好的游览体验是游客管理的一个重要目标，也是园区树立品牌、扩大美誉度、提高游客回头率、在游客心目中塑造“美好的口传形象”并最终获得较好经济效益的基础。游客的游览体验可以从客观因素和主观因素两个方面来分析。客观因素是游客进行旅游活动的基础环境，旅游活动是一种社会性经济文化活动，带有很强的社会属性，人类生活在一个社会大环境之中，人类的行为方式、内心活动必然要受到外界环境的影响和制约。主观因素是旅游者所处的政治环境、自然环境、旅游景区的环境因素、旅游景物自身的美感度等，这些都将影响旅游者对旅游体验的感受。园区游客管理通过把游客数量控制在游客心理容量范围之内、抑制游客的不文明行为等，提升游客的游览体验质量。

综上所述，做好对游客的相关管理工作、处理好园区与游客之间的关系是促进园区可持续发展的趋势，园区管理者应该重视游客管理在园区管理中的作用，进一步发挥其经济效益、社会效益和生态效益，使园区真正走上可持续发展的道路。

三、休闲农业园区游客的构成

1. 青少年

这类游客主要是认识学习型，以学校或家长等安排的特殊旅游与考察、写生、实习等为主要内容，以学生远足、夏令营等为主要形式，通过有别于城市生活场景的农业旅游，扩大视野、开阔眼界，培养吃苦耐劳的精神等。

2. 青年

现代青年人大多追求生态环保潮流，渴望体验多彩人生，休闲农业对于这类人群来说更多的是一种体验式旅游。青年休闲农业市场适合开发以田园自然观光为主的生态休闲农业以及参与性和娱乐性较强的“农家乐”休闲农业产品。另外，以特色风光、农事活动或村落名胜等观光旅游为主的旅游产品也能激发青年人的兴趣。

3. 中老年

中老年旅游市场的本质特征为寻根怀旧、回归自然，他们喜欢有独特乡村氛围和景色的休闲农业项目。那些有过上山下乡插队经历的中老年人有着十分强烈的“知青情结”和“寻根情结”；对于受教育程度较高、对建筑及历史文化有兴趣的中老年游客，也可以开发以民居建筑游为主的休闲农业产品；对于收入比较高、对生活品质要求比较高的老年人，还可以开发健康疗养项目。

了解我国目前休闲农业园区的主要游客及其在休闲农业园区的不同旅游动机和需求，是我们进行园区游客管理的依据。

第二节　休闲农业园区游客行为特征

休闲农业游客离开都市来到乡村，在心理和行为上会有一些特殊的表现和特征。

一、休闲农业园区内游客的时空特征

（一）时间特征

1. 游客流的日变化特征

休闲农业园区游客流的强度是不均衡的，表现出明显的时段性，高峰时段会形成游客排队等待，低谷时段则游客稀疏。游客流的日变化受到多方面因素的影响，如休闲农业园区的地理位置、园区旅游资源的内容和展览活动等。另外，它还与所举行的活动有关，如某生态园在2014年举办了萤火虫科普展，时间是19:00至21:30，游客活动时间就集中在了这个时间段。

2. 游客流的周变化特征

园区游客活动的周变化主要表现在两个方面：一个是周内变化，一个是周际变化。周内变化主要表现为工作日—周末的周期变化；周际变化的规律性主要受节假日的影响，特别是旅游“黄金周”的影响最为显著。对于我国大多数出游人口而言，由于工作等原因，平时一般没有外出旅游度假的时间，中、远程距离的旅游往往集中在节假日或长假期间，双休日则是近程旅游的高峰期，寒暑假是学生、教师出游的集中期。因此，周末是近郊园区的接待高峰期，每年的“十一”“春节”2个黄金周是大多数休闲农业园区的接待高峰期。

3. 游客流的月变化特征

休闲农业园区游客活动的月变化反映了园区游客流的周期性波动，这种波动客观地反映了园区游客流分布的季节性。休闲农业经营具有较强的季节性，淡季游客较少、资源闲置，旺季人满为患、承接压力大，由于气候等自然条件的变化，园区的农作物、植被景观等一年四季也呈现出节律性的变化。因此，以自然资源为依托的户外园区都表现出明显的季节性，相应的，从接待游客数量看，有明显的淡季和旺季。在自然条件的季节变化、节假日、出游习惯等综合影响下，休闲农业园区旅游旺季集中在每年的5—10月，3月、4月和11月是平季，1月、2月和12月是淡季。但是由于我国地域广阔，自然条件变化规律不同，加上游客市场客源结构复杂多样，且一些旅游景区结合自身情况开展了卓有成效的淡季促销活动，因此，不同的休闲农业园区在一年之中的淡旺季会有些差异，如南方观赏油菜花的园区，旺季就在每年的3—4月。

4. 园区游客流的年变化特征

园区游客流的年度变化与园区旅游产品功能和创新存在直接的关联性。一般而言，园区的游客流呈逐年增长趋势，但时间分布波动性较大。园区所处生命周期阶段不同，游客流的表现也有所差异，除衰退期外，处于导入期、成长期、成熟期的景区，游客流一般都呈逐年上升趋势。

（二）空间特征

游客在园区的空间位移呈现出线性多向流动与节点会聚的空间特征。

1. 线性多向流动

一般而言，景区都有一个或多个出入口，进入景区后，游客在导游的带领下，或在导游图及路标系统的引导下，会沿着一定的线路或园区游道进行游览。以最简单的一日游景区为例，旅游者要经过“到达→泊车→买票→验票进入→参观、游乐、看节目等→午餐→参观、游乐、看节目等→出口→取车→离去”完整的移动过程（图4-1）。

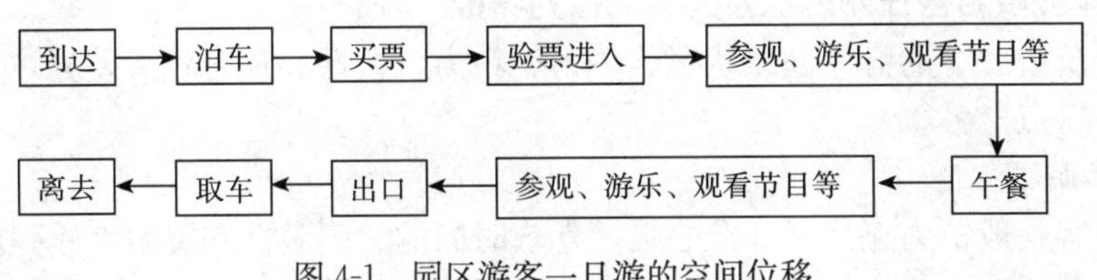

图 4-1　园区游客一日游的空间位移

在这个过程中，游客的空间位移过程是线性的、连续的。从流动节奏看，有时快有时慢，甚至有时是静止的；从流向看，由于园区内部游道布局、宽窄不同，游客对出入口游览线路选择不同，游览速度不同，游客的流向有时是单向的，有时的双向的，有时是混杂的。

2. 节点会聚

在游客进行空间移动的过程中，园区出入口、高级别的吸引物、主要游乐设施、表演场所、购物场所、就餐地点、游道交汇处等节点会形成人流会聚，特别是在旅游旺季的高峰期，这些节点会承受游客超负荷的压力，对资源环境、接待设施产生较大的影响，会出现游客排队等候现象，若等候时间过长容易产生各种事故，当客流汇聚超过游客的心理容量时，会降低游客的游览体验质量。因此，在这些节点处，要特别注意进行游客的疏导管理。

二、休闲农业园区内游客行为的差异

游客的行为特征包括出行前的感知印象、动机偏好、决策行为和实际游览过程中的流动消费行为特征。因游客的性别、年龄、职业、经济收入、社会阶层、国籍或地区、旅游目的不同以及出游的组织形式不同，其行为特征各不相同。

（一）散客、团体游客的行为特征

散客是指自行安排旅游行程，零星支付各项旅游费用的旅游消费者。散客旅游是人们突破团体旅游约束，追求个性化的行为表现，具有决策自主性、内容多样性和活动灵活性等特点。目前到休闲农业园区自驾游的游客越来越多，散客在园区活动时，不确定因素很大，在园区产品的购买上强调“点菜式”或“量体裁衣式”，游客自愿结合、自定路线，随机性强、活动较分散，因此对散客行为的调控和管理难度较大。

团体游客是指通过旅行社或旅游服务中介机构，采取支付综合包价或部分包价的方式，有组织按预定行程计划进行旅游消费活动的旅游者群体。团体游客的行为往往受到较多约束，游客的行程安排大多比较紧凑，而且可变动性较小，大多统一行动，旅游活动按既定的路线和内容进行。旅游团体分为相似型团体和混合型团体。相似型旅游团体由具有较多相似性因素的游客所组成，目标容易整合，心理相容性比较高，行为也容易一致，使得园区的项目经营与管理能更好地发挥作用。混合型旅游团体由不同年龄、职业、文化程度或不同宗教信仰、不同地域来源的游客组成，非一致性因素较多，团体内成员之间容易产生冲突。

（二）不同性别的游客在休闲农业园区的行为特征

性别是导致个体行为差异的主要因素之一，男性游客和女性游客在感官功能，如视觉、听觉及触觉等方面有差异，因此对休闲农业园区产品的反应也有所差别。另外，由于体力上的差异，男女在选择休闲农业项目上也有所不同。一般而言，女性游客喜欢听讲解，喜欢周围人对她们亲切友好，还喜欢在园区当中购买一些商品。

（三）各年龄段游客在休闲农业园区的行为特征

不同年龄阶段游客的身体健康状况、体力、精力、个性心理有较大差异，其行为方式也表现出不同的特点。

1. 青少年游客

青少年游客一般精力充沛、好奇心强，喜欢时尚的、刺激性和冒险性较强的、体力消耗较大的休闲农业活动。此外，青少年情感不稳定，遇事不够冷静，往往行事不太顾及他人感受，不顾行为结果，我行我素，容易给他人造成一定程度的伤害。因此，对青少年游客行为的调控与管理是园区管理人员的工作重点，通过设置安全设施和与其监护人合作管理，能有效控制青少年的不良行为。

2. 中年游客

中年游客指年龄在30～50岁的群体，这一群体往往自我控制力较强，行为稳重、务实，对游览行程的考虑更多的在于住宿、用餐等方面，倾向于选择节奏慢、舒适并且体力消耗较小的休闲农业产品。这一类群体的游客往往具有较强的自我中心意识，在某些问题上坚持按自己的方式行事。对于这一群体的游客，要多通过沟通、说服、行为示范等方式进行管理，使他们对自己的行为形成正确认识，促使其遵守相关规定。

3. 老年游客

老年游客行事表态较为谨慎，容易思古怀旧，对故地重游、文物古迹均有浓厚的兴趣，而且重视养生保健。老年人和青年人一样，对许多事物充满好奇，对园区内的很多活动都想去尝试，但有时对周边事物和环境的安全性缺乏敏感，在园区活动中常常会因精力和体力不支而出现走失、突发疾病等事故。对这一群体的游客，园区应尽量以服务性管理为主，对其予以特别的关照，提醒其监护人实施有效监护。

（四）不同职业的游客在休闲农业园区的行为特征

游客职业不同意味着其收入、闲暇时间和受教育程度不同，对休闲农业园区产品的倾向和需求也不一样。在休闲农业园区游客的职业构成中，以工人、干部、学生和教师为主，这4种职业的游客在时间、经济等客观条件方面较有优势，其中学生和老师是寒暑假游客的重要组成部分。在游客中，由于职业和身份的不同，导致其对游览内容和参与体验项目的选择也不同，一般来说，游客会根据自己的专业和兴趣来选择园区的旅游产品。

（五）不同教育程度游客在休闲农业园区的行为特征

一般来说，受教育程度高的人更加开放和自信，更愿意将休闲农业活动作为子女受教育和长知识的机会，愿意接受外界新鲜事物，对休闲农业这种方式抱有积极的态度，乐于参与休闲农业项目。受教育程度较低的人在参加休闲农业活动时讲究经济实惠，追求物有所值，对价格比较敏感。

（六）不同收入的游客在休闲农业园区的行为特征

收入水平不仅影响着游客在园区的消费水平，而且会影响游客在园区的消费构成。一般情况下，高收入水平、中高收入水平的游客会在食、宿、购、娱等方面花费较多，收入越多，说明其可自由支配的收入越多，在选择园区产品进行消费时，更注重自己的兴趣而不在意价格。

三、游客行为对休闲农业园区的影响

游客行为对休闲农业园区管理具有多重影响，主要表现在以下几个方面：

（一）游客行为对园区吸引力的影响

游客是休闲农业园区的有机构成要素之一，游客在园区游览体验的同时，也构成了园区风景的一部分。对于大多数游客而言，在不影响他人游兴的前提下，游客数量的增加对园区吸引力具有正面的作用，只有超过了一定的心理容量，过分拥挤导致游览质量降低时，才会降低园区吸引力。然而，游客的不文明旅游行为极易造成旅游景区整体吸引力下降、旅游价值降低。

（二）游客行为对园区安全管理的影响

游客是休闲农业园区安全运营的主要影响者，只有保障游客安全才能使休闲农业园区各项工作正常运转。游客在游兴较高时，往往会忽视安全问题，从而导致安全事件的发生，造成不必要的损失，甚至造成终生的遗憾。

（三）游客行为对园区营销的影响

休闲农业园区要获得较高的利润需要进行市场推广，营销在很大程度上受游客口碑的影响，因此，游客是休闲农业园区市场推广的参与者和主力军。大多数游客在选择旅游景区时一般都会受到同事、朋友、亲人和其他游客的影响，因此，在进行游客管理时，要重视游客对园区营销的影响，努力提升游客游览体验的质量。

（四）游客行为对园区环境的影响

游客行为对休闲农业园区环境的影响主要表现在对自然环境和人文环境的影响，包括大气、水体、植物、动物、环境卫生、环境美学等方面。休闲农业园区环境状况的好坏对游客游览效果的影响是不可忽视的，游客的满足程度与园区环境条件息息相关，直接影响休闲农业园区的可持续发展。

第三节 休闲农业园区游客管理的内容

根据休闲农业园区的特点，园区游客管理的内容重点在于规范游客的行为、保障游客在休闲农业园区的安全、保全休闲农业园区资源等方面。

一、规范游客的行为

游客来休闲农业园区游玩的目的包括观光旅游、休闲健身、欣赏田园风光、享受农家乐趣等，其行为举止与其游览追求总体是相符的，但是现实中总有部分游客在游览过程中出现种种非道德行为，直接增加了园区管理的难度，造成环境污染、整体吸引力下降、旅游价值降低等问题。这种行为虽然尚不具有普遍意义，但其总体危害极大，构成对园区景观环境和道德环境的破坏。

（一）游客在园区常见的不文明行为及其产生原因

1. 游客在园区常见的不文明行为

游客的不文明旅游行为是指游客在游览过程中有意或无意地违反园区管理条例或公共道德，有损园区环境和景观质量的行为。

游客在休闲农业园区的不文明行为主要表现为两大类：一是游客在园区游览过程中随意丢弃各种废弃物的行为，包括随手乱扔废纸、果皮、饮料瓶、塑料袋、烟头等垃圾，随地吐痰，随地便溺等污染环境的行为，以及游客言语不当，恶语伤人等。另一类是游客在游览过程中不遵守景区有关游览规定的违章活动行为，包括乱攀、乱爬、乱刻、乱画、违章拍照，违章采集，违章野炊、露营，随意给动物喂食，攻击动物，捕杀动物，违章抽烟危害他人健康，燃放爆竹等。由于游客道德意识感弱化、缺乏环境保护的理念等原因，这两类行为在景区都极为常见。

如此种种问题都向休闲农业园区经营管理者敲响了警钟，在经营过程中，应注重对游客行为的管理和控制，通过管理和控制提高游客的满意度和旅游过程的安全性，并将正确的行为方式和态度通过教育途径传递给游客，让游客在游览过程中除了获得愉悦的游览经历外，还能在精神上获得升华。同时，这也有利于保障游客的人身、财产安全和保全园区资源。

2. 游客不文明行为产生的原因

游客在园区游览过程中产生不文明行为的原因很多，主要体现在以下几个方面：

（1）道德感弱化。在游览过程中，伦理道德对人行为的约束一般没有在日常生活中那样强大，因而在游览过程中，人往往不同程度地存在随意、懒散、放任、无约束的心理倾向，容易发生不文明行为。

（2）占有意识增强。占有欲是每个人都有的普遍心理。休闲农业园区中的产品大多数是一种体验，是无形的，游客花费一定的金钱和时间，往往希望在园区留下自己的印记，以纪念自己的这段经历，因此，部分游客会有意无意地对园区资源和环境造成破坏，甚至有些游客无法控制自己，产生偷盗念头，如恋花者看到漂亮的花朵不免要摘下几朵，拿不走的就用手摸摸、用刀刻刻。在游客的游览过程中，这种占有意识是乱刻乱画、乱折乱摘、追逐猎杀动物等不文明行为产生的重要原因。

（3）从众心理。“从众”是一种比较普遍的社会心理和行为现象，通俗地解释就是“人云亦云”“随大流”。在园区游览过程中，有些游客看到别的游客怎么干，他就“跟风”怎么干。例如，看到园区内有人让小朋友骑到雕塑上合影，看到有人去拔孔雀毛，看见有人去摘花等，会产生“别人可以我也可以”的心理；看到有污物的地方，即使有“不准乱丢垃圾”的警示语，也可能将手中的废物置于此地。

（4）发泄心理。寻求刺激和发泄是人们在园区游玩的动机之一。个别游客为寻求刺激和快感，或为了发泄自己某种不满情绪等，会故意对园区内的旅游资源、娱乐设施等进行破坏，从而发生不文明行为，如在园区追赶、袭击动物，破坏园区展示的作品等。这类行为造成的破坏相当严重，对这类游客应采取强制性的管理措施。

（5）习惯心理。对很多游客而言，日常生活中形成的不良习惯在游玩过程中表现了出来，而他自己并没有意识到。如在公共场合高声接打电话、呼朋唤友等，这些行为都已司空见惯，很多人根本意识不到这些行为是不文明的。

游客的行为是保证园区可持续发展的重要条件，也是园区在实施管理时要考虑的重要因素。因此，正确引导游客行为是政府和旅游景区的首要任务，文明的旅游行为也是游客的责任和义务。

（二）规范游客行为的措施

游客是休闲农业园区的服务对象，但其行为也需要积极引导，对其不当行为进行有效的管理。规范游客行为的措施可以分为服务性管理措施和强制性管理措施。在进行园区游客管理时，必须坚持以服务性管理为主，通过引导激发游客的自我控制意识而保证其按照园区的游客行为规范行事。在园区的某些场合下，特别是涉及珍稀资源环境的保护、游客人身安全保护等方面，强制性管理也是十分必要的。也就是说，需要制定明确的行为规则，强制要求执行，并对违规行为进行必要的惩罚。

1. 服务性管理措施

服务性管理措施主要通过信息传递、行为规范、有效引导等方式来规范游客行为。

(1) 信息传递。为保障游客人身、财产安全，保护旅游资源和旅游环境不受破坏，园区对游客行为要做出相关的要求。园区管理者通过游客中心信息发布、在门票背面印刷注意事项、发放宣传材料、利用园区内公共交通工具上的视听设备、园区导游宣传讲解等多种方式将这些要求介绍给游客，提供信息，以引导游客行为。信息传递是双向的，园区还应通过接受游客意见、建议和投诉，合理处理游客投诉，建立方便的反映问题的渠道等方式，及时消除游客的不满情绪，预防破坏行为的发生。

(2) 行为示范。园区的员工，特别是直接对游客服务的一线员工必须养成文明礼貌、爱护环境的习惯，杜绝乱扔乱丢等不文明行为，在工作中起到表率示范作用，以自己的实际行动教育游客尊重环境、遵守园区规定。例如，某休闲农业园区的环卫工人总是不辞辛劳、默默无闻地跟在游客身后，捡拾游客留下的垃圾，其他员工只要看到地上有垃圾也立刻捡起来丢到垃圾箱里，时刻保持园区环境的清洁，看到这样的情景，谁还会忍心乱扔垃圾呢?

(3) 有效引导。有效引导包括人员引导和标志引导。人员引导是园区工作人员、领队等对游客行为起到直接示范、监督、制约作用，鼓励游客做出对园区环境、景观资源负责的行为，预防和制止不文明行为。标志引导通过旅游景区的标牌系统引导游客行为，园区通过与环境和周围景物相协调的美观的标志牌，针对不同的情况，配上有亲和力的提醒文字，达到引导游客行为的目的，如在花海景区配置“落花未必有意，摘花一定无情”标牌，在林海深处有设置“气候干燥，小心火烛”的提示等。此外，在游客入园时发放纸质垃圾袋，上面写着“感谢您对××园区环保事业的支持”，游客离开园区时还可用垃圾袋换园区旅游纪念品等方式也是园区引导游客行为的有效手段。

2. 强制性管理方法

强制性管理方法主要通过对违反其规章制度的游客行为进行处罚来管理游客行为。使用强制性管理方法的前提条件是园区首先要制定比较完备的规章制度，对可能出现的各种不文明行为，尤其是故意破坏行为加大制约力度，并配备一定数量的管理人员，约束游客的不文明行为，如加强巡查、长期雇佣看护员、使用监视系统等，对违规行为实施罚款等处罚措施。

二、保障游客在休闲农业园区的安全

游客安全日益受到旅游相关部门的关注，同时也成为游客旅游过程中首要关心的问题之一。根据马斯洛需求层次理论，安全需求为人类的基本需求，所以安全是游客最基本的要求和最担心的问题之一。

(一) 保障游客安全的重要性

安全是游客在游览过程中首要关心的问题。人们来到休闲农业园区的目的是得到身心的放松，体验田园风情，从而得到愉悦的游览体验。在此期间，人身安全是游客关心的首要问题，如果游览过程中会出现安全问题，绝大多数游客会放弃出游计划。另外，游客安全事故不仅会给园区带来不良影响，而且重大的游客安全事故将严重影响园区的形象，制约园区的发展，给园区带来致命的打击。近年来，我国休闲农业得到了突飞猛进的发展，但同时也为游客安全问题带来新的隐患，逐渐引起了学术界和业界的广泛关注。

（二）保障游客在休闲农业园区安全的措施

1. 建立游客安全管理组织机构，完善各项安全管理制度

游客安全管理是一种全员、全方位、全过程的管理，工作面比较大，任务琐碎而繁重，必须成立相应的组织机构，为安全管理提供组织上的保障。一般而言，由景区总经理或主要分管领导担任组织机构的主要负责人，各部门主要管理者为组织机构成员，实现分级管理，特种旅游或特殊岗位需要配备专业的专职安全管理人员，并明确组织机构各成员的职权与责任，以此来组织、督导和推动园区游客安全管理工作。为了使园区各部门的游客安全管理做到有章可循，避免“三随”（随机、随意、随便）处理，有必要通过各项安全管理制度来明确职责分工，规范各种安全行为，建立和维护安全管理秩序，做到事事有人做、件件有落实，因此，园区要依据国家有关的法律法规制定安全管理制度。

2. 加强安全教育培训工作

一方面，要加强对员工的安全意识与安全技能的培训，主要通过课堂讲授、现场示范、操作训练、经验分享等方式，让员工明白为什么要这样做、做好了有什么好处、做错了对自己有什么危害等，从而提高员工的安全管理意识，增强其安全管理责任感，避免消极态度和抵触情绪。同时，通过培训掌握岗位工作所需的安全知识与安全操作技能，增强员工识别危险与自我保护的能力，提高其事故预防与应急处理的能力，避免因忽视安全或无知而产生的不安全行为，减少人为失误导致的游客安全事故。另一方面，为提高游客自身安全意识和自我保护意识，要让游客了解相关的安全知识与保护措施，遵守有关的安全管理规定，防止其不安全行为导致的事故，在发生事故时，能正确应变，懂得基本的自救方法，从而更好地保障自身的安全。对游客进行安全教育意识培训的方法有很多，如通过影视设备或广播向游客宣传安全游览须知、在旅游高峰期和特殊时段及时发布安全预警信息、遇到突发事件时及时指示引导游客脱离危险。

3. 编制游客安全事故应急预案，健全应急响应机制

根据园区的实际情况，针对可能发生的严重事件或重大灾害风险等紧急情况进行重点控制和预防，制定专项事故应急处理预案，一般危险源则进行日常安全管理机制。园区管理者应根据预案，适时进行应急救援演练，针对演练发现的问题进一步修改完善，确保在任何情况下都能迅速按照预案实施救援。园区范围内一旦发生重特大游客安全事故、事件或灾害，园区负责人应以最快的速度、最大的效能及时启动应急响应机制，按照事先制定的相应的应急预案，有序实施救援行动，最大限度地减少人员伤亡和财产损失，把事故危害降到最低限度。按“四不放过”（事故原因未查清、防范措施未落实、责任人未受到处理、有关人员未受到教育不放过）的原则，做好事故发生现场的保护工作，配合事故调查，做好善后处理和事故赔偿等工作，以便维护园区的持续稳定发展和正常的经营管理秩序。

4. 落实安全督导检查工作

通过岗位日常自检、管理人员日常巡查、定期综合检查、各项专门检查等形式，及时了解园区游客安全管理现状，发现事故隐患，以便及时采取整改措施，将危险消除在萌芽状态。根据园区游客安全管理的对象，园区安全检查工作主要包括3个方面的内容：一是检查物的状况是否安全，如园区内游览娱乐设备设施是否安全，安全标志和救生用具是否齐备、完好等；二是检查人的行为是否安全，如是否有违章指挥、违章操作和违反游客安全管理制度的行为等；三是检查安全管理是否完善，如园区设置的游客安全管理机构、游客安全管理制度是否合理，园区配备的安全器材是否充足等。相关人员在检查过程中对发现的问题要提出具体的整改意见，并跟踪整改情况，必要时根据有关规定对违反相关游客安全管理制度者给予批评，严重者依照制度给予处分。

三、保全休闲农业园区资源

园区资源具有多样性、不可再生性及开发的外部性等特点，园区资源是园区可持续发展的基础，因此，对园区资源的保护是非常重要的。常见的保全休闲农业园区资源的措施是对园区承载力与游客流量的管理。

（一）园区承载力管理

园区承载力是地理学、旅游环境学、旅游规划学乃至旅游管理学关注的焦点问题之一，也是园区管理的有效工具，并已成为游客、园区资源与环境、园区附近居民及园区管理者之间的纽带，因此，园区承载力管理研究对实现园区游客管理乃至园区的可持续发展意义重大。

1. 园区承载力的概念

园区承载力又称园区容量，是以休闲农业园区为地域单元的可容纳某种事物的量，它表示一个园区可以利用的旅游业资源及相关基础设施的最大限度。这个限度一旦被超越，会产生一系列的后果，如该园区资源退化、游客满意度降低等，将会对该地社会经济和文化造成负面影响。

2. 园区承载力的构成

（1）园区的生物物理容量。一般认为，没有一个生物物理系统可经得起毫无限制的开发利用，因此必须设立一个基于生态系统脆弱性评估基础之上的界限，这个界限取决于环境的面积和环境的复杂性，如在保持旅游资源质量的前提下，一定时间内旅游资源所能容纳的旅游活动量。相对来说，资源容量较易测定，因此被广泛地应用到管理实践中。

（2）园区的社会、文化容量。旅游活动一旦超越一定水平，就会给当地居民带来社会、文化方面不可逆转的负面影响，严重破坏当地的社会文化环境。在一定时间内，特定地域范围内经济发展程度所决定的能够接纳的旅游活动量是有限的，包括设施容量、投资能力、基础产业的支持能力等。

（3）园区的心理容量。这是从需求角度考虑的容量概念，即游客在一个休闲农业园区中从事旅游活动时，在不降低活动质量的前提下，园区所能容纳的旅游活动最大值，也称旅游感知容量。

（4）园区的管理容量。园区的管理容量是在不影响有效管理的情况下，特定园区可接待参观的最大限度。管理容量与游客可进行的游览活动及可使用的游乐设施的类型密切相关，主要考虑的因素包括员工数量、营业时间、解说、标识牌、设施、停车场空间等。

3. 园区承载力的计算

对于具体的园区而言，计算园区承载力需要的资源和基础设施方面的信息是确定的，因此，园区承载力是可以计算的。但对于心理容量来说，它是一个平均值，只能按照具体场所或活动项目寻找经验值。一般来说，影响园区承载力的关键因素包括旅游活动类型、季节、时间、资源状况、现有设施和游客满意度等。在特点时间和地点，园区承载力水平很大程度上受到最敏感要素的影响，其中园区旅游活动的特性对园区资源容量和生态容量的影响尤为突出。

（1）基本空间标准。园区承载力的量测基准点是基本空间标准，即单位利用者（通常是人或人群，也可以是旅游交通工具、车、船等）所需要占用的空间规模或设施量。基本空间标准的倒数就是单位旅游空间或设施所能容纳的旅游活动量，称为单位空间容量或单位设施容量。基本空间标准的指标在测量资源容量时常用人均占有面积数，测量设施容量时多用设施比率，测量生态容量时则用一定空间规模上的生态环境能吸收和净化的旅游污物量指标，测量旅游心理容量时的基本空间标准也常用人均占用面积数作为衡量指标。对游客进行不同方法的调查会得到不同准确程度的基本空间标准，我国目前还没有具体数据来体现休闲农业园区的基本空间标准，一般是15～20米^2。

（2）园区承载力的测算。对一个园区来说，日空间容量与日设施容量的测算是最基本的要求。

①日空间容量。日空间容量的测算是在给出各个空间使用密度的情况下把游客的日周转率考虑进去，即可估算出不同空间的日空间容量。如假设某游览空间面积为X_i米^2，在不影响游览质量的情况下，平均每位游客占用面积为Y_i米^2/人，日周转率为Z_i，则该游览空间日容量为：

$$C_i = X_i \times Z_i / Y_i$$

园区日空间容量等于各个分区日空间容量之和，即：

$$C = \sum C_i = \sum X_i \times Z_i / Y_i$$

②日设施容量。日设施容量的计算方法与日空间容量的计算方法基本类似。如假设休闲农业园区演播厅座位数为X_i，日周转率为Y_i，则该园区日设施容量为：

$$C_i = X_i \times Y_i$$

园区日设施总容量为：

$$C = \sum C_i = \sum X_i \times Y_i$$

③生态环境容量。生态环境容量的测算是一个比较复杂的问题，起码要考虑土壤、植被、水、野生动物、空气等因素。其常用的测算方法有3种：一是既成事实分析，在旅游行动与环境影响已达到平衡的系统，选择不同的游客压力调查其容量，所得数据用于测算相似地区的园区生态承载力；二是模拟实验，使用人工控制的破坏程度，观察其影响程度，根据实验结果测算相似地区的园区生态承载力；三是长期监测，从旅游活动开始阶段做长期调查，分析使用强度逐年增加所引起的变化，或在游客压力突增时，随时做短期调查，所得数据用于测算相似地区的园区生态承载力。

④社会心理容量。社会心理容量的主要影响因素是拥挤度，对它的测算也是一个比较复杂的问题，目前主要有两个模型可以利用：一是满意模型；二是拥挤认识模型。

(3) 园区承载力的确定。一般对一个园区来说，最基本的要求是对空间容量和设施容量进行测算，对生态环境容量和社会心理容量进行分析。有条件的话，也应对后两个容量进行测算。如果上述 4 个容量都有测算值的话，那么一个园区的承载力取决于生态环境容量、社会心理容量、空间容量与设施容量之和。

(二) 园区游客流量管理

园区想要更好地保障游客的人身安全和旅游资源的可持续利用，并提高园区的服务质量和管理水平，就需要对游客流量进行有效控制。游客流量的有效管理应在充分考虑空间承载量、设施承载量、生态承载量、心理承载量、社会承载量等多种因素基础上，建立游客流量控制联动系统，通过实时监测、疏导分流、预警上报、特殊预案等对园区流量进行控制。园区游客流量控制流程如图 4-2 所示。

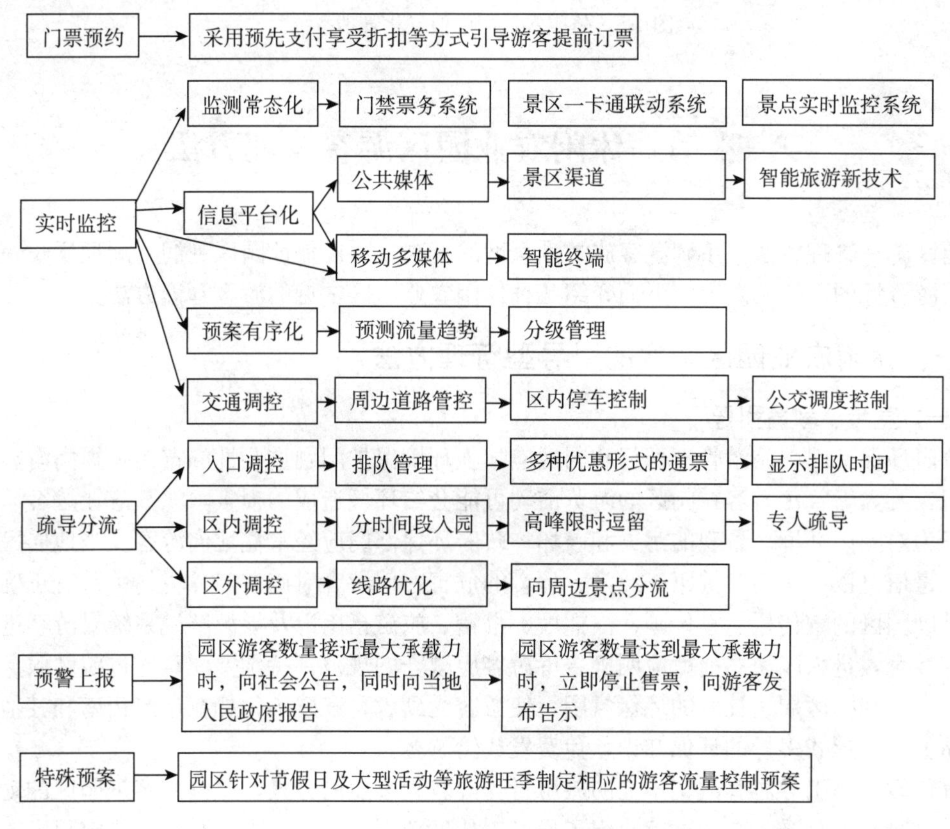

图 4-2　园区游客流量控制流程

特别要注意的是，在实时监测、疏导分流和预警上报阶段，要充分借助园区信息化管理系统（图 4-3），实行园区智慧管理。目前很多在线旅游企业都在研发智慧旅游软硬件，如同程旅游联合微信推出景区客流预测控制方案，这其实是一个大数据运用的概念，休闲农业园区通过软件和硬件进行流量管理并收集游客数据，既能管控人流，也能获得旅游者的消费数据以开拓旅游市场。具体做法为在园区安装刷码设备，用微信云计算平台进行数据处理，精准定位游客，并对客流进行管理，同时还可分析游客的消费行为。这一方法可谓一举多得，代表着未来景区旅游者流量控制的发展主流趋势。

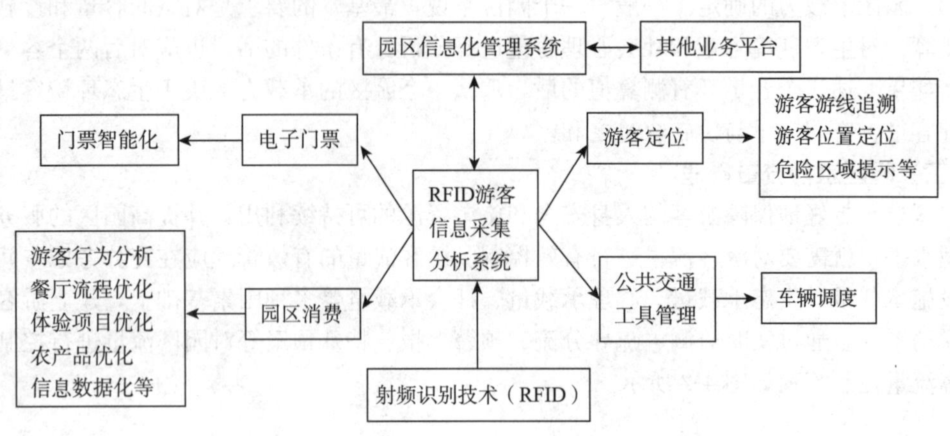

图 4-3　休闲农业园区信息化管理系统

第四节　休闲农业园区游客管理方法

园区游客管理方法关系到游客旅游满意度的提高，可以保证园区利润不断地增长，维护园区旅游资源的可持续发展。下面介绍几种休闲农业园区常见的游客管理方法。

一、休闲农业园区游客的引导型管理方法

（一）宣传、教育引导

政府环保部门、旅游管理部门和园区应加强环境保护问题重要性的宣传，提高游客的环保意识；要大力宣传游客在园区的游览活动可能会给环境造成的损害，尤其应让游客认识不文明行为对园区环境、景观的污染和破坏；政府环保部门应经常性地向游客及当地居民公布环境质量信息以及污染对健康、经济、环境的危害，使游客对旅游与环境的关系有正确的认识。借助园区的宣传栏、宣传画、演播厅、书籍、旅游指南以及导游解说系统对游客进行环境宣传教育，进入园区之前就应明确告诉游客应遵守的规范。特别要注意通过园区服务人员的身体力行和园区周边社区的环保氛围，使游客受到教育和感染，如在旅游指南和其他园区宣传品上印上形式多样的环保知识，免费发放给游客。

宣传教育是引导游客改正不文明旅游行为的较为理想的方式，但是游客来园区的动机更多的是享受而不是受教育，这就决定了通过宣传教育引导游客的方法只能在一定程度或部分地方起作用。

（二）园区提供设施、设备加以引导

园区应提供必要的设施、设备以防止游客不文明旅游行为的发生，如在适当位置摆放既美观又有趣的垃圾箱，使游客便于也乐于负责任地处理废弃物，必要的时候通过改变或提供某些设施、设备来控制游客的行为，以限制游客活动行为和区域，避免发生安全事故。必要时，在需要特别保护的地带利用警示性标牌告诉游客什么可为、什么不可为，如在危险地带或禁止游客入内的场所采用拉网、拉绳、种植植物墙等方式引导游客。

要根据园区内环境承载力的状况，利用门票等经济手段以及线路设计、分区规划等技术

手段对游客进行引导，以达到园区管理的目的。如改善维护园区的通道，有选择地封闭道路和新建道路，改进停车设施，改变游线难度，对游客进行分流引导等措施；针对部分游客的乱涂乱刻行为，可以设置一些参与性强的项目，或组织游客参与有意义的公益性活动，证实游客曾"到此一游"，甚至可以考虑设置一段刻画区，专门供游客刻画留名。

（三）示范引导

在园区游览过程中，园区管理服务人员的身体力行和当地居民社区的环保氛围易使游客受到教育和感染。园区管理人员与游客不仅仅是管理与被管理、监督与被监督的关系，更主要的是服务与被服务的关系。园区管理人员在正常管理、监督的同时，更应该随时与游客进行沟通，为游客提供所需的各种信息，并阐明有关注意事项，以实际行动引导游客尊重园区相关规定。

由于休闲农业是一种特殊的旅游形式，带有一定的专业性，园区解说员或导游的介绍和引导十分重要，其一言一行都直接影响着游客的行动和认识。园区旅游质量的好坏很大程度上取决于园区管理服务人员或导游的素质，因此，园区的解说员或导游除接受普通培训外，还必须专门学习该休闲农业园区相关的专业知识。

二、休闲农业园区游客的激发型管理方法

所谓激发型管理方法是指园区通过激发游客的自我控制意识而保证其按照社会基本行为准则和园区游客行为规范行事。激发型管理方法认为游客的管理主要在于沟通和交流，以充分激发游客的自我约束能力。下面主要介绍园区在物质和精神上常用的激发措施。

（一）游客的物质激发措施

1. 开展文明旅游宣传活动

制作一批方便游客的文明旅游宣传品，如文明旅游帽、扇子、纸巾、手提袋、折册等，摆放到休闲农业园区入口处，免费向游客派发。

2. 征集文明旅游作品

征集文明旅游作品，包括提示语、文章、照片、吉祥物、logo、宣传图片、歌曲等，优秀作品将获得相应奖励。参赛作品要求内容主要围绕文明旅游活动，文字简洁生动，针对性强，具有本地语言特色，便于记忆，易于传播。征集活动将经过征集、投票、专家评审3个环节，优秀作品将广泛运用于园区文明旅游公益宣传，进一步传递文明旅游正能量，展示园区良好的旅游形象。

（二）游客的精神激发措施

1. 开展"文明旅游使者"评选活动

采取园区推荐、评委会审核的方式评选一批文明旅游使者，以园区文明办名义颁发证书。通过评选文明旅游使者活动，树立园区文明游客典型，以榜样为激励，努力使广大游客成为社会文明的传播者。

2. 开展文明旅游志愿服务活动

公开选出文明旅游志愿者，深入体验园区各旅游景点，切身感受园区文明旅游状况。组织志愿者到园区开展文明引导宣传活动，和园区员工一起倡导文明旅游风尚。

3. 开展文明旅游道德讲堂活动

在园区开展一些有意义的文明旅游道德讲堂活动，通过自我反省、唱歌曲、学模范、诵

经典、念劝善词、谈感悟、行崇德礼、送吉祥、行善举9个环节，洗礼心灵，倡导文明。

三、休闲农业园区游客的约束型管理方法

约束型管理方法即强制性管理，明确制定相关的行为规则，并借助强制力保障该规则得到遵守，任何违背行为规则的旅游者都要受到惩罚，从而形成强大的压力，迫使游客按照规定的方式在园区中游览。

（一）制定游客在休闲农业园区的行为规范

通过法律、法规的制定为园区的游客管理提供管理依据，在保障游客权益的同时，对游客的行为进行约束。我国目前已制定的相关法律有《中华人民共和国环境保护法》《中华人民共和国自然保护区条例》《森林和野生动物类型自然保护区管理办法》《风景名胜区管理暂行条例》等，除此之外，园区可根据自身资源特点编制《游览须知》《游客行为规范》等强制性管理条例或非强制性的规范指南，引导游客规范自己的行为。在制定规章制度时，应进行充分的调查和实证，并根据实践的变化做出必要的修改。一旦该规章制度被确定，必须严格贯彻，并对所有的人一视同仁，以体现其公正性。

（二）游客在休闲农业园区违背行为规范的惩罚措施

园区管理执法人员可以对游客偶尔践踏草坪、吐痰等轻微违规行为进行劝诫；而对那些故意损害公物甚至偷盗花卉等严重违规的行为，可以考虑罚款。如翻越围墙、栏杆、绿篱，在禁烟区吸烟，在非游泳区游泳，在非滑冰区滑冰，在非钓鱼区钓鱼，在非体育运动场所踢球、滑旱冰，随地吐痰、便溺，乱丢果皮（核）、烟头、口香糖等废弃物的，责令改正，并处以20～50元罚款；造成损失的，依法承担赔偿责任。营火、烧烤，捕捞、捕捉动物，采挖植物，恐吓、投打、伤害动物或者在非投喂区投喂动物的，责令改正，并处以50～100元罚款；造成损失的，依法承担赔偿责任；构成犯罪的，依法追究刑事责任。

目前园区对游客违背行为规范的执法以劝说教育为主，据了解，目前尚未有对游客的不文明行为开出罚单的。

四、园区重点时段的游客管理方法

（一）扩大日容量

从长远着眼，要解决园区重点时段游客过量问题，园区应通过投资建设，以新增设施、改变游览活动方式等方法来实现；还可通过加大园区内冷门景点的开发，引导游客的流向，从而增大园区实际容量。在园区不增加建设投入的情况下，扩大景区日容量的方法有：①延长园区开放时间，或一年中增加开放天数；②在旅游高峰期开放备用的旅游通道，而在需求减少时关闭备用通道；③调整景点工作人员，增派工作人员到瓶颈景点工作；④设置免票人员专用通道等。

（二）定量、定点管理

所谓定量管理是通过限制进入时间、停留时间，控制旅游团人数和日旅游接待量，或综合运用几种措施的方式限定游客数量和停留时间，解决因过度拥挤、践踏等引起的园区旅游资源损耗。所谓定点管理是指在需要特别保护的地带利用警示性标牌提醒游客什么不可做，或在旅游高峰期聘用保安、专门服务人员及安排志愿者，在资源易损耗的地方执勤，对重点地段实行重点管理，避免游客践踏、乱写乱画引起旅游资源的损耗，采用覆盖、分隔等方式

保护重点地段。

（三）游线管理

园区游览路线设计是否科学直接影响游客的体验质量和游客行为。科学的游览路线应该使游客付出最少的精力与体力成本获取最多的信息，获得最大的愉悦和满足感。为了保证游客得到高质量的旅游体验，在设计游览路线时应降低游览成本，提高游客体验园区项目的丰富程度与质量。在降低游客游览成本方面，主要应缩减不能给游客带来太多收益的景点间的转移距离；在提高游客游览收益方面，主要应该考虑增加游览路线上景观的差异性，为游客提供更好的观景位置和观景角度等。游线设计与管理技术还有利于调控园区内客流分布，分散热门景点的客流，减少园区内的拥挤程度与环境压力，确保游客的安全与体验质量。

（四）调节游客旅游需求

可以通过价格杠杆和市场营销两种手段来调节重点时段的游客数量。通过价格杠杆调节主要是采取淡季低门票策略和旺季高门票策略来控制游客数量。除了价格外，市场营销组合中的其他因素也可以起到调节游客需求的作用。在淡季，可通过广告或与旅行社等关联企业联合促销刺激潜在的游客采取旅游行动；为减少游客对园区热门景点产生的压力，要减少对其的宣传，以分流热门景点的游客。

五、园区重点区域的游客管理方法

园区游客管理的重点区域主要集中在停车场、出入口、热门景点、重点旅游资源、乘骑设施、安全隐患突出地、排队区、游客中心等。对这些重点区域，一般要设专人进行管理，提醒、疏散游客，保护游客安全，保护资源环境。下面重点介绍排队区和游客中心管理。

（一）排队区管理

在休闲农业园区的旅游旺季或接待高峰期，旅游景区入口、热门参观点或乘骑设施前常常会出现游客排队等待的现象，如果不能有效处理排队，会严重降低游客的体验质量和满意度，甚至发生冲突，出现安全事故，损害园区的声誉。因此，做好排队区管理非常重要，一般宜采取如下措施：

1. 设置合理的游客排队队列

园区根据游客流量、游客集中度、排队项目特点、排队地形特点等应采取不同的队形和接待方式，一般有单列单人型、单列多人型、多列多人型、多列单人型、主题或综合队列型5种形式。

2. 利用技术手段加快游客进入过程

游客等待时间过长必然影响游览或游乐活动时间，使其产生焦虑、烦躁心理。排队区管理的最高目标是减少或杜绝游客排队等待。一些园区率先使用高科技或独特的管理手段，如电子门票、设立快速通行证等缩短游客进入时间，一些热点项目实行提前预约来分流游客，有些园区还有自己的App来指导游客选择游览路线和游览时间。

3. 设计排队区环境

设计良好的排队环境可以转移游客的注意力，使他们不至于在等待中感到无聊或浪费时间。如有些园区在排队区设置座位，提供免费的茶水服务，播放动听的音乐或者广播有关该园区的介绍，有些园区在有条件的排队区还让游客看电视等。

（二）游客中心管理

游客中心又称游人接待中心或访客中心，一般位于园区的入口区，是园区游客服务与管理的重要场所，游客中心的有无及其提供的服务项目和服务质量直接影响游客对园区的印象。游客中心的主要职责表现在3个方面：一是信息咨询服务，包括园区的基本情况、园区景点分布情况、最佳游览路线、需要保护的动植物、各个景点游客数量的预报、食宿设施可利用情况等；二是提供游客所需的其他服务，如导游服务、托儿服务、餐饮服务等；三是接受游客投诉。

游客中心要求工作人员统一着装，佩证上岗，按照服务规范和流程提供标准化与个性化相结合的服务。工作人员应对园区各方面的情况了如指掌，能提供全面信息咨询服务，同时要有良好的服务水平和技能，提高游客的满意程度。针对休闲农业园区有很多亲子游的游客，有些园区在游客中心会专门设置一个儿童游乐场。

【思考题】

1. 简述休闲农业园区不同游客的行为特征。
2. 简述休闲农业园区游客管理的意义。
3. 简述休闲农业园区游客管理常用的方法。
4. 在休闲农业园区游客高峰期时如何有效地进行游客管理？

CHAPTER5 第五章

休闲农业服务管理

知识目标：

1. 了解休闲农业园区接待工作、餐饮服务、住宿接待服务、公共服务的基本内容；理解游客对休闲农业园区餐饮的要求。

2. 掌握售票服务与验票服务、餐饮及住宿服务的基本工作流程，掌握受理游客投诉、客房卫生与客房安全管理的常规方法。

技能目标：

1. 能够按标准提供售票服务与验票服务，正确接待顾客的电话咨询或当面咨询，正确处理游客投诉。

2. 能针对餐厅服务中的情况提出对策，发现并处理住宿接待管理中的问题。

3. 能够对休闲农业园区的公共服务进行规划与设计。

第一节　休闲农业园区的接待管理

一、售票服务

售票工作是休闲农业园区创收的直接环节，职责重大，如果发生差错，对园区及员工个人都有不利影响。

（一）售票服务工作流程

1. 售票前的准备工作

（1）上岗前按规定着装，佩戴工牌，仪容整洁，化妆得体。

（2）查看票房的各设施设备是否正常。

（3）做好票房内及售票窗外的卫生清洁整理工作。

（4）若当日因为特殊原因票价有变，应及时公布新价格及变动缘由。

（5）根据前日票房门票的结余量及当日游客的预测量领取当日所需的各种门票，票种、数量清点无误后填写“门票申领表”，领出门票。

(6) 根据需要到财务部门兑换钱币，保证当日所需零钞。

2. 售票

(1) 售票员向光临的客人礼貌问候并向客人询问需要购买的票种及数量。

(2) 售票员根据《门票价格及优惠办法》，主动、热情、礼貌地向客人解释优惠票价的享受条件并出售门票，唱收唱付。

(3) 售票结束时，售票员向客人表示“欢迎下次光临”。

(4) 热情、耐心地回答游客的提问，任何情况下都不可恶语相向。

(5) 耐心听取游客意见，注意收集游客的建议，及时向上级反映。

3. 交款及统计

(1) 做好盘点工作，保证账、票、款准确无误，认真填写“售票日报表”，并将其与钱款交到财务部门。

(2) 做好工作记录，打扫卫生，关闭门窗、保险箱等，切断电源后离开。

(二) 售票服务的工作难点

1. 假币问题

在售票时，容易收到假钞。售票人员收了假钞，一般需由当班人员赔偿。有时售票人员在售票过程中会与游客就钞票的真假出现争执，双方都不愉快。所以，售票人员应具备一定的鉴别假钞的知识，以避免收到假币。有条件的园区应为每一个售票岗配置功能齐全、准确的验钞机。

2. 岗位交接需清楚

在售票的工作中，必须要保管好自己的钱款。交接时，钱要当面点清，事后发现出现差错，就无法说清了。所以，售票工作人员应树立“钱在人在，交接清楚”的观念，这不仅能保护自身利益、减少麻烦，同时也是尊重对方、保护对方利益的表现。

3. 优惠票之争

一般园区会对不同人群实行差别定价，如儿童身高1.1米以下免票、1.1～1.3米半价。即便在售票处和验票口都有测量身高的刻度，但还是经常出现与游客争论高矮的情形。

遇到此种的情况，园区售票人员应掌握一定的原则：①不要与游客争执，要热情礼貌地向客人说明门票价格优惠制度；②向游客解释时，注意说话的方式方法，如适当赞美游客的小孩，由孩子自己说出身高。③如遇个别特别固执的游客，视情况灵活处理。

除儿童票外，园区还有团体票、假日票、学生票等，售票员应灵活应对，具体问题具体分析。

二、验票服务

随着现代科技的发达，更多的园区使用电子验票系统，但仍需工作人员提供服务。

(一) 验票服务工作流程

1. 准备工作

(1) 上岗前按规定着装，佩戴工牌，仪容整洁，化妆得体。

(2) 查看验票口机器、话筒等设备是否正常。

(3) 开园前做好验票口周围的卫生，保持入口的通畅。

（4）备好园区相关宣传资料，做好开园准备。

2. 验票过程

（1）开园后验票人员站在工作位置，用普通话热情礼貌地迎接游客。

（2）验票员要求客人人手一票，认真查验，设自动验票机的园区，验票员应帮助游客通过电子验票系统。

（3）控制流量，维持出入口秩序，避免出现混乱。

（4）熟悉门票价格及优惠办法，并按要求查验。

（5）熟悉导游、领队带团入园的方法及免票入园的规定。

3. 统计工作

（1）营业结束后，将当日无票或优惠票入园统计情况交园区财务部门。

（2）下班前填写工作日志，并打扫卫生、切断电源。

（二）入门排队服务

旅游季节性较强，在旅游旺季，售票处和入口处很可能出现堵塞的情况，造成游客长时间排队等候。园区可以通过提供排队服务来缓解等待游客的焦虑，提高游客满意度。

1. 培养服务人员的敬业精神

服务人员良好的工作态度和敬业精神能提高服务的效率，并可在安慰等待的游客方面起到一定的作用。

2. 制定排队规则

园区应制定排队规则并严格执行，以维护排队的公正性。一般排队等待可遵循以下几个优先原则：①预订者优先；②先到者优先；③团队优先；④特殊人群优先。

3. 设计合理的排队队列

在设计排队队列时要注意以下问题：

（1）根据实际情况灵活运用单列单人式、单列多人式、多列单人式、多列多人式队列来设计通道。

（2）多用横列，少用纵列，这样会给游客以队伍在不断前进的感觉，也可利用四周的景色来分散游客等待时的焦急心情。

（3）以必要的隔离设施对队列进行固定，避免队列秩序出现混乱。

4. 提供“等待服务”

在游客排队等待时，园区可提供一些“等待服务”。

（1）提供良好的排队环境，以调整游客等待时的感受。

（2）设置等候区，环境应令人心情舒畅。

（3）采用关怀服务。冬天送热饮，夏天送冷饮；为小孩子提供玩具，为老人搬椅子。

（4）及时与游客沟通信息，并鼓励游客避开旅游高峰时段，及时提醒等候时间，让游客对等待有充足的思想准备。

（5）维护排队秩序，避免插队现象。

三、咨询服务

（一）电话咨询服务

旅游者在了解休闲农业园区的时候，电话咨询是必不可少的，园区应专门培训有关人员提供电话咨询服务，解答游客疑问，受理游客所反映的问题。

1. 来电咨询工作流程

（1）做好通话前的准备工作。工作人员上岗后要了解前一天的工作情况，翻看工作日志，熟悉园区的最新动态，为咨询工作做好准备。

（2）愉快而迅速地接听电话。服务人员应在电话铃响三声内接听电话，如超过三声，拿起电话后应向对方致歉，对于打错的电话也要礼貌相待。

（3）拿起电话后，使用礼貌用语报上园区名称及所属部门，主动询问对方的需要。

（4）礼貌称呼咨询者并正确回答咨询者的问题，需查询资料而要咨询者等待时，应告知其原因并取得咨询者同意，同时给出其等待的时限。

（5）结束电话前，主动询问对方是否还有其他问题需要帮助，感谢其来电，并欢迎随时致电，然后要等对方先挂断电话后再轻轻放下话筒。

2. 去电回复的工作流程

如果园区服务人员接到咨询电话但不能马上回答，需要咨询者等待很长时间，应让咨询者先挂断电话，查询清楚情况后第一时间给咨询者回电话，此时也应该注意相应的工作流程和礼仪规范。

（1）打电话前要理清思路，拟好要点，确认电话号码后拨打。如果打错了，应该先表示歉意再轻轻放下电话。

（2）电话接通后先问候对方，确认是不是需要回复的咨询者，然后做自我介绍，转向正题。如果不是刚才的咨询者接电话，要感谢对方并请咨询者来接电话，如果要找的人不在，要询问对方回来的时间或方便的时间再来电话，并请对方转达，致谢后挂断电话。

（3）注意通话长度宜短不宜长，要把握好打电话的时间，简明扼要地把要解释的事情交代清楚，不要拖拉、含混。

（4）待问题解决以后，要感谢对方对园区的咨询，还希望对方能够继续关注园区，并欢迎对方随时来电，对园区的发展提出宝贵意见及建议，再次致谢道别，等对方挂断电话后再放下话筒。

3. 电话咨询服务中需要注意的问题

（1）要保持积极的沟通状态。在咨询谈话中，要注意力集中，耐心听对方讲话，始终用语言表示你在倾听，要对对方的意见有反应，及时做出反馈。如果在咨询过程中遇到需要查询的问题，要告知对方你正在查询，需要对方等待并表示歉意，如果需要时间较长，就要请对方先挂掉电话，等查询清楚后回电。

（2）注意语言的运用和接听电话的姿态。在接听电话时，语言的运用要准确、简洁、得体，音调适中，说话态度自然、声音甜美，尤其要注意敬语的使用。服务人员在接听电话过程中绝对不能有吃零食、喝茶、吸烟、摆弄物品等行为，服务人员的坐姿、表情也要正确。

▶ 相关链接 5-1

得体的电话语言技巧 接电话要注意语言技巧，不要使用生硬的话语，要尽量婉转、大方地进行交流。接电话时要注意哪些是不可以说的，应该怎样说。	
不可以说	可以说
你是谁？	请问您是哪位？
你叫什么？	对不起，我没听清楚，您能再重复一遍吗？
你有什么事？	我能为您做些什么？
请大点声！	对不起，我听不清您在说什么？您能否大一点声音？
这个我也不知道。	对不起，这个问题我现在也不是很清楚，等我确认以后给您回电可以吗？
你还是打电话到接待服务中心吧。	这个信息可能我们接待服务中心更清楚，您可以与服务中心联系，或者我让他们给您回电好吗？
对不起，我帮不了你。	对不起，我这没有这些资料，是否需要资料室给您回电？
他出去吃午饭了。	小李刚刚走开，可能要过一个小时左右才回来，要我让他给您回电吗？

（二）当面咨询服务

一般来说，休闲农业园区都会设立游客服务中心。游客服务中心的一个重要功能就是为游客提供咨询服务，指导、帮助游客更好地游览园区。咨询服务人员应该掌握一定的咨询服务技巧。

1. 当面咨询工作的流程

（1）准备工作。工作着装整洁统一，保持良好的工作形象，包括得体的化妆、优雅的姿态以及面部微笑等，要有饱满的工作热情。要了解园区最新动态，以便及时向游客提供最新的园区活动安排及其他园区信息。

（2）咨询工作。在岗工作人员看到有游客向自己走来，应该主动问询。对于游客提出的问题要认真倾听、耐心回答，做到详细严谨、有问必答，实在不知道的问题要经过了解再回答，不可随意回答。

（3）总结工作。对于游客咨询的重点问题、无法当场解决的问题以及重复出现的问题要做好总结并及时向上级领导反映，避免出现大的漏洞。

2. 当面咨询服务要注意的问题

（1）有问必答。对于游客的咨询要有问必答，绝不能轻易回答“不知道”。对于了解的问题要及时详尽地回答，不能说“也许”“大概”等没有把握、含糊不清的话。对于不了解的情况要通过向其他同事问询再给予回答，对于经过查询也确实无法回答的问题要表示歉意。

（2）先问先答。在多人问询的时候，要遵守基本的顺序，对于先问的游客要先给予回答，并请后面的游客稍等。

（3）急问急答。当碰到有的游客非常着急地插队前来询问时，应根据事情的紧急情况做安排，并和排队游客协商，征得同意后优先解决紧急的问询。

（4）长问短答。回答问题要用词得当、简单明了，提高服务效率，不要和一个游客谈太久而忽略了其他需要服务的游客。

（5）对方固执己见。在为游客服务时，经常会碰到一些固执己见的游客，此时，服务人员应该尽量说服，在顾客提出的要求不违反岗位原则和部门规定的前提下，可尽量满足顾客，如果是在部门规定之外的，那就应该坚持原则，不应退让。不过在坚持原则的同时，还要做到有礼有节。

四、投诉受理服务

投诉是游客因未能得到满意的服务而表示自己的不满、提出自己的意见和要求的行为。从一定程度上来说，投诉是不可避免的，但要正确看待和处理游客的投诉。

（一）正确看待游客投诉

1. 游客投诉是发现服务问题、提高服务质量的机遇

游客直接向园区进行投诉可以让园区管理者及时发现工作中的不足与疏忽，准确发现服务中的问题并及时纠正，避免类似错误发生在其他游客身上。

2. 为园区提供了一个改善宾客关系、挽回自身声誉的机会

投诉本身表明发生了纠纷和不愉快，但也说明游客对园区管理人员仍然是信任的，否则，游客如果向自己的亲朋好友抱怨，或者到旅游质检部门去反映，又或者向第三方投诉（如消费者协会等），都会对园区声誉产生负面影响。因此，企业要抱积极态度，进行迅速彻底的补救服务，以改善与宾客的关系，挽回自身声誉。

（二）游客投诉原因分析

游客投诉的原因比较多，涉及园区内的各个相关服务部门，投诉的内容大致可分为以下几种：

1. 对园区工作人员服务的投诉

（1）服务技能欠缺。因园区服务人员的过错，造成游客人身伤害或蒙受损失，如账单算错、寄放物品丢失、上菜与所点菜单不一致等；因效率低下，使得客人等待时间过长；因园区导游不按照承诺安排行程或行程安排不合理等。

（2）服务意识迟缓。工作状态不积极，缺乏主动服务意识，反应迟钝，甚至冷落游客要求等。

（3）服务态度欠佳。对游客的服务询问置之不理、不耐烦或敷衍了事，甚至出言不逊、动作粗鲁；导游不认真讲解；消极应对游客不满，导致矛盾升级等。

（4）职业道德缺乏。对游客有胁迫、欺诈行为；向游客兜售假冒伪劣商品；刁难、殴打、恐吓旅游者；私自收取回扣和小费；诱导购物、增加自费项目、胁迫消费等欺客宰客问题。

2. 对园区产品的投诉

（1）质价不符。没有提供质价相符的旅游服务；宣传与实际产品不符等。

（2）收费不明。收费价格虚高或收费项目不明，特别是园中园，重复购门票；商品或服务项目收费过高，随意宰客；缺少明码标价；强行对园区内的一些活动项目收费等。

3. 对园区硬件配套设施和环境的投诉

（1）配套设施。园区配套设施配备不到位，如园区标识标牌不完善、厕所有异味、设备陈旧、交通混乱、车辆摆放杂乱等。

（2）环境安全。在环境安全方面存在的问题，如安全措施不到位、存在安全隐患、治安状况差、外部交通可进入性差、内部交通拥挤、等待时间长、停车场乱收费等。

（三）游客投诉的心理分析

1. 求尊重

游客在旅游过程中希望受到尊重的心理十分明显，在进行投诉时，这种心理更突出，其目标就是为了找回尊严。他们希望别人判定自己这样做是对的、应该的，希望被投诉方重视他的意见。对服务态度进行投诉的游客，一般希望有关人员向他们表示歉意并立即采取相应的处理措施。

2. 求补偿

在园区服务过程中，如果由于园区方过错给游客带来精神上和物质上的伤害，游客就会直接向相关企业索赔或采取法律诉讼要求赔偿、弥补损失，这也是达到心理平衡的正常需求。而且，由于园区的行为给游客带来了精神或是物质上的伤害，在法律上，游客也是有权利要求物质赔偿的。

（四）游客投诉受理方法

1. 处理游客投诉的原则

（1）冷静。游客投诉大多因为感觉遭受不公正待遇，多数会气势汹汹、情绪激动，甚至口不择言，这时受理人员一定要保持冷静，注意说话的方式方法和礼貌礼仪，给客人申诉的机会，千万不要着急辩解，更不能和客人顶撞，否则会激化矛盾，不利于解决问题。

（2）迅速。处理投诉反应要快，效率要高，要在第一时间与客人沟通。若不把游客投诉当回事，对投诉不理不睬，游客火气就会更大，这样往往会使小事变成大事。

（3）真诚。对待投诉的客人要诚实、坦率。对客人的投诉，要发自内心地表示出你的诚意，学会“换位思考”，只有这样才能赢得客人的信任，有助于问题的解决。

（4）兼顾双方利益。受理投诉的服务人员一定要正确分析游客投诉是否成立，尊重事实，既不能推卸责任，也不要抱着息事宁人的态度无原则地退让。面对无理取闹或是过度维权的游客，一定要委婉劝导，耐心解释，尊重事实，在诚恳解决投诉的同时，合理维护游客和园区双方的正当利益。

2. 投诉处理的步骤

（1）聆听与记录。在游客进行投诉时，服务人员不要急于解释，而应做个耐心的听众，聆听并理解客人的陈述，要表现出对投诉者的礼貌与尊重。

（2）快速分析，提出服务补救措施方案。了解了游客投诉的内容后，要认真思考分析，快速判断客人申诉的服务缺陷是否真的存在，判断客人的投诉理由是否充分、投诉要求是否合理。如果投诉确实成立，则要给出解决方案。

(3) 征求投诉客人的意见。在提出处理意见供客人参考后，还要尽快了解游客对处理方案是否满意。如果客人不同意你给出的意见，则需要征询客人的想法，如“您希望我们怎么做?”

(4) 跟踪服务。即使投诉解决了，游客离开了，但园区的失误还是会给游客心里留下阴影，如果想进一步抹掉阴影，树立良好的企业形象，就应对曾经失望的客人给予一定的关注，可通过电话、信函、电子邮件等形式进行问候和感谢，表现诚意，从而打动游客，培养游客的忠诚度。

第二节　休闲农业园区的商业服务管理

一、餐饮服务管理

(一) 休闲农业园区餐饮服务概述

餐饮服务在休闲农业园区服务中占据重要地位。有些休闲农业园区的餐饮产品以独特的食品材料而闻名，有些休闲农业园区是因其餐饮加工方式方法具有地方特色而独树一帜，还有一些休闲农业园区的食材具有健康、绿色、纯天然、无公害等优势。作为休闲农业园区，在配置餐饮产品时，应该根据园区特色，把餐饮产品做出特色、内涵和品牌，使就餐环境体验化、就餐方式多样化。

(二) 休闲农业园区餐饮服务类型及形式

休闲农业园区的餐饮产品类型应多样化，除了提供散客零点服务与团体包餐服务的标准餐厅外，还可以有餐饮一条街、农家乐、户外烧烤、特色餐厅、宴会餐厅、主题餐厅等。餐饮经营的方式也应有所创新，比如可以将餐饮产品与其他产品结合起来经营，开发“餐饮＋歌舞表演”“餐饮＋康体活动”“餐饮＋郊野娱乐”“餐饮＋门票赠送”等形式的新产品。本部分主要就标准餐厅的基本服务进行介绍。

1. 休闲农业园区的餐饮服务类型

就中餐服务的基本类型来说，主要有散客零点服务和团体包餐服务两种。

(1) 散客零点服务。零点是餐厅中最常见的销售方式，其主要特征是客人不用事先预订座位，通常是随到随吃，服务也是按先到者先服务的原则进行。

(2) 团体包餐服务。团体包餐一般满足会议、旅游团队以及大型团体活动的需要。团体是指一定人数的集体，包餐是指按固定就餐标准和就餐规格定时用餐的就餐形式。

2. 休闲农业园区的餐饮服务形式

餐饮服务的形式分为标准化服务与个性化服务。二者的关系是，无论是散客零点餐饮服务还是团体包餐服务，在提供服务时都应该注重服务程序与方法的标准化，在提供标准服务的基础上，体现个性化服务。标准化与个性化是一对永恒的主题，个性化服务是以标准化为前提的，标准化服务又是以个性化为归宿的。

所以，从现实来说，餐饮服务应以标准化服务为基础，以个性化服务求创新，使服务项目个性化、服务过程标准化。

(三) 休闲农业园区餐饮服务的基本流程

1. 散客零点服务的基本流程

(1) 餐前准备。餐前准备工作的主要内容及程序有：①调整餐桌；②备好餐具；③摆台；④准备工作台；⑤补充调味品；⑥熟悉菜单；⑦餐前会。

（2）迎宾服务。开餐之前5分钟，服务人员要在各自的工作区域等候，迎接客人。服务流程如下：①热情迎宾；②拉椅让座；③开茶送巾；④斟茶后撤筷套，为客人铺好餐巾，根据客人人数调整桌面的餐具，用托盘增加或撤走多余餐具。

（3）餐中服务。服务员主动上前微笑接受客人点菜，充当客人点菜的参谋，在尊重客人意愿的前提下，尽量推销餐厅推荐、招牌和时令菜。点完菜后，服务员将经客人确认的点菜单分送厨房、传菜部、收银台，并自留一份；然后斟酒、上菜、巡台。

（4）结束收尾。包括结账、送客、收台。

2. 团体包餐服务的基本流程

核对菜单→布置餐厅→摆台→备好食品、酒水、饮料→恭候客人→清点人数→准时开餐→看台和上菜→席间服务→清点酒水饮料，结账→礼貌送客→清理餐台。

（四）游客对休闲农业园区餐饮服务的要求

游客对休闲农业园区餐饮服务的基本要求主要集中在以下几个方面：

1. 清洁卫生

用餐顾客对就餐中的卫生要求非常严格，这也是客人最基本的安全需要，同时，它对客人情绪的好坏和用餐的体验产生直接影响。只有处于清洁卫生的就餐环境中，客人才能产生安全感和舒适感。

2. 快速服务

客人到餐厅用餐时希望得到快速、有效率的服务。现代生活的快节奏使人们形成了时间紧迫感，过慢的节奏会使人不舒服、不适应。而且在心理上，等待使人无聊，对某些急性子的客人来说，甚至是痛苦。如果餐厅上菜时间过长，客人可能难以忍受而发怒。

3. 公平合理

如果客人认为餐厅的接待服务、菜品价格等是合理公道的，在心理上就会产生平衡感与满足感。如果客人在就餐过程中受到不同的待遇，或者在价格上有上当受骗的感觉，就会觉得不公平、不合理与不满意。因此，餐厅在制定价格、接待规格等方面都要注意尽量客观，做到质价相符、公平合理。

4. 受到尊重

顾客外出就餐除了满足生理需要外，还隐含了对情感、社交、尊重甚至是自我实现等较高层次的需要。尊重客人体现在客人用餐服务的各个环节，如微笑迎送客人、恰当领位、尊重客人的饮食习惯等。

5. 舒适的用餐环境

用餐环境问题不能简单地理解为清洁情况。在重庆大足的“荷花山庄”，客人们三三两两坐在一艘花艇内，观看艇外各式各样的荷花，品尝巴渝小吃，接受穿着古朴渔家服装的“渔家女”热情淳朴的服务，仿佛置身世外桃源。这个例子说明了舒适的环境能使食客在就餐时产生良好的情绪，同时也让其得到享受和尊崇感。

（五）休闲农业园区餐饮服务的对策

园区餐饮服务除了要满足用餐客人的基本要求外，还存在一些特殊要求的处理，餐饮服务主要的难点与对策有以下几个方面：

1. 团队用餐卫生情况

园区经常会接待大批量的团队客人，团队用餐一般都统一标准、统一时间，这就要求园区拥有能接待团队用餐的场地、足够的设施设备以及在短时间内提供大量优质食物的能力。同时，园区餐厅应加强卫生意识，提供公筷。

2. 特色餐饮的打造

游客在休闲农业园区进餐，不仅仅是为了充饥，更是为了获得一种求新、求奇、求异的体验，品尝平时吃不到的东西。这就要求园区餐饮在做到卫生、可口的前提下，还要体现特色。

特色餐饮不仅体现在食物本身，也体现在用餐氛围、环境等饮食文化上，如果一个园区能在餐饮上做出特色，其本身也能成为吸引广大游客前来游玩的吸引物。

3. 满足客人对快速服务的要求

（1）备有快餐食品，为那些急于就餐者提供快速服务。

（2）客人坐好后，先上茶水和瓜子以安顿客人，使他们在等待上菜的过程中不至于感到太无聊或觉得上菜太慢。

（3）反应迅速。客人一进餐厅，服务员要及时安排好客人座位并递上菜单，让客人点菜。

（4）结账及时。客人用餐结束，账单要及时送到，不能让客人等待付账。

4. 提供外卖服务

有些游客为了抓紧时间游玩，会选择边走边看边吃，而且有时在旅游旺季由于客人较多，园区不能为所有游客提供就餐桌椅，因此，园区需要设立专门的外卖服务。外卖服务要求速度快、易携带、方便卫生，同时也要有风味特色，如九寨沟景区内提供洋芋糌粑、九寨柿饼、荞面饼等风味小吃，受到游客的喜爱。

二、购物服务管理

（一）购物服务的地位和作用

旅游接待可以促进休闲农业园区农副产品的生产与销售，包括新鲜的时令农副产品，如水果、蔬菜以及经过加工后的农副产品。同时，开发并生产相关的地方特色旅游商品、提供良好的购物服务也是扩大休闲农业经济收益的重要途径。

（二）旅游商品的内容

1. 图书类

图书类包括和休闲农业园区有关的文化名人的相关著作，反映园区农业资源或旅游资源的图书、音像制品，还有具有园区特色的纪念币、纪念信封、明信片、纪念邮票、书签等。

2. 民间食品、工艺品类

民间食品种类繁多，如利用本地农业或乡村文化开发的传统食品、特色小吃、山珍海鲜、农副产品等。工艺品包括传统民间工艺以及利用本地材料开发的现代工艺品等。

3. 特种纪念品

特种纪念品指根据园区特色开发的非常规旅游纪念品，包括本地著名景观的模型以及建筑、人物、器皿的模型，也包括反映本地特色的珍贵书画与古玩的仿制品等。

除此之外，玩具、本地生产的著名手工制品等也是常见的旅游商品。开发旅游商品的原则是必须要有自己园区的特色，避免雷同和千篇一律。

（三）购物环境的营造

购物环境一般是指旅游商品销售所需要的空间场所，以及与其配套的设备和服务。良好购物环境的营造不但要考虑商业点位置的选择、营业建筑所处的环境、商店的外观、招牌、橱窗设计、商品陈列以及其他因素，还要注重提升导购人员的服务技巧与把握游客购物心理的能力。

1. 购物设施的选址

休闲农业园区内的购物设施选址和布局一般有两种模式：①设置于游览过程的结束阶段，如三亚的“天涯海角”景区的购物迷宫就位于景区出口处；②分散于游览过程当中。不过一般来说，园区内部不适宜设立很多购物点。

2. 购物设施的建筑布局

为了保证园区的环境，园区内购物设施的建筑和布局要统一规划、统一布局。园区内的商店、旅游纪念品一条街或购物中心不能破坏园区内主要景观，不能阻碍游客游览，不能抢占道路和观景空间；购物场所的建筑造型、色彩、材质等要与环境景观相协调，最好不要设置外来的广告标志，以免影响园区景观。

3. 购物内部环境设计

（1）室内环境。购物场所应环境整洁、秩序良好，无围追兜售、强买强卖现象；购物商店装饰色调适宜，室内照明均匀、光线柔和、亮度适宜，室内空气新鲜、流通，温度湿度宜人，有供旅游者休息的场所。

（2）精心设计和布置商品陈列。精心设计和布置的商品陈列能够吸引旅游者的注意力，激发旅游者的购买欲望，也是商品宣传和推销的重要手段。应给旅游者整齐、美观、一目了然的视觉印象，同时也要保持空气清新，给旅游者良好的嗅觉印象，保持商品的清洁度和光滑度会给旅游者良好的触觉印象。

（3）重视商品包装。购物时，旅游者对于商品的印象是通过商品的包装形成的，包装是美化商品、宣传商品和推销商品的必要手段，精美的包装无疑对销售起到无言的推销作用。

4. 提供优质服务

除了旅游商品要满足旅游者的需要且包装要精美以外，要真正成功地售出商品，旅游销售人员的优质服务也起着非常重要的作用。

（1）要有良好的服务态度。旅游服务人员要时刻注意自己的言谈举止、表情动作和服务风格。

（2）把握介绍商品的时机并留意观察旅客的行为举止和表情。导购人员要有观察购物者心理的能力，找到有利的时机为游客介绍商品。

（3）尊重每一位客人，树立良好的服务形象。在旅游商品接待服务中，要一视同仁，不能因为有的旅游者未购买任何商品而怠慢客人，应诚挚地送别旅游者，欢迎他再次光临，给其留下良好的印象。

（4）针对不同类型的旅游者进行商品推销。了解不同的心理需求是提供针对性服务的基础。旅游者的购物动机是多种多样的，导购人员应当对旅游者的购物动机进行分析，了解他们对不同商品需求，有针对性地提供服务。

三、休闲农业园区特色活动服务管理

（一）休闲农业园区特色活动的类型

我国休闲农业园区多样化发展趋势明显，常见的有教育农园、市民农园、农业生产基地观光采摘园、民俗文化村、高科技示范农业园区、生态农业园、农业综合休闲度假区、农家乐、农业主题公园、现代新农村、民宿农庄等。一些园区依托自身优势，打造了不同于其他休闲农业园区的特色活动项目。例如教育农园针对青少年学生开展课外活动、开设农业课程；市民农园开垦“城市农夫自留地”；山庄、农庄、酒庄、花田等园区根据自身特点开展婚纱摄影、采摘、品酒、学农活、庄稼人艺术画创作、瓜果塑造、农产品及农业手工艺品 DIY 等活动项目。

对于休闲农业园区来说，利用自有农业资源开发多样化的体验性特色活动项目可以延长游客逗留的时间。所以，休闲农业园区应该依托自有资源，大胆创意、精心设计，创造出满足游客休闲体验需求的产品与项目。总结目前休闲农业与乡村旅游观光与体验项目，大致可分为 10 个方面（表 5-1）。

表 5-1　休闲农业产品体验项目举例

项目类型	举　例
乡村自然景观观赏	日出、夜景、浮云、雨雾、雪景、彩虹、河流、瀑布、池塘、水田、梯田、茶园、菜园、竹林、农庄、湖泊、海湾、礁石、渔船等
农事体验	蔬菜水果采摘、播种、插秧、耕作、扬麦（谷）、脱粒、舂米、采茶、挖笋、驾驭农机具、放牧、挤牛奶、捕鱼虾、磨甘薯粉、漏粉条、做豆腐、打年糕、爆米花、挖野菜、车水、捕蝉、染布、榨油、摘棉花、做稻草人、纺纱、织布、打枣、摇蜂蜜、采集花粉、酿酒、做醋、扎粽子、吹糖人、做蜡染、炒制茶叶、制土烟、采菱角、剥莲子、摇橹接力、陶器烧制、编竹器、编草鞋、做风筝等
食品制作与品尝	筑土熏烤甘薯、烤土鸡、野味烹调、药用植物炒食、品茶、鲜乳试饮、地方特产品尝、野果采食、蒸馒头、烘槟榔、晒葡萄干等
农村生活体验	乡土历史、人文古迹、民间故事探索查访与采集、野炊、篝火打歌、看花灯、农家评弹、农村生活体验、田野健行、乘坐畜力车、手工艺品制作、山水写生、昆虫辨别等
民俗文化活动	寺庙迎神赛会、丰年祭、捕鱼祭、车鼓阵、赏花灯、舞龙舞狮、皮影戏、布袋戏、马术、马球表演、滩涂船速划、爬顶桅杆、踩龙骨车、摸鸭子、划龙舟、乡村博物馆、婚丧嫁娶礼仪等
民俗游戏活动	踢毽子、踩高跷、滚铁环、射箭、抬轿子、堆沙、荡秋千、抖空竹、玩陀螺、竹蜻蜓、捏面人、捏泥人、捉鱼、粘鸟、造琥珀、剪纸、刻蜡版、推石磨、踩水车、捉泥鳅、垂钓、钓龙虾、捞鱼虾、放风筝、放天灯、放河灯、堆雪人、捉蟋蟀、捕麻雀、认养动植物等
森林游憩与山地运动	定向越野、寻幽探险、溯溪、漂流、空中滑翔、露营、帆船运动、溪降、穿越、溜索、骑山地自行车、森林浴、体能训练、生态环境教育、赏鸟等
农业节庆	茶叶节、水稻、小麦开镰节、森林嘉年华、葡萄节、杨梅节、金秋柿子节等
创意活动	彩绘农田、植物迷宫、瓜果塑形、插花、组合花艺等
其他活动	骑骆驼、滑沙、滑泥、滑草、卵石健康路、香花治疗室、中草药茶厅、棋牌、农村传统健身活动等

资料来源：农业部农村社会事业发展中心．休闲农业管理人员手册．北京：中国农业出版社，2010.

（二）特色活动的服务注意事项

休闲农业园区的特色活动多种多样，需根据活动特点的不同提供相应服务。如定向运动、探险活动等因有一定的危险性，需要服务人员具有安全意识、急救常识以及野外生存能力等；各种农事体验活动则要求服务人员懂得甚至精通农业生产活动特点，不但会讲解，还要有一定的动手操作能力，以便指导游客进行参与和体验；食品制作、农业节庆活动、手工艺品 DIY 等活动需要服务人员具有一定的推销能力。休闲农业园区的游憩活动要体现出农业文化、乡村文化、民俗文化的特色与内涵，所提供的服务也要淳朴热情、绿色生态但又不失专业性。

第三节　休闲农业园区的住宿服务管理

一、住宿的服务流程管理

规模大的休闲农业园区都设有相应规模的住宿设施，这是园区的一个重要组成部分，也是收入重要来源之一，应重视对住宿服务的流程管理。

（一）住宿预订服务流程

1. 散客预定流程

预定接待→接受预订→特殊要求处理→资料存档。

2. 团队预定流程

接受预订→掌握团情→复述确认→记录存档。

3. 非正常预订的处理

（1）客人预订时无房。预订员首先应向客人道歉并说明原因，询问客人是否可以变动，如无法变动，预订员可以婉拒客人或建议客人预订其他住宿设施。

（2）已预订客人要求增加或减少房间数量。预订员应先问清客人的有关信息，然后查找电脑中客房预定情况，判断是否可以接受客人的要求，如没有多余房间，则向客人推荐其他类型房间或婉言谢绝客人的要求。如可以接受，则与客人确认新的预订信息，更改“预订单”，并将更改的“预订单”发送到有关部门。

（3）客人预订时指定房型、楼层、房号。一般在预订时不接受指定房号，但会答应尽量按客人的要求安排。如遇 VIP 或常客，客人意愿非常强烈，预订员可视情况而定，尽量满足客人要求。最后要向客人说明，如果出现不能满足客人要求的情况，请客人谅解并做换房处理。

（4）客人在预订房间时嫌房价太贵。预订员应妥善运用推销技巧，先肯定房价高，再向客人详细介绍园区的客房结构及配套设施等。若客人犹豫不决，预订员不妨采用对比法，将客人预订的房间与其他住宿设施的房间进行比较，建议客人先入住体验，为客人办理预订手续。

（二）客人入住接待服务流程

1. 散客入住接待流程

确认是否预订→验证并登记→确认付款方式及预付款→交房卡→信息登记。

2. 团队客人入住接待流程

准备工作→到店接待→入住登记→通知相关部门。

（三）客房对客服务流程

1. 进入客房服务的流程

第一次敲门通报→等候→第二次敲门通报与等候→开门→第三次敲门通报→进入房间。

2. 加床服务

（1）加床准备。接到加床通知后应准备好所需的床、床单、枕头、婴儿被、枕套等并检查加床能否正常使用。

（2）摆放加床与铺床。征询客人意见，按客人要求摆放。如客人未在房中，则应将椅子移开，将床摆放在靠窗处，与其他床平行。铺床与普通铺床服务相同。

（3）增加物品。为客人增加一套客人用品，并将增加数量记录下来。

3. 物品提供服务

（1）问清客人姓名、房号及所需物品。

（2）到所属楼层库房拿取所需物品，并在该楼的交代簿内登记。

（3）将物品送至客人房间。

4. 退房检查服务

（1）客房服务员接到退房信息后，需问清房号，然后对房间进行检查。查房前先敲门，如房内有客人，应等客人离开后再进房检查。

（2）客房服务员检查小酒吧消费情况并告知收银台。检查房内物品是否齐全完好，如有遗失物品，立即通知前台。检查有无客人遗留物品，如有，应在客人离店前交还；如客人已结账离店，则应将遗留物品交给客房服务中心保管。

（3）客房服务员将查房结果告知前台收银员。退房后，在工作簿上做好记录并更改房态，通知楼层服务员尽快打扫房间。

（四）客人退房服务流程

1. 散客退房处理流程

迎候客人→核查客人账户→结账→清结账户→建立客史档案。

2. 团队客人退房处理流程

查阅抵店资料→查看消费情况→通知查房→结账→资料存档。

二、住宿的卫生管理

（一）客房清扫卫生管理

1. 走客房清扫流程

准备工作→进入房间→清理垃圾桶及烟灰缸→撤掉脏布草→铺床→擦尘→检查设备→添补用品→吸尘→关窗→登记时间。

2. 住客房清扫流程

准备工作→进入房间→整理床铺→除尘除污→清理垃圾→更换茶杯和烟灰缸→整理卫生间→添补消耗品→调节空调→登记时间。

（二）撤床铺床卫生管理

1. 撤床操作流程

拉床→撤床罩、枕套、被套→撤床单→撤走脏布草。

2. 铺床服务流程

因为中式铺床简洁、快速、省力，现在越来越多的客房采用中式铺床。中式铺床的主要流程为：拉床→铺单→包边包角→套被套→套枕套→将床复位。

（三）客房清洁整理检查

1. 客房的逐级检查制度

对客房的清洁卫生情况，可采取自上而下逐级检查的管理制度，以保证客房的卫生质量。

（1）服务员自查。自查的重点是客房设施设备是否能正常使用，客用品是否按规定进行摆放。服务员自查可采用边擦尘边检查的方式。

（2）领班查房。领班可按一定的顺序进行有重点的普查：被预订的房间→整理完毕的走客房→空房、贵宾房→维修房→外宿房。

（3）经理查房。客房部经理定期对客房家具设备状况进行检查。

（4）总经理抽查。园区总经理或客房部经理可不定期、不定时地亲自抽查。

2. 客房各区域检查流程

（1）客房门口区域。客房门口区检查的顺序通常为：房门及门口→房门后→房门旁→玄关。检查时应注意门框、门面上是否有灰尘，门铃声音是否清楚，房门上的门锁、铰链等是否正常，门镜是否干净，玄关的灯及灯罩有无灰尘，各灯具（包括“请勿打扰”灯）指示灯是否能正常使用。

（2）客房卧室检查。客房卧室的检查顺序为：壁柜→天花板→墙壁→化妆镜→沙发→窗帘→床头柜→床头板→床→电灯→电视→电话→盆栽→地毯→挂画。

（3）客房浴室检查。客房浴室的检查顺序为：浴室门→淋浴间→镜子及放大镜→马桶→洗脸盆/浴缸→备品篮→洗脸台→地面→天花板。

（四）客房计划卫生管理

1. 单项卫生计划

服务员在完成规定的客房清洁任务后，还应完成单项计划卫生，以弥补平时工作的不足。假设客房服务员每天完成12间客房清扫任务，并且彻底地对其中1间客房进行大扫除，这样经过12天，他便可以完成由他负责的所有客房的计划卫生工作。

2. 客房周期大清洁

客房周期大清洁是指由专人周期性地对客房卫生进行全面彻底的清洁。单凭单项卫生计划难以保证客房卫生，所以客房部门应安排专人对客房卫生进行周期性清洁，以确保客房清洁如新。

客房大清洁一般可以一个季度为一个工作周期，客房部门应保证在一个工作周期内能完成全部客房的清洁工作。此外，也可以制订季节性或年度性大扫除计划，清洁对象可以包括家具、设备、床上用品、窗帘、沙发等。表5-2为客房周期大清洁项目安排表，供读者参考。

表5-2　客房周期大清洁项目安排

每天	3天	5天
清理地毯与墙纸上的污迹 清洁小冰箱，打扫灯罩上的灰尘 空房放水	地漏喷药 用玻璃清洁剂清洁阳台、房间的窗户玻璃和卫生间以及房间内的镜子 打扫壁画	清洁卫生间抽风机机罩 清洁吸尘机真空器保护罩 清洗卫生间水箱虹吸、磨洗地面
10天	**15天**	**20天**
空房马桶水箱虹吸 清洁走廊出风口 清洁卫生间抽风主机网	清洁热水器、洗杯机 用酒精球擦拭电话 冰箱除霜 清洁空调出风口、百叶窗	清洁房间回风过滤网 擦拭家具、烟灰缸、房间指示牌等

（续）

25天	30天	1个季度
清洁制冰机 清洁阳台地板和阳台内侧塑面 墙纸吸尘、遮光帘吸尘	翻床垫 擦拭消防水龙头带和喷水胶管 清洗被套	干洗地毯、沙发、床头板 干（湿）洗毛毯 给吸尘机加油
半年	1年	
清洁窗纱、灯罩、床罩 清洁遮光布	给红木家具打蜡 湿洗地毯	

（五）公共区域清洁管理

1. 地面清洁流程

准备工作→扫地→拖地→工作结束。

2. 电梯清洁流程

准备工作→清洁内板壁→清洁金属面板→清洁脚踏板和门→清洁玻璃镜面→清洁地面→清洁灯罩→清洁完毕。

3. 公共洗手间清洁流程

准备工作→防水冲刷→垃圾清扫→清洗坐便器→清洗盥洗台→清扫地面→检查整理。

三、住宿的安全管理

（一）客房职业安全管理

客房服务员在清扫房间或进行其他项目的清洁工作时，必须注意安全，严格遵守相关安全守则，以免发生意外事故。客房中造成意外事故的主要原因通常包括进房间不开灯、赤手伸进垃圾桶取物、清洗卫生间时没注意到剃须刀片、挂浴帘时站在浴缸边缘、搬动家具时被尖物刺伤、光脚进行清洁工作、被电器的电源线绊倒等。客房服务员在工作中应遵守安全操作注意事项，避免伤害。常见的安全操作注意事项有：①双手推车防闪腰；②利用梯子或架子打扫高处卫生；③工作地带保持干爽，防止滑倒；④不用已损坏的清洁工具，不擅自修理；⑤抬重物时，切勿用腰部力量，需用腿部力量；⑥公共场所灯光照明效果变差时，应马上请人修理，以免发生事故；⑦工作车等用具尽量靠边放，以免绊倒；⑧发现桌椅松动须尽快修理；⑨发现家具或地面上有钉子或大头针时，须马上拔去；⑩若玻璃物品、器具有破损，应立即报告，及时更换，未及时更换的，应用强力胶纸贴上，以免划伤。

此外，由于客房服务员大部分是女性，所以员工还要加强自我保护意识。虽然对宾客要彬彬有礼、热情主动，但也要保持一定距离。客人召唤入房时，不可关上房门，而应将房门敞开。此外，不宜在客房逗留过长时间，若客人邀请外出，要谢绝，下班后不可以去客人房间。

（二）客房异常情况处理

1. "请勿打扰"房

若客房门上挂了"请勿打扰"指示牌，或房间"请勿打扰"指示灯亮着，则说明客人不希望任何人进入房间。对于这一类房间，服务员不可以敲门进入，而应该先在工作报表上做好记录，然后通知客房主管。

对于一直保持“请勿打扰”状态的房间也要留意，防止是客人误开了“请勿打扰”灯，或是在房内发生了意外事故，客房主管可在14:00打电话询问客人何时清理房间。若房间内电话无人接听，服务人员应同安保人员一起敲门，看房内是否发生了异常情况，如遇客人生病严重、受到伤害或发生事故甚至死亡等情况，应及时救援。如果发现客人不在房间，则应将“客人通知单”塞在房间门缝下。

2. 客人入住房间已有客人在内

这种情况通常是因为客房部未正确或及时修改房态，开重了房间。当楼层服务员核对房号发现开重房间时，首先应向客人致歉：“××先生/小姐，对不起，这个房间已经住上客人了，我马上联系前台，重新安排一个房间，请您稍等。”并热情地请客人在楼厅坐下，送上茶水，然后立刻与前台联系，重新安排房间。为了消除客人的不满情绪，使客人能对重新安排的房间满意，前台重新安排的房间应尽量在同楼层，距离原来的房间不太远，房间的格调、大小、方向尽量与原房间差不多，房间安排好后，要亲自将客人带到新开房间。如果本楼层的房间已经客满，要安排到其他楼层，也应向客人解释清楚，这些房间的格调都是一致的。发现重开房间时，切忌将客人推回前台了事。

（三）客房应急处理预案

1. 停电应急预案

如果客房内突然停电，现场人员要马上通知工程人员。工程人员接到通知后，应立即到达现场，落实电梯内是否有被困人员，稳定乘客情绪，开展营救工作。同时，检查配电箱是否有跳闸现象，查明停电原因。停电期间，服务员应手持应急灯在过道上不断巡视，做好安全防范工作，并准备好备用手电筒。严禁使用明火照明。

2. 停水应急预案

如事先得知会停水，则应张贴告示，尽可能通知到所有客人，此外，还应事先储存一部分水，以备使用。如果突然停水，则应立即组织员工取水，在客人需要的时候送至客人房间，并准备一定数量的矿泉水作为饮用水。恢复供水后，应检查客房内有无漏水现象。

3. 客人报失应急预案

客人报失后，客房服务人员应立即帮助客人寻找丢失的物品，若未找到，则要及时上报安保部门，协助安保部门保护好现场并进一步调查。若客人丢失的物品比较贵重，则应由当地派出所协助处理。

4. 醉酒客人处理

当发现客人有醉态时，服务员应主动上前搀扶客人至房间。进入房间后，让客人慢慢躺在床上，并帮客人沏上一杯浓茶，将火柴、打火机和刀具之类的危险品放在客人拿不到的地方。如果客人喝醉酒后无理取闹，则应立即与楼层服务员共同处理此事，必要时可通知客人的领队。如果客人醉得厉害，则需要打电话请医生，并向值班经理汇报。必要时应送客人去医院，并时刻与医院保持联系。

第四节 休闲农业园区的公共服务管理

一、公共服务管理的内容

（一）休闲农业园区的停车管理

1. 停车服务的基本要求

（1）便捷。为园区客人上下车提供便捷服务，是停车服务的基本要求。休闲农业园区一般都配有停车场，且停车场大多数位于园区入口不远处。停车场面积大小要依据休闲农业园区游客接待容量合理建设，在停车场上须设立停车线，以便汽车按车位停车。要对每个车位进行编号，以便做好停车服务和车辆管理。停车场应进行分区，一般分为大车停车区和小车停车区，大车停车区主要供大型旅游车、大型公交车和卡车停放，小车停车区主要供轿车、中巴车等小型汽车停放。

（2）安全。大型休闲农业园区的停车场须在入站口设立游客下车站，游客先在该站点下车，然后司机再去停车；同时，应在出站口设立游客上车站点，游客游览出来后司机将车开到上车站点，游客在此上车。这样可避免游客在停车场里走动带来的安全隐患。

（3）规范。园区内停车服务和管理要规范化，停车地点、停车时间、停车凭证及停车服务人员都应规范管理。目前，一些园区出现停车地点不集中、乱停车、停车时间随意、停车票据不清，以及停车人员不属于园区管理、私自代收停车费和代客泊车者无规范驾驶技术等不规范现象。

2. 停车服务流程

（1）准备工作。停车场管理人员应佩戴明显标志，检查停车场场地，地面要平整坚实、卫生整洁，停车位画线要清楚。

（2）停车服务。停车服务具体包括：①入口指引、指挥车辆进入；②泊车引导，合理停放，保持车道畅通，不发生堵塞现象，车辆分类停放，整齐有序；③签停车单时要提供收费依据和时间；④安全巡视以保持场内畅通安全；⑤取车时做好引导，指挥车辆出场，保持车道畅通，不发生堵塞现象；⑥收费要合理，出具正式发票；⑦做好记录。

（3）后续工作。做好每日、每月盘点工作，保证账款相符，做到准确无误，并认真填写相应报表。结束营业后，将当日报表及钱款交园区财务部门。做好工作日记，搞好卫生，关闭门窗，切断电源后下班。

（二）休闲农业园区的道路管理

休闲农业园区的道路可分为车行道和步行道两类，车行道主要供园区内机动车及非机动车行驶，步行道仅供游客步行，车辆不能进入。

车行道包括主干道与支线通道，用于解决游览运输与供应运输，要求路面平整、无尘，符合行车的技术标准，不能破坏园区的景观、作物等。为了保证园区内的安静氛围、游客安全和景观意境，车行道不必完全通到园区内的各景点出入口，可相隔一定距离设置停车场，游人下车步行进入园区景点。车行道要求配备的设施有各景点供游客下车的站牌、根据道路交通情况设立的交通标志等。此外，园区内要使用电瓶车等利于环保的交通工具。

步行道包括步行通路、田间栈道等，在开辟时要因景制宜。在危险处须设置与环境协调的安全护栏，在陡峭处要安装扶手，以供行人借力攀登。供大量游人通过的小路应该注意留出在通行高峰期时能相互避让的宽度，最好能在附近设有可供往返的复道，并且在道路设计时考虑形成环线或半环线，使游客尽量不走回头路。

园区道路路网的设计可以依据实际情况进行 4 种不同类型的布局。

1. 方格形路网

方格形路网又称棋盘式路网，是园区道路以垂直或近似于垂直的角度相交叉所组成的路网。以农作物为主要农产品的休闲农业园区适合采用这种路网的布局，不同的种植区域、游憩娱乐区和其他功能区可以通过横竖交叉的方格路网划分开来。

2. 环状串联形路网

环状串联形路网是以游客服务功能区为起点，将主要的景点成环状或串联状连接起来构成的交通道路网络。一般园区规模较小、景点不多的休闲农业园区或山地林区可以采取此方法。此路网游览线路组织十分简单明了。

3. 放射环形路网

放射环形路网是指由园区中心引出的若干放射形干道与多圈层的环线交通线组成的道路网。在休闲农业园区中，这个中心往往是具有游客服务功能的区域。采取该路网设计一方面可以加强游客中心与各个观光点之间的交通联系，另一方面使得不同区域的观光点之间建立了快速的连通线路。此外，使用该类路网设计可以大大缓解道路的交通压力，对游客起到有效的分流作用。

4. 自由形路网

自由形路网在乡村旅游类园区和地形复杂的山地林区型观光园区道路规划中较为多见。这类园区中的观光点与游客服务点的分布具有较强的不规则性，因此园区交通路网的设计只能立足于园区内资源与服务的实际，迎合其分布状况。在自由形路网中，观光点、游客服务点都由各级交通道路相连，游客可以自主选择游览线路进行旅游，具有较大的随意性。

（三）休闲农业园区标识系统管理

园区标识系统是休闲农业园区的重要服务设施，对展示园区的形象与特色、方便游客观光游览起到重要的作用。

1. 休闲农业园区标识系统的功能

（1）引导功能。游客通过对标识的认知，对园区有一个直观了解，在观光时更有针对性。

（2）管理功能。通过对园区标识的统计，园区管理部门能够简单了解休闲农业园区的服务项目及主营项目，便于以后开展管理工作。

（3）宣传功能。游客可以用最少的时间认识一个标识，通过最简单的方式了解园区信息。好的园区标识系统可以起到广告的作用，为园区增加客源。

（4）解说功能。通过对园区标识的认知，游客可以大致了解该园区的游览重点及主要特色等，有时候园区标识系统可以部分代替导游解说。

2. 标识系统的类型

休闲农业园区的标识系统由园区介绍牌、农业景观介绍牌、服务设施标识牌、导向标识和环境管理提示牌 5 种类型构成。

（1）园区介绍牌。园区介绍牌的作用是对园区的观光休闲资源、服务事项、道路交通、景点布局等相关信息进行概括说明，以便游客根据自身爱好合理安排游程。园区介绍牌通常设置在园区的出入口处，使游客在未进入园区之前就对园区的基本情况有一个大概的了解，其内容包括园区的位置、面积、地形地貌、气候、动植物、产业特色、文化景观等。

（2）农业景观介绍牌。游客到休闲农业园区希望更多地接触当地农业文化和农村生活，感受原汁原味的乡村味道。农业景观介绍牌可以对农作物产业规模、农产品特征、农业劳作耕作方式和游客参与的休闲农业活动等多方面信息进行集中介绍，使游客对农业活动有一个全面的了解。

（3）服务设施标识牌。服务设施标识牌是对各类园区配套服务设施的指示，方便游客快捷找到并使用这些设施，如游客中心、餐厅、停车场、厕所等。服务设施标识牌应采用国际通用的公共标志符号，简洁、醒目，便于中外游客识别。这类标识牌大部分位于服务区或服务点，风格可以略为精细。

（4）导向标识牌。导向标识在园区中的使用比较广泛，通常分为两种形式：一种是指示目标方位的指示标识牌，引导游客沿着正确的路线行进；另一种是明确位置的地图标识，标示出当前所处园区的位置，显示周边的景点、出入口、重要的建筑物、服务设施位置、道路等信息。二者通常配合使用，便于游客迅速识别园区环境，顺利到达各目标位置。

（5）环境管理提示牌。许多休闲农业园区位于城市的郊区地带，人口密度较高，游客流量较大，生态环境脆弱，容易受到人为的破坏。环境管理提示牌主要提醒游客注意行为规范、保护资源环境，使游客在开心游玩的同时提高环境保护意识，自觉加入环境保护的行列中来。

（四）休闲农业园区厕所管理

2015 年 1 月，国家旅游局针对旅游景区厕所脏乱差的现象，在全国范围内发起了一场清理整治活动，通过政策引导、资金补助、标准规范等手段持续推进“旅游厕所革命”。为了加快推进全国旅游厕所建设管理行动，2015 年 4 月，国家旅游局根据标准制定了《旅游厕所建设管理指南》，对旅游厕所的建设管理规范提出了最新的明确与具体的标准，供各地参考。

《旅游厕所建设管理指南》的适用范围包括全国旅游景区景点、乡村旅游点，休闲农业园区作为游客接待地，旅游厕所至少应达到《旅游厕所建设管理指南》中的基本标准。由于各地休闲农业园区的发展各有不同，旅游厕所的修建与改造也应根据实际情况因地制宜，如安徽省质量技术监督局就发布了乡村旅游厕所管理与服务要求，制定了地方性的休闲农业园区旅游厕所建设管理规范。

▶ 相关链接 5-2

安徽省乡村旅游厕所管理与服务要求

1 范围

2 规范性引用文件

3 术语和定义

4　建设要求
4.1　通则
4.2　应急旅游厕所
4.3　标识标牌
5　服务保障
5.1　管理要求
5.2　服务提供者
6　服务提供
6.1　基本要求
6.2　外部清洁卫生
6.3　内部清洁卫生
6.4　人员要求
6.5　设施维护
6.6　导向系统
6.7　文明引导
6.8　应急措施
当如厕人数短时间内聚集时，应启动应急预案，保证有序如厕
7　监督检查
7.1　粪便无害化处理效果的监督监测，至少每年进行1次
7.2　应在厕所明显位置公示监督投诉电话、服务规范、当班保洁员工号
7.3　应在厕所内设意见本或箱，定期收集、分析公众意见
7.4　按照附录C的要求，定期开展旅游厕所满意率调查与测评
7.5　建立对重点地区的旅游厕所维护进行暗访、暗查等动态监管制度
7.6　根据主管部门的检查指导意见以及工作反馈信息，及时进行相应改进

（资料来源：环卫科技网．乡村旅游厕所管理与服务要求．www.cn-hw.net/html/8/db/2016/0823/54888.html，2016-08-23.）

二、休闲农业园区公共服务体系的完善

（一）构建全新休闲农业园区服务体系

构建全新休闲农业园区服务体系要从保障和提高园区服务质量着手，进行“三全”服务管理与标准化服务管理。

1.“三全”服务管理

“三全”是指休闲农业园区服务要体现全员、全面、全程的理念。

“全员”即全体员工都要参与到服务质量的提升工作中来。休闲农业园区中的每一个员工，无论在哪一个岗位、从事哪项工作，都必须参与到园区服务质量提升的工作中来，服务质量的好坏和顾客的满意度取决于园区全体员工的共同努力。一个玩得很舒心的游客，在即将离开园区时，很有可能因为园区某位从业人员的不良举动或者漫不经心的表现而对园区留下不好的印象。

“全程”指在游客到休闲农业园区旅游之前、旅游中和旅游之后的全过程都要贯彻质量服务管理。对游客准备来园区游玩、预定、进入园区、游玩体验、用餐、住宿，到离开园区以及离园后的意见反馈等各个环节都要加以控制，重视细节，让不合格的旅游服务消失于无形之中。

“全面”是指涉及游客食、住、行、游、购、娱各消费环节的每一个相关职能部门都要达到服务质量管理的标准。从顾客角度来看，一个休闲农业园区服务质量的好坏，判断标准就是游玩之后的总体验。如果游客的体验是镇定的甚至是兴奋的，代表顾客满意度较高；如果游客的体验是失望感与挫败感，那表示园区服务质量较低。所以，要想使游客获得一个完整的、满足的旅游体验，需要园区内为游客提供服务的每一个部门都达到相应的服务质量标准，这样才能提高顾客最终满意度。

2. 标准化服务管理

我国休闲农业的发展时间相对较短，行业管理相对滞后，园区的建设、经营管理、服务质量、设施配备等缺乏统一的标准规范，园区从业人员的整体素质不高，这些问题对休闲农业园区提高服务水平、增加顾客满意度甚至提升园区的核心竞争力都是极大的障碍。对休闲农业园区来说，服务的标准化应是其克服阻碍的最基本策略。

想要实现标准化的休闲农业园区服务，必须制定园区内的服务质量标准和基本流程，以实现“有章可依”。在制定园区内服务质量标准时，要根据园区自身情况来确定服务的主要内容，参照国家相关硬件与软件标准，全面、系统、合理地制定出园区交通、游览设施、环境卫生等硬件标准以及服务流程、服务态度、服务方式与技巧、服务仪容仪表、服务时效、综合服务等软件标准。

制定任何一个服务项目的标准都必须根据该服务项目的实际情况，同时依照国际、国家或地方上已经颁布的相关标准，经过细致的推敲与打磨，并经过一段时间的试行最终确定下来。通常，园区标准化服务的内容可从园区公共信息向导系统、园区服务指南、游客中心设施与服务规范、园区讲解服务规范、园区交通服务规范、园区餐饮服务规范、园区住宿服务规范、园区购物服务规范等几个方面进行考虑。

（二）现代信息技术在休闲农业园区中的应用

随着旅游业的发展，信息技术的重要性日益凸显，旅游行业各部门之间的有效快速沟通也变得越来越重要。如今，越来越多的休闲农业园区开始打造数学化园区，实现资源数字化保护、园区智能化经营管理以及休闲农业产业网络化整合。

1. 资源保护的数字化

资源保护的数字化是通过地理信息系统（GIS）、遥感技术（RS）、全球定位系统（GPS）平台对园区内各项设施和资源进行监控。这种动态监管方式能在第一时间反馈园区内的资源环境以及游客状况，同时为政府决策提供依据。

2. 经营管理的智能化

如今，园区经营管理的信息技术含量不断增加，如园区自身的办公自动化，以大屏幕、触摸屏等多种技术手段为载体提供旅游资讯服务，用视频监控和 GPS 技术进行游客安全监控和指挥调度，还有电子门票系统的应用等。

3. 休闲农业产业整合网络化

信息技术可以有效帮助园区进行休闲农业产业整合。通过休闲农业电子商务、休闲农业网络平台等手段，园区能解决传统休闲农业园区不能解决的游客的行、吃、住、游、玩一体化需求。利用互联网可使旅游服务、饭店、交通等环节连成统一的整体，大大提高园区的服务水平和业务来源，而不仅依赖旅行社和旅游饭店的分销平台。

数字化园区是复杂工程，是网络技术、现代通信技术、数据库技术、感测技术等多种信息技术的融合，代表了园区未来的发展方向。

【思考题】

1. 售票过程中怎样辨别伪钞？服务人员需要具备哪些服务素质与技巧？
2. 在优惠票的售票服务中，容易存在哪些问题？要怎样解决这些争端？
3. 如何预防与处理“加塞儿”现象？
4. 如何处理客人的投诉？
5. 如何营造休闲农业园区的购物环境？

住宿服务人性化

休闲农业服务

乡村民居改造民宿开发

民宿管家服务

民宿标准服务

第六章 CHAPTER6 休闲农业人力资源管理

知识目标：

1. 了解休闲农业人力资源的概念和特点。
2. 理解休闲农业人力资源的组织结构和组织。
3. 熟悉休闲农业人力资源的开发。
4. 掌握休闲农业人力资源绩效考核与工作激励。

技能目标：

1. 能够有计划、有目的、系统地对休闲农业员工进行培训和训练。
2. 能够检查和评定员工对职务所规定的职责的履行程度，合理进行绩效考核和工作激励。

时下，很多园区都强调通过创新活动来加强自身的竞争优势。但事实上，在生产作业系统、财务管理、质量控制和销售方式等方面的创新都非常容易被竞争者模仿，唯独人力资源管理方面的创新是竞争者无法模仿和学习的。

建立现代化的生态园，需要有科学文化知识、专业技术和经营管理能力的职工。

第一节　人力资源管理概述

人力资源是企业的第一资源，是构筑企业竞争优势的重要源泉。员工的素质和技术水平直接影响服务质量和游客游玩的兴趣，关系到休闲农业的经济效益、社会效益和生态效益，因此，人力资源管理在休闲农业的管理中是非常重要的一项内容。不同的休闲农业园经营特色有所不同，只有找到一种适合其加速运转的人力资源管理，才能使所有人都人尽其才，充分体现得才、用才、管才、育才、激才、留才的过程。

休闲农业人力资源管理是指根据园区发展战略的要求，有计划地对人力资源进行合理配置，通过对园区员工的招聘、培训、使用、考核、激励、调整等一系列过程，调动员工的积极性，发挥员工的潜能，为园区创造价值，确保园区战略目标的实现。因此，休闲农业人力资源管理分为六大模块：人力资源规划、招聘与配置、培训与开发、绩效管理、薪酬福利管理、劳动关系管理。

休闲农业人力资源管理的目标是围绕园区目标建立一支具有首创精神和整体观念的、一切行动听指挥（计划）的稳定的员工队伍，主要包括7个方面：①员工是实现园区终极目标的核心；②员工应该把促进园区的成功作为自己奋斗的目标，从而实现园区和个人的双赢；③园区必须制定适合自身发展特点的、具有连贯性的人力资源制度来保证实现园区目标；④人力资源管理制度应该与园区目标寻求共同点；⑤人力资源管理制度和园区文化相互影响；⑥人力资源管理制度应该为鼓励员工的各方面积极发展提供相对优质的环境；⑦增强员工的工作积极性和工作内容的灵活性，鼓励员工参加各类培训、充分发挥潜能。

一、休闲农业人力资源的特点

休闲农业是一个多功能且非常复杂的综合性企业，由于休闲农业园的经营范围、特色以及规模不同，对于人才的需要也是不同的。一般来说，休闲农业的人力资源有以下特点：

1. 需求量大

由于休闲农业的服务项目繁多，往往设有吃、住、游、娱、购等多种类型的服务项目，因此对人力资源的需求量较大。

2. 技术能力、知识要求差异大

休闲农业是一个综合性产业，设置的工作岗位繁多，各岗位之间所对应的知识和技术也千差万别。一般来说，需要园林规划设计、园林养护、畜牧水产养殖、餐饮、住宿、导游、管理、市场营销、商业拓展、建筑、安全、卫生、财务、法律等多个方面的人力资源。

3. 服务型人力资源比重过大

休闲农业属于边缘产业，既具有旅游经济的特点，又具有农业经济的特点，可促进旅游业各种配套服务和生产的发展。发展初期的休闲农业从业门槛较低，从业人员绝大多数是农村富余劳动力，大部分是当地农民就地就业，受教育程度普遍较低，造成休闲农业服务水平偏低，同时服务型人力过多。

4. 技术型人力资源短缺

在休闲农业发达国家，技术型人力资源承担着休闲农业创新的任务。近年来，我国休闲农业发展迅速，专业技术人员需求不断增加，技术型人力资源短缺。

5. 管理型人力资源极其短缺

起初，农业院校的教育和培训主要注重的是农业技术方面的人才培养，所以农业管理人才储量少，随着我国休闲农业日趋规范化管理，休闲农业管理人才极度短缺。

二、休闲农业人力资源管理的问题

在休闲农业的运营过程中，人力资源管理是各项管理中的重要环节之一。员工服务归属人力资源管理中的员工管理，其本身就是休闲农业产品的一个重要组成部分，而且能够直接影响园区在游客心中的地位。但长期以来，休闲农业园的在人力资源管理方面的负面报道屡见不鲜，这与休闲农业人力资源管理长期难以调和的矛盾是相关联的。

1. 人员流动性高

基层员工的工作时间长、工资相对较低、工作单调机械化，员工住宿和生活环境欠佳，不被人尊重，这些原因都导致了频繁的人员流动。

2. 季节性强

许多休闲农业园由于地理位置和时节等因素，运营时间不同，旺季和淡季需要的人数出入较大。这种季节性的需求意味着工作的临时性，会带来两个方面的影响：一是休闲农业园在旺季需要大批量的员工而往往忽略员工培训这一环节，使员工的服务质量不高，不能完全达到休闲农业园所制定的服务标准与规范；二是临时性的季节工缺乏归属感和认真持久的工作态度，得过且过，其工作结果与理想相差甚远。

3. 缺乏人性化的尊重

服务行业员工一直服务于别人，受委屈和遭抱怨是常有之事。尤其是其相对待遇比较低，但付出较多。在这种环境下，员工容易陷入一种心理上的恶性循环，从而对工作甚至是行业深感不满，无心工作。

4. 缺乏心理辅导

园区员工需要每天与游客接触，要时刻保持微笑、耐心倾听，还要积极处理工作中的投诉等问题。这种日复一日的反复造成员工的心理压力大，而休闲农业园缺乏相关的场合进行合适的心理发泄、交流和咨询，导致员工工作的积极性下降。

5. 缺乏专业的管理团队

很多休闲农业园由于组织结构、组织性质和资金等因素，没有设立专职的人力资源管理部门和人员管理岗位，表现为对于员工的管理混乱、信息传递有误和缺乏专业培训。

6. 缺乏统一的标准

很多休闲农业园的员工工作资格和培训没有统一标准，对于相关证书的考核管理不严格，这些问题在员工招聘中表现得尤为明显。

三、休闲农业园人力资源管理的重要性

1. 服务质量的保证

量才使用，人尽其才，鼓励其创造性，营造和谐向上的工作氛围，促使员工将园区的成功当成自己的义务。不断培养员工积极向上的作风，影响员工的思想，提高员工队伍的专业素质，使员工自觉维护并完善休闲农业园的产品和服务，从而提高员工个人和休闲农业园区整体的业绩，保证高质量的服务。

2. 企业核心竞争力的重要因素

人是企业拥有的重要资源，也是企业的核心竞争力所在。近年来，我国的休闲农业发展迅速，涌现出各种各样的发展模式，同行之间的竞争日益激烈。要提高行业竞争力，就必须高度重视人才的培养和人力资源的开发与管理。

3. 保证休闲农业持续发展的关键

与蓬勃发展的休闲农业现状相比，休闲农业人力资源的配套显得十分薄弱。除农业人力资源整体文化素质偏低外，人力资源的结构也不合理。

目前，人力资源管理是休闲农业发展战略规划中的重要组成部分，是休闲农业园长久发展的核心因素，也是保证休闲农业持续发展的至关重要的因素。

第二节 休闲农业人力资源组织

一、休闲农业人力资源的组织结构

休闲农业园是一个有机整体，为使休闲农业园协调有效地运转，必须建立统一、高效的生产经营管理系统。

（一）休闲农业园组织设计的程序

1. 组织结构的概念

组织结构是指为实现组织目标，由组织要素与组织单元按照一定组织原则与组织联系模式构建起来的组织框架体系。组织的构成要素分有形要素和无形要素。有形要素包括人员、职务、职位、关系和生存条件，无形要素包括共同的目标、协作意愿和信息沟通。

组织结构具有3个特性：

（1）复杂性。组织内部的专业化分工程度、组织层级、管理幅度以及人员之间、部门之间的关系非常复杂。

（2）规范性。组织需要规章制度以及程序化、标准化的工作，规范引导员工的行为。

（3）集权性。组织在决策时的正式权力主要集中在高层管理人员手中。

2. 组织结构的影响因素

（1）组织目标与任务。

（2）组织环境。

（3）组织的战略及其所处的发展阶段。

（4）生产条件与技术状况。

（5）组织规模。

（6）人员结构与素质。

3. 组织设计的任务

休闲农业组织设计是对休闲农业开展工作、实现目标所必需的各种资源进行安排，以便在适当的时间和地点把工作所需的各方面力量有效组合到一起的一项管理活动过程，包括以下主要内容：

（1）职能与职务的分析与设计。职能设计是以业务分析工作（即职能）为核心，研究和确定组织的职能结构，为管理组织的层次、部门、职务和岗位的分工协作提供客观依据的工作，并在该基础上确定各项管理职务的类别和数量。职能设计是整个组织设计的关键性一步，关系其他设计的成败。

（2）部门设计。对组织内各种职能加以分类后所组成的专业化的单位称为部门。部门设计任务有两项：首先是确定组织应该设置哪些部门；其次是规定这些部门之间的相互关系，使之形成一个有机整体。

（3）管理幅度与管理层次设计。管理幅度是指一位主管人员所能直接有效管辖的下级人数，它是部门设置中必须考虑的部门的规模问题。管理幅度的大小实际上意味着一位主管人员直接控制和协调的工作活动量的多少。

管理层次是从组织最高层管理组织到最低层管理组织的各个组织等级，是描述组织纵向结构特征的一个概念。管理层次实质上是组织内部纵向分工的表现形式，各个层次分别担负不同的管理职能。管理幅度对管理层次的多少具有直接影响，并最终影响组织结构的形式。管理幅度与管理层次成反比关系。

管理规范是组织管理中各种管理条例、章程、制度、标准、办法等的总称，是用文字形式规定的管理活动的内容、程序和方法，是管理人员的行为规范和准则。

组织设计工作的结果体现在两份书面文件上：①组织机构系统图（组织图或组织结构图）；②职务说明书，包括工作内容、职责和权力、与其他部门和职务的关系、担任该项职务者必备的条件。

4. 休闲农业园组织设计的程序

（1）根据组织的宗旨、目标和客观环境，确定休闲农业园组织结构设计的基本思路与原则。

（2）根据休闲农业园的目标设置各项经营管理职能，明确关键职能，并把园区总的管理职能分解为具体管理业务和工作等。

（3）选择总体管理结构模式，设计与建立休闲农业园组织结构的基本框架。

（4）设计纵向与横向之间的联系与协调方式、信息沟通模式和控制手段，建立完善的休闲农业园制度规范体系。

（5）为休闲农业园组织结构运行配置相应的管理人员和工作人员，并进行培训。

（6）在园区组织运行过程中，加强跟踪控制，适时进行修正，使其不断完善（图 6-1）。

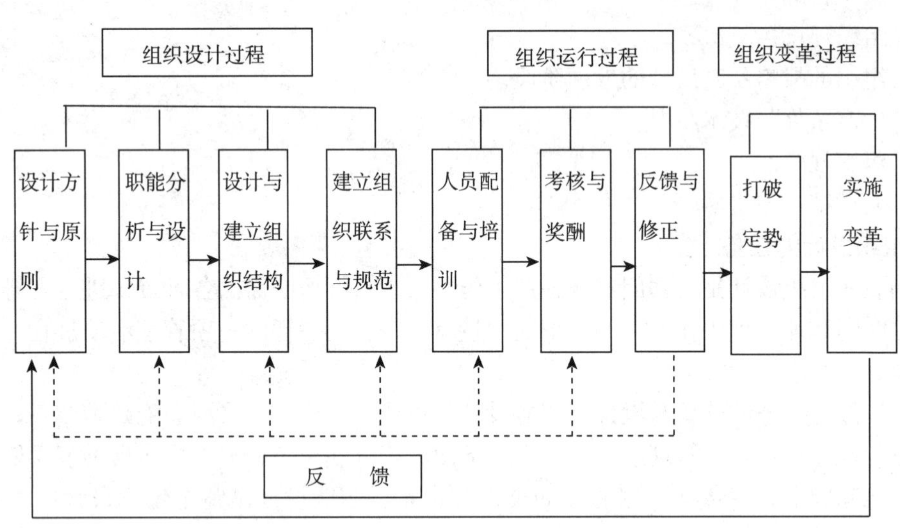

图 6-1　组织设计的程序

（二）组织结构设计

1. 部门划分

（1）部门划分的原则。

①有效实现组织目标原则，即部门划分必须以有利于组织目标实现作为出发点和归宿。

②专业化原则，即按专业化分工，将相似的职能、产品、业务汇总到一个部门中。

③满足社会心理需要原则。划分部门也不宜过度专业化，而应按照现代工作设计的原理，使员工的工作实现扩大化和丰富化，尽可能使其对自己的工作感到满意。

（2）部门划分的方法。

①按人数划分部门。如果某项工作必须由若干人一起劳动才能完成，则应采用按人数划分部门的方法。其特点是部门内的人员在同一个领导人的领导下做同样的工作，主要适用于某些技术含量低的组织。

②按时间划分部门。在一些需要不间断工作的组织中，或由于经济和技术的需要，常按时间来划分部门，采用轮班工作的方法。其特点是保证了工作的连续性，主要适用于生产一线的基层组织。

③按职能划分部门。按职能划分部门是按照工作任务或职能将休闲农业园划分成若干部门。其优点是有利于强化各项职能，带来专业化分工的种种好处，有利于工作人员的培训和技能提高；缺点是长期在一个专业部门工作，容易形成思维定式，产生偏见，同时可能导致整个组织对于外界环境变化的反应较慢。该方法主要适用于管理或服务组织的划分。

④按区域划分部门。按区域划分部门是将一个特定地区的经营活动集中在一起，委托给一个部门去完成。其优点是可以根据本地区的市场需求情况自主组织生产或经营活动，更好地适应市场；减少运费和运送时间，降低成本；可以调动部门管理者参与决策的积极性，改善地区内各种活动的协调。缺点是需要更多具有全面管理能力的人员；使管理费用增加；增加总部的控制难度。该方法主要适用于空间分布很广的休闲农业园的生产经营业务部门。

⑤按产品划分部门。按产品划分部门是按产品种类划分成若干部门。其优点是能使休闲农业园将多元化经营和专业化经营结合起来；有利于园区加强对外部环境的适应性，以市场为主导，及时调整生产方向；有利于促进园区的内部竞争。缺点是必须有较多有全面管理能力的人员；由于职能部门重叠设置而造成管理费用的增加；各产品部门的负责人可能过分强调本部门的利益，而影响休闲农业园的统一指挥。该方法主要适用于制造、销售和服务等部门。

⑥按工艺过程划分部门。按工艺过程划分部门是按完成任务过程的若干阶段来划分部门。其优点是符合专业化的原则，可以充分利用专业技术和特殊技能，简化培训；缺点是各部门之间沟通协作困难，不利于全面管理人才的培养。该方法主要适用于工艺过程严格的生产单位。

⑦按服务对象划分部门。按服务对象划分部门主要是根据服务对象的需要，在分类的基础上划分部门。其优点是可以为顾客提供针对性更强、更高质量的服务。缺点是加大了成本，并增加了协调的难度。该方法主要适用于最高层主管部门以下的一级管理层次的部门划分。

2. 管理幅度与管理层次设计

管理幅度与管理层次互相制约，两者之间存在着反比例的数量关系。在组织规模既定的前提下，较大的管理幅度会形成较少的管理层次，其中起主导作用的是管理幅度，即管理层次的多少取决于管理幅度的大小。

管理幅度的设计必须坚持既要有效控制，又要提高效率的原则。其直接影响因素主要有：①管理工作性质，如复杂程度、相似性等；②管理者自身的能力与素质状况；③下级人员素质与职能性质；④计划与控制的难度及有效性；⑤信息沟通的难易与效率；⑥组织的空间分布状况；⑦组织的外部环境等。

管理层次设计的制约因素主要有有效管理幅度、纵向职能分工以及组织效率等。

(三) 组织结构的类型

通过机构、职位、职责、职权及它们之间的相互关系，实现纵横结合，组成不同类型的人力资源组织结构。不同休闲农业模式的经营特色和规模有所不同，其组织结构的设计应有所不同，以符合自身特点为主。

人力资源组织结构的类型主要有以下几种：

1. 直线制组织结构

直线制是最简单、最基本的组织结构形式，其特点是各级管理者都按垂直系统对下级进行管理，不设专门的职能管理部门，一个下属只对一位直接上司负责。

(1) 优点：结构简单、高度一元化领导、权力集中、责任明确、命令统一、信息传递快捷。

(2) 缺点：缺少细致的专业分工、缺乏弹性、容易导致专制、管理者负担重、容易陷入繁杂的事务之中。

(3) 适用：产品单一、工艺简单、规模较小的企业。

其典型结构如图 6-2 所示。

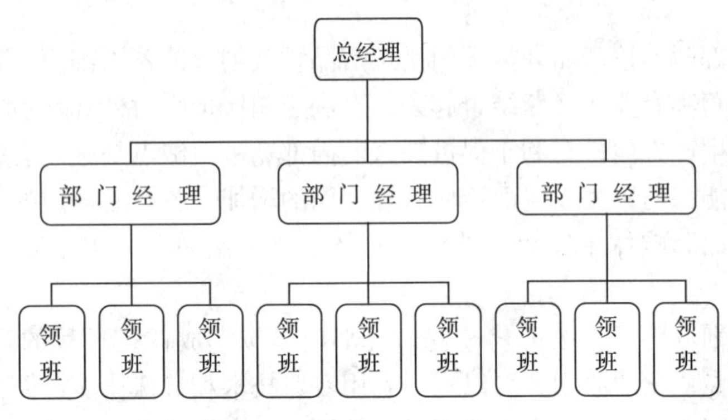

图 6-2 直线制组织结构形式

2. 职能制组织结构

职能制是指在最高管理者下面设置职能部门，各职能部门在业务范围内都有权向下级下达命令和指示，下级既服从直线主管的命令和指挥，又服从上级各职能部门的命令和指挥，如部门经理既受总经理指挥，又受职能部门指挥。

(1) 优点：提高了管理的专业化水平，有利于直线主管有更多精力考虑行政业务的重大问题。

(2) 缺点：违背统一指挥原则，容易导致多头领导，造成管理混乱。

适用：中小型、产品较单一、生产技术发展变化较慢、市场环境比较稳定的企业。其典型结构如图 6-3 所示。

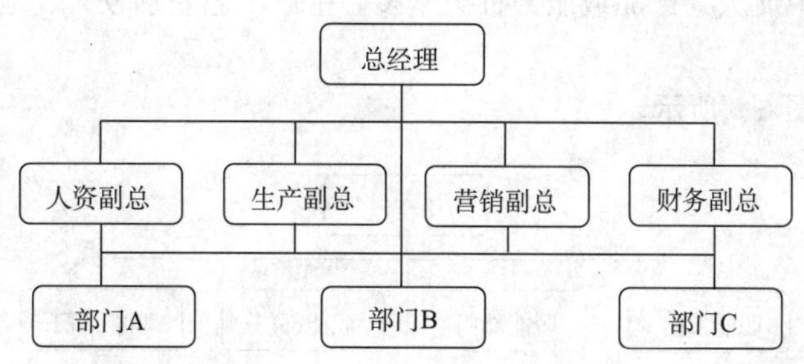

图 6-3 职能制组织结构形式

3. 直线职能制组织结构

直线职能制既吸取了直线制和职能制的长处，也避免了它们的短处，是一种以直线制为基础，在管理者之下设置相应职能部门，实行管理者统一指挥、职能部门参谋和指导的组织模式。因其既能保证统一指挥，又能发挥职能部门作用，在我国被广泛采用。

（1）优点：分工细致、任务明确、职责清晰，便于实行专业化管理，提高组织效率；管理者长期固定于某一职能部门，整个组织具有较高的稳定性；有相应职能机构做助手，便于管理者脱身日常事务，集中精力解决例外事件和重大问题；权力高度集中，便于控制。

（2）缺点：各职能部门之间的横向联系较差，容易产生脱节和矛盾；适应性差，对外部环境反应迟钝；不利于各级管理者综合能力的全面提高；机构臃肿，用人过多。

（3）适用：中小型企业，或产品品种比较单一、市场环境比较稳定的大中型企业。

其典型结构如图 6-4 所示。

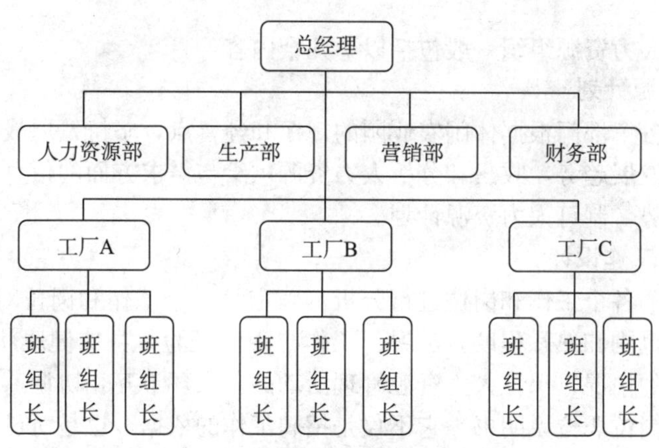

图 6-4 直线职能制组织结构形式

4. 事业部制组织结构

事业部制组织结构是一种在总公司统一领导下，按产品、地区或市场将组织划分为几个事业部，各事业部相对独立经营、独立核算，具有从生产到销售的全部职能的组织模式。

（1）优点：权力下放，有利于调动各事业部的积极性和创造性；有利于发挥各事业部的特长；有利于最高领导摆脱日常事务，专心于重大问题和长远问题。

（2）缺点：机构庞大、人员繁多，各事业部易形成“独立王国”，不易控制。

（3）适用：规模庞大、产品或服务种类繁多、生产工艺差别较大、地域范围较广的现代大型企业。

其典型结构如图 6-5 所示。

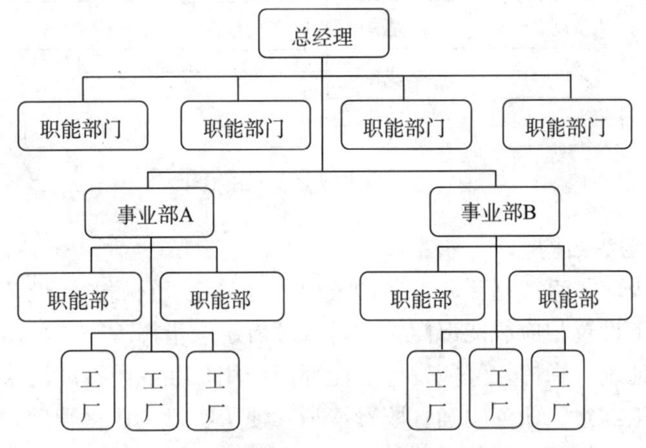

图 6-5　事业部制组织结构形式

不同休闲农业模式类型的经营特色和规模有所不同，在休闲农业人力资源组织结构的设计上也应有所区别。组织结构类型有很多，每种组织结构都有其优势和局限性，没有一种适合一切休闲农业园的通用组织结构。因此，在设计人力资源组织结构时，应该以符合自身特点为主。

二、休闲农业园人力资源的组织

休闲农业园的人力资源组织一般包括以下几个内容：

1. 制订人力资源计划

休闲农业园的各个部门根据休闲农业园的规模和经营点，坚持发展战略和经营计划，根据人力资源现状及发展趋势，收集和分析人力资源供给与需求方面的信息，预测人力资源供给和需求的发展趋势，制订人力资源计划。

2. 岗位分析和工作设计

对休闲农业园的各个工作和岗位进行分析，确定每一个工作和岗位对员工的具体要求，包括技术的种类、范围和熟悉程度，学习、工作与生活经验，身体健康状况，工作的责任、权利与义务等方面的情况，保证人力资源管理活动的各个环节互相协调，避免劳动力的重复或闲置。制定工作岗位职位说明书，它不仅是招聘工作的依据，也是对员工工作表现进行评价的标准和进行员工培训、调配、晋升等工作的依据。

3. 人力资源的招聘与选拔

根据岗位需要，利用各种资源，如接受推荐、刊登广告、举办人才交流会、到职业介绍登记所登记等，从休闲农业园内部或外部吸引应聘人员。经过资格审查，如受教育程度、工作经历、年龄、健康状况等，从应聘人员中初选出一定数量的候选人，再经过严格的考试，如笔试、面试、情景模拟等进行筛选，确定最后录用人选来弥补职位的空缺。

4. 雇佣管理与劳资关系

员工一旦被休闲农业园聘用，就与园区形成了一种雇佣与被雇佣的、相互依存的劳资关系，为了保护双方的合法权益，有必要就员工的工资、福利、工作条件和环境等事宜达成协议，并签订劳动合同。

5. 工作绩效考核

工作绩效考核指对照岗位职责说明书和工作任务，对员工的业务能力、工作表现及工作态度等进行评价，并给予量化处理的过程。考核结果是员工晋升、接受奖惩、发放工资、接受培训等的有效依据，有利于调动员工的积极性和创造性，检查和改进人力资源管理工作。

6. 员工岗前培训

其主要内容包括：①对新员工表示欢迎，介绍园区的组织结构、工作性质、园区的有关规章制度和本行业基本素质；②指定新员工工作部门的经理或组长作为新员工贴身学习的辅导老师；③解答新员工提出的问题。

7. 员工的职业生涯发展

人力资源管理部门和管理人员有责任鼓励和关心员工的个人发展，帮助其制订个人发展计划，并及时进行监督和考察。这样做有利于促进休闲农业的发展，使员工有归属感，进而激发其工作的积极性和创造性，提高组织效益。

8. 员工工资报酬与福利保障设计

科学、合理的工资报酬和福利体系关系到休闲农业园区员工队伍的稳定与否。人力资源管理部门要从员工的资历、职级、岗位及实际表现、工作成绩等方面为员工制定相应的具有吸引力的工资报酬、福利标准和制度。员工福利是社会和休闲农业保障的一部分，是工资报酬的补充或延续，包括政府规定的退休金或养老保险、医疗保险、失业保险、工伤保险、节假日。同时，为了保障员工的工作安全和卫生安全，应提供必要的安全教育培训、良好的劳动工作条件等。

第三节　休闲农业人力资源开发

休闲农业的人力资源开发包括人员的招聘和培训两个部分。每个休闲农业园都应当招录符合职位要求的员工来胜任不同的工作，招聘这一环节是一个重要的起点。

一、招聘的概念与原则

（一）招聘的概念

人员招聘是指休闲农业园为了更好地发展，根据休闲农业园人员的规划以及工作的数量和质量要求，从外部吸收人员的过程。

（二）招聘的原则

休闲农业这个行业大部分的工作都是服务类行业，每个休闲农业园应根据自身的实际需要有目的地招聘适合其发展的不同领域的专业人才。人员招聘是休闲农业园人力资源管理的第一步，在这个过程中，应注意遵守以下原则：

1. 公开原则

公开原则指把招考单位，工作种类，招工数量，报考的资格、条件，考试的方法、科目和时间向社会公开。

2. 竞争原则

竞争原则指通过考试竞争或考核鉴别来确定人员的优劣，进而进行甄选和取舍。

3. 平等原则

平等原则指对所有报考者一视同仁，不得人为制造各种不平等的限制或条件（如性别歧视）以及各种不平等的优惠政策，努力为社会上的有志之士提供平等竞争的机会，不拘一格地选拔、录用各方面的优秀人才。

4. 全面原则

应对报考人员的品德、知识、能力、智力、心理、过去工作的经验和业绩等方面进行全面考试、考核和考察。因为一个人能否胜任某项工作或发展前途如何是由多方面因素决定的，特别是非智力因素对将来的工作起决定性作用。

5. 择优原则

择优是招聘的根本目的和要求，只有坚持这个原则，才能广揽人才、选贤任能，为休闲农业的各个岗位选择最合适的人才。

6. 级能原则

人的能量有大小、本领有高低，工作有难易、要求有区别。招聘工作，不一定要最优秀的，而应尽量做到人尽其才、用其所长、职得其人，这样才能持久高效地发挥资源的作用。

二、招聘的程序

休闲农业园一般按照以下程序招聘员工：

（一）制订人力资源计划，确定招聘的岗位

休闲农业园往往因为人员流动或规模扩张而需要补充员工。此时，由用人部门提出申请，交人事部门审核，再由人事部门发往总经理处签字批准。

（二）制定职位说明书，明确岗位要求条件

职位说明书（表 6-1）需明确职位的要求、工作的具体内容，以及应聘这个岗位所需要具备的知识和能力。聘任各级员工要以品德、经验、学识、能力适合于所任岗位为原则。

表 6-1　职位说明书

项　目	假设事项	简　评
职务名称	绿化工	注明职务的性质
部门	种植部	注明职务所属部门
上级	绿化养护管理员	担任该职务的上一级主管
工资和其他收入	工资 2 000～4 000 元；缴纳五险，有节日福利	与市场平均工资相关
聘用条件	热爱绿植、花卉，对生活有积极的美学追求；农林、园艺、园林等相关专业；2 年以上园林花卉等相关工作经验；能吃苦耐劳，责任心强	所要求的文化程度、自然条件
职责与责任	负责辖区绿化种植；负责辖区绿植的日常养护管理	职责与责任
工作关系	向谁报告工作：绿化养护管理员 监督：辖区内同岗人员、水电工程人员 指导：部门内部员工 合作者：部门内部员工	企业内有可能与该工作有工作关系的人

（续）

项　目	假设事项	简　评
条款与条件	户外；环境一般；无职业病危害 每月休息 3 天，每年 10 天带薪假期	有关条款与条件
成长机会	绿化养护管理员	晋升的职位
书面职位说明的日期	2017/10/12	书面职位说明制定的日期

（三）使用有效的招聘方式

职位说明书确定后，接着就是选择适当的招聘方式来扩散消息。休闲农业园在招聘过程中常用的渠道有报纸广告、大型人才交流网站、猎头公司，其中也不乏园区内部的人员推荐。

（四）严格筛选简历，选出候选人

同一般企业一样，休闲农业园也是通过简历内容对应聘者加以评价的，简历行文里透露出来的信息很重要，应聘者表述自己的语言、行文方式和简历撰写的层次性、逻辑性、流畅性、重点性都能流露出应聘者的思维特征。

在选择的过程中，首先应根据每个职位的岗位描述和招聘需求来筛选简历，随后，人力资源经理把选中的简历发到对应的业务部门进行第二轮的筛选，在业务部门经理和人力资源经理沟通、协商好之后，产生面试名单。没有进入候选名单的应聘者也要及时以邮件或电话的形式通知本人，以示礼貌。

（五）面试过程

休闲农业园人力资源部在完成简历筛选后，就可以进入面试环节继续甄选应聘人员了。面试的目的在于考核应聘者的应聘动机与工作期望、仪表、性格、知识、能力、经验等特征，并了解在简历中难以获得的信息。

根据不同的分类标准，可以划分出很多具体的面试类型。根据面试的标准化程度可以划分为结构化面试和非结构化面试；根据面试实施的方式可分为单独面试和小组面试；根据面试题目的内容可划分为情景面试和经验面试；根据面试的气氛设计可分为压力面试和非压力面试。面试的方法有很多，应依据实际需要选择合适的面试类型。

三、招聘的方式

当休闲农业园出现职位空缺需要招聘员工时，既可以在内部进行，也可以在外部进行。根据招聘来源的不同，人员选拔的方式有两种：外部招聘和内部提升。这两种方式各有其优势和局限性，可依据实际情况灵活选用。

（一）外部招聘

外部招聘即休闲农业园根据制定的标准和程序，从外部选拔符合空缺职位要求的员工。

1. 就业中心招聘

就业中心一般专注于特定的行业进行招聘，他们一般根据在该机构注册的人为休闲农业提供候选人名单。其优点是休闲农业园可以节约选人的时间，针对性强，范围广；缺点是费用高，应聘者的素质难以把控。

2. 猎头

猎头是专业的招聘代理机构，它能为休闲农业园提供更专业的招聘服务，主要负责招募关键位置的员工和高级的管理人才。其优点是利用猎头储备的人才库和关系网络，可在短期内快速定向寻找园区所需要的人才；缺点是正规的猎头公司收费比较高，通常为被猎成功人员年薪的20%～30%。

3. 广告公开招聘

广告公开招聘即通过报纸、电视、招聘求职网站以及相关行业招聘网站上的广告向社会公开招聘，优胜劣汰。其优点是招聘信息可以定时定向投放，发布后也可进行管理，覆盖面相对较广；缺点是费用高、时间长，难以控制应聘者的质量和数量，海量的信息会加大招聘工作的压力。

4. 校园招聘

校园招聘基于大学的招聘会形式，也可以是有针对性地到一些院校召开专题招聘会，吸引专业对口的优秀学生。其优点是有利于提高公司在高校圈的知名度，也可以为公司的人才储备和校企合作奠定基础，且校园招聘费用低，有些高校为提高学生就业率，企业都是免费入场的。缺点是应届生的实操经验不足，需要对他们进行入职培训；学生在现实和理想的过渡时期，需要适应和磨合，往往离职率较高。

5. 人员推荐

人员推荐即通过内部中层管理人员推荐或外部有关单位的主管介绍进行招聘。其优点是推荐人以行业眼光对被推荐人的工作情况进行评估，可以为用人单位节省时间和金钱；此外，由于是熟人推荐，劳资双方在很大程度上是互相了解的，可以加快适应工作环境的过程。缺点是人员推荐的选择面比较窄，往往难以招聘到能力出众、特别优异的人才。

外部招聘的优势是为休闲农业园注入新鲜血液，缓和内部矛盾；局限性在于会对内部员工造成打击，可能出现选拔失误，且外部招聘员工需要较长的调整期。

（二）内部提升

内部提升主要通过休闲农业园区内提拔晋升、工作调换、工作轮换和人员重聘来体现。

内部选拔的主要优势在于有利于调动员工的工作积极性，保证选聘工作的正确性，且被聘者可以迅速展开工作；主要弊端是可能造成“近亲繁殖”现象，引发内部矛盾。

四、休闲农业员工的培训

松下电器公司有一句名言：“一个天才的企业家总是不失时机地将职员的培训和训练摆上重要的议事日程”。许多企业往往倾向于从外部招聘人才，而忽视了内部员工的培养教育，这对企业的长远发展是极其不利的。重视员工的培训对休闲农业人力资源的开发与利用具有十分重要的意义。

（一）员工培训的含义

员工培训是指休闲农业园通过某种方式使员工在工作能力等各个方面得到不断完善。这种完善能提高员工在未来职位上的工作业绩，从而最终实现休闲农业园效益的全面提升。休闲农业园应注重对全体员工的培训，而不是部分中层以上的管理人员；培训内容要与员工的日常工作相关联，多针对行业中的最新趋势和发展以及最新动向进行培训。

（二）培训的意义

1. 员工培训是增强竞争力的有效途径

“终生教育”“学习型组织”的提法和概念都表明，人力资源的开发和培训已经成为企业增强自身竞争力的重要途径。随着知识和技术更新速度的加快，休闲农业需要不断创新和引进新设备、新技术、新工艺、新知识，这就要不断对员工进行培训。

2. 员工培训是提高员工素质、建立人才储备的良好手段

加强对员工的培训可以提高员工的专业技能与综合素质，极大地开发员工潜能，最大限度地调动员工工作的积极性，不断提高员工的工作绩效和工作质量，使员工能准确理解工作意图并完成复杂任务。同时，员工培训还可以从数量、质量结构上为休闲农业园的经营与发展提供人员保障和人才储备，形成人力资源优势。

3. 员工培训是对员工的重要激励

培训是一项重要的人力资源投资，也是一种有效的激励方式，如选送优秀员工去参加带有旅游性质的培训班、组织业绩突出的员工去外地参观著名企业、鼓励员工利用业余时间进修并报销学费、定期选拔优秀员工去国外休闲农业园考察等，都对员工有巨大的激励作用。

（三）培训工作的类型

根据员工个人的职业发展程度和所在岗位的分工，员工的培训也分为很多不同的类型。

1. 岗前培训

新员工培训对于新员工快速和全面了解休闲农业、尽快进入工作角色、认同休闲农业园区文化有非常重要的作用。岗前培训需要新员工了解的是休闲农业园的整体状况，包括经营规模、经营目标、管理方法、休闲农业园的历史和现状以及未来的发展趋势、相关的规章制度。

2. 在岗辅导

在完成工作任务的过程中，由休闲农业园区管理者或有经验的师傅进行各种形式的辅导。

3. 岗位练兵

岗位练兵即在休闲农业园工作过程中边干边学，不断学习新知识和新技术，提高技术操作的熟练程度。

4. 集中培训

集中培训即休闲农业园根据其发展的需要组织员工进行集中性培训。

5. 脱产进修

脱产进修即为培养技术骨干，休闲农业园将员工送到专门的学校或培训班进行系统的学习进修。

6. 网络培训

网络培训是利用计算机网络信息进行培训的方式，这种方式信息量大，新知识、新观念传递快，且适合分散式学习，节省学员集中培训的时间与费用，优势明显，更适合员工培训。

7. 技术考核与晋级

通过技术考核与晋级可以调动员工通过自学自练提高技术水平的积极性，有力促进了员工技术水平的提高。

（四）员工培训的方式

员工的培训方式有很多种，如何选择合理有效的方式非常关键。由于各休闲农业园的经营特色及发展程度不同，所选择的培训方式应该以符合自身特点为主。

1. 课堂授课

课堂授课属于传统的培训方式，通过现代视听技术，运用视觉和听觉的感知方式进行培训，直观鲜明。其优点是运用起来方便，成本低，节省时间，便于培训者控制整个过程；缺点是单向信息传递，反馈效果差。该方法常被用于一些理念性知识的培训。

2. 师傅带徒弟

在“师傅”的指导下开始工作，可以获取丰富的经验，避免盲目摸索，有利于尽快融入团队，还有利于传统优良工作作风的传递。其缺点是“师傅”可能有所保留，有不良的工作习惯也会影响新员工，且不利于工作的创新。该方法常被用于新员工的培训。

3. 情景演示

情景演示是新员工在培训教师设计的工作情景中扮演角色，其他学员与培训教师在学员表演后进行适当的点评。由于其信息传递多向化、反馈效果好、实践性强、费用低，因而多用于人际关系能力的训练。情景演示的优点是能激发学员解决问题的热情，增加学习的多样性和趣味性，能够提供在他人立场上设身处地思考问题的机会，同时还能避免可能的危险；缺点是角色扮演的设计和实施具有一定的局限性，人为性太强，过于强调个人，容易影响态度但不易影响行为。

4. 岗位轮换

岗位轮换是指安排员工到休闲农业园内部不同部门的不同岗位上进行日常工作，进一步了解各部门的运营情况。其目的在于拓展员工的知识与技能，使员工成为能够胜任多方面工作的多元化资源。在新岗位工作的过程往往能够激发员工更多方面的认识与思考，对自身的职业规划有新的认识。

（五）培训体系的建立

精心的培训管理系统设计对休闲农业园的员工发展非常重要，培训管理包括培训准备计划的设定→拟定培训方案→培训活动的实施→培训效果评估。

1. 培训准备计划的设定

这一阶段必须明确两个方面的工作。首先对培训需求进行分析，具体包括哪一部分员工需要什么类型的培训和需要使用的培训方法；其次根据培训需求确定培训目标，即通过培训员工能够达到或完成的学习成果。有了明确的目标，学习才会更有效。

2. 拟定培训方案

培训方案应该包括培训目的、培训对象、培训时间、课程内容、师资来源、实施进度和培训经费等项目。

3. 培训活动的实施

为了保证培训的效果和质量，在培训实施阶段需要准备落实的有培训场所、课程描述、授课计划、培训教师的选定、培训教材等。要切实根据培训目标和员工自身的特点灵活调整培训进程及培训方式。

4. 培训效果评估

培训效果是指员工将在培训过程中所学到的知识和技能运用到实际操作的熟悉程度，可以从以下方面来考虑：①员工的工作态度是否有改善，表现为对待游客的态度是否更亲切，行为举止更为得体，工作的主动性是否更积极；②员工的工作技能和知识是否有所提高，表现为是否在学习中找到了更好的工作方法、是否能够用更全面的思维方式来思考问题并有效解决工作中的难题；③员工的工作成绩是否有所改善，表现为工作中的业绩是否提升、出错率是否下降、被游客投诉的次数是否下降等方面。

第四节　休闲农业人力资源绩效考核与工作激励

一、绩效考核

（一）绩效考核的概念

绩效考核是指在一定时期内按照一定的标准，检查和评定员工对职务所规定职责的履行程度，以及员工在实现预定目标的过程中所采取的行为及其做出的成绩和贡献，以确定其工作成绩的一种有效的管理方法。简而言之，是指主管或相关人员对员工的工作进行系统的评价。

绩效考核是管理者与员工之间的一项管理沟通活动。绩效考核可为任免、提升等人事决策提供依据，或者决定对工作人员付出的劳动做出合理补偿。同时，只要考核合理、奖罚分明，自然会产生激励效果。绩效考核所涉及的变量因素主要包括 3 个方面：

1. 绩效构成因素

绩效的构成因素有以下几个：①工作效率，包括组织效率、管理效率和机构效率等方面的内容；②工作任务，包括工作数量和工作质量；③工作效益，包括经济效益、社会效益和时间效益。

2. 工作情境因素

这是对绩效形式的环境因素进行考察，主要包括工作任务或工作目标实现的难度及环境因素对绩效影响的结果。

3. 绩效主体因素

主要是指群体或个体在实现工作绩效过程中的行为方式和主观努力程度。

（二）绩效考核的步骤

休闲农业园绩效考核的目的是提高员工的劳动效率。绩效考核的第一步是设置岗位目标，第二步是监测绩效，第三步是评价绩效。

1. 设置岗位目标

目标决定发展方向和目的。在设置目标时，必须注意这个目标是可行的。可行的目标具有以下 5 个特点：

（1）具体。目标必须是明确的、不含糊的，具体的目标能确切地告诉员工期望他们做什么、什么时候做以及做多少。如有具体目标，能很容易地根据员工的工作完成情况衡量他们的进度。

（2）可衡量。如果年度目标是不可衡量的，就永远不会知道员工是否在朝着成功的方向前进。不仅如此，若员工没有可衡量目标来指明他们的进步，就很难刺激他们去实现目标。

（3）能达到。目标一定要可实现，并且普通员工就能够完成。最好的目标要求员工稍做努力就能实现，并且不是极端的，也就是说，目标既不能高于也不能低于标准绩效，设定的目标太高或太低会使员工对其熟视无睹。

（4）相关。目标是实现休闲农业园伟大愿景和使命的重要工具，因此，员工的目标必须与休闲农业园总体目标一致。

（5）限定时间。目标必须有起点、终点和固定的时间段。约定最后期限可以使员工集中精神按时或提前完成目标，没有计划或最后期限的目标容易被一天天地拖下去，影响目标的实现。

另外，目标的表达不能多于一句话。目标越简明扼要越容易被员工理解，也就越有可能实现。

2. 监测绩效

监测个人绩效就像走钢丝一样，要步步小心：不能过度地监测员工，否则只能导致繁文缛节和官样文章，会对员工的能力产生负面影响，从而影响他们的工作；但也不能做得不足，如果过少地监测员工，会出现任务不能及时完成或费用大大超过预算的情形。

监测员工绩效的主要目的不是当员工犯了错误或在错过了重要的事情时去惩罚他们，而是鼓励员工继续按计划工作，并弄清楚他们在工作时是否需要额外的帮助和支持。

监测绩效的时点可设在起点、终点和工作进展过程中的关键点。

3. 评价绩效

评价员工绩效有5个步骤：

（1）设定目标、期望和标准。在员工达到目标或完成期望以前，必须给他们设定目标和度量，并制定标准来衡量他们的绩效，然后，必须在评价员工之前把评价标准传达给员工。实际上，绩效审查从工作的第一天就真正开始了，从第一天开始，就要告诉员工如何评价，向他们展示所用的评价方式，并解释评价程序。

（2）给予连续的、明确的反馈。无论哪一天，看到员工做得对，就要在当时当地告诉他们；如果他们错了，也要告诉他们。不断地、经常地进行反馈比把问题积累起来在某些场合反馈要有效得多，尤其当反馈是负面的时。

（3）准备一份正式的书面绩效评价。每个休闲农业园对正式绩效评价有着不同的要求。一些评价比较简单，仅有一张表格，只要求在表格上打“√”；有些评价则要求广泛地叙述事实根据。不管特定部门的要求，正式绩效评价应当是评价阶段中与员工讨论过的重大事件的总结概述。要用事实来支持评价，要使评价与步骤中设立的目标、期望和标准相关，这样才能使员工的评价有意义。

在现实评价中，可以让员工来填写自己的绩效评价。然后，对比领导的评价与员工自己的评价，发现的不同之处将成为讨论的主体。

（4）亲自会见员工，讨论正式绩效评价。只有亲自接触员工才能让员工理解领导要传达的信息，应留出合适的时间会见员工并讨论他们的绩效评价。合适的时间不是5分钟或10分钟，而是至少1小时。正式的绩效会议应该是积极向上的，在不得不讨论绩效问题时，也要设法和员工一起合作来解决问题。

（5）设定新目标、新期望和新标准。正式的评价会议给领导和员工提供了一次机会，利用这次机会，双方都可从一些不可避免的日常话题中退出，再从大局出发进行考虑，双方都有机会审查和讨论表现好的或表现不好的绩效。有了这个评价基础，就可以为下一个审查阶段设定新期望和新目标，这样，绩效评价过程的最后一步变成了第一步，新的评价又开始了。

（三）绩效考核的方法

绩效考核的方法有很多，每种方法都有其优势和局限性，没有一种适合一切考核目标和一切企业的通用方法。在实际考核时，可依据不同的考核目标和要求选择使用，有时还可以使用几种方法。

我国目前常用的绩效考核方法有自我评价与小组鉴定相结合法、组织考查法、实践考验法、考试法和领导判断法等。这些方法简便易行，但一般来说，动态考核少，静态考核多；客观衡量少，主观印象多；定量少，定性多。下面介绍一些休闲农业园常用的人员考核方法。

1. 民意测验法

民意测验法把考核内容分为若干项，制成考核表，每项后面空出 5 格，分别表示优、良、中、及格、差，然后将考核表发至相当范围。考核前，也可先请考核者汇报工作，做出自我评价，然后，由参加评议的人填好考核表，最后算出每个被考核者得分的平均值，借以确定被考核者工作的档次。民意测验的参加范围一般是被考核者的同事和直属下级，以及与其发生工作关系的其他人员。

此方法的优点是群众性和民主性较好，缺点是主要从下而上考察干部，群众缺乏足够全面的信息，会在掌握考核标准上带来偏差或非科学因素。此方法一般作为辅助的、参考的手段。

2. 共同确定法

共同确定法即由考核小组成员按考核内容逐人逐项打分，然后去掉若干最高分和若干最低分，余下的取平均分，用以确定最终考核得分。该方法目前被广泛用于职称的评定。

3. 配对比较法

配对比较法适合于员工人数少的部门。使用这种方法考核时，首先要确定考核的项目，然后按照评估项目（如工作绩效或工作努力程度等）将每个员工与其他员工进行比较。

4. 描述法

描述法是普遍采用的一种评估方式。评估者将被评估员工的优点、缺点及培训发展方向、潜在能力等用文字的方式加以描述（表 6-2）。

表 6-2　描述评估表

年　度　　　　　　　　　　　　编号：

<table>
<tr><td>姓　名</td><td></td><td>性　别</td><td></td><td rowspan="4">考勤情况</td><td rowspan="4">迟到
病假
事假
其他</td></tr>
<tr><td>职　务</td><td colspan="3"></td></tr>
<tr><td>部　门</td><td></td><td>工作类型</td><td></td></tr>
<tr><td>进单位日期</td><td></td><td>出生日期</td><td></td></tr>
<tr><td>现任主要工作</td><td colspan="5"></td></tr>
<tr><td>工作成绩</td><td colspan="5"></td></tr>
<tr><td>主要缺点</td><td colspan="5"></td></tr>
<tr><td>培训意见</td><td colspan="5"></td></tr>
<tr><td>提升意见</td><td colspan="5"></td></tr>
<tr><td>人事部意见</td><td colspan="5"></td></tr>
</table>

由于评估者的描述水平不同且描述内容繁简各异，评估的结果差异相当大。另外，采用描述式评估法是对每个员工进行单独考核，无法在员工之间进行比较，所以，其作用有相当的局限性。

5. 等差图表法

等差图表法主要由两部分组成，一部分是考核的项目，一部分是评定的分级。主考官可对每一项就计分尺上任一点标出记号作为评分，最后将各项得分相加，总分便是最后评价。此方法使用简便，考核项目较全面，打分档次较多，尤其适合对工人进行考核。其缺点是主考官的个人主观因素会带来偏差。

（四）绩效考核应注意的问题

1. 绩效评价标准不清

如果绩效评价标准不清，则会出现不同的评价人员对“好”“中”“差”做出不同的解释，从而无法得出客观的评价结果，导致绩效评价工作失败。

2. 晕圈效应

评价者仅把一个因素看成最重要的因素，并根据这个因素对被评价者做出评价，就是晕圈效应，即所谓的“一好都好，一坏俱坏”。

3. 居中趋势

居中趋势即不根据真实情况拉开差距，而是对被评价的所有人均做出接近平均或中等水平的评价。

4. 偏紧或偏松倾向

有些评价者一直倾向于做较高或较低的评价。这主要是由于缺乏明确、严格、一致的判断标准，评价者往往根据自己的人生观和过去的经验进行判断，在评价标准上主观性很强。

5. 带有个人偏见

评价者由于世界观、教育、经验、个人背景以及人际关系等因素而形成的固定思维会对考核评价结果产生影响。

二、工作激励

目前，很多休闲农业园都面临着员工流失的问题。很多园区的人力资源部通常会消耗大量的精力通过各种渠道以各式各样的手段寻求适合园区发展的人才，好不容易遇到一个合适的人选，也许没过几天就离职了。对于休闲农业园来说，一个合适的新员工可以为园区输送新鲜血液，也可以为园区的发展和进步带来源源不断的动力，同时还可以解决园区用人短缺的问题。然而，现实问题是园区员工过高的流失率非但没有解决园区面临的根本问题，反而制约了园区的正常经营活动。因此，对于园区来说，找出一条相对符合新员工特质的激励方法，留住园区的“新生力量”，增加园区人才的竞争力显得尤为重要。

（一）工作激励的概念

工作激励是指休闲农业园的管理者用物质或非物质的方式推动员工完成某一工作目标的一种动力，这种动力能使员工在工作上更富有激情和雄心，并能够有效地提高业绩。激励员工的方法有两种：奖赏和惩罚。如果员工按照休闲农业园的要求完成了工作，就用他们想得到的东西奖励他们，如奖金、物品奖励、表扬、给予荣誉称号等；相反，如果员工没有完成园区交给他们的工作，就要用他们不希望得到的东西惩罚他们，如警告、训诫、降职、解雇等。在实际工作中，奖励较惩罚更为有效，但惩罚在工作中不是毫无作用的，有时不得不采取惩罚、训诫甚至解雇的方法，但在此之前，首先应从正面理解和赞扬员工、奖励员工。

（二）工作激励的原则

激励员工的工作积极性必须遵循以下原则：①组织目标与个人需要相统一；②重视人们的物质利益，坚持按劳分配；③思想教育、精神鼓励与物质鼓励相结合。

（三）奖励的技巧

1. 对于不同的员工应采用不同的激励手段

对于低工资人群，奖金的作用十分重要；对收入水平较高的人群，特别是对知识分子和管理干部，晋升职务、授予职称，以及尊重其人格、鼓励其创新、放手让其工作会收到更好的激励效果；对于从事笨重、危险、环境恶劣的体力劳动的员工，搞好劳动保护、改善劳动条件、增加岗位津贴都是有效的激励手段。为此，应对员工的需要进行调查。

2. 注意奖励的综合效价

应尽量增加物质奖励的精神含量，不仅使获奖人在物质上得到实惠，而且在精神上受到鼓励，激起荣誉感、光荣感、成就感和自豪感，从而使激励效果倍增。发达国家的一些成功企业特别重视颁奖会，绞尽脑汁将仪式搞得隆重热烈、震撼人心，让人终生难忘。

3. 适当拉开实际效价的档次，控制奖励的效价差

效价差过小，搞成平均主义，会失去激励作用；效价差过大，超过了贡献的差距，则会使员工感到不公平。应该尽量使效价差与贡献差相匹配，使员工感到公平、公正，这样才会真正使先进者有动力、后进者有压力。

4. 适当控制期望概率

应控制期望概率，即适当控制员工主观上认为自己获奖的概率，否则会诱发一系列的挫折心理和挫折行为，影响员工以后的积极性。

5. 注意期望心理的疏导

每次评优评先阶段是员工期望心理高涨的时刻，希望评上优秀的员工一般总是大大多于实际评上优秀的员工，一旦评选名单公布，其中一些人就会产生挫败感和失落感。解决这个问题的办法是及时对员工的期望心理进行疏导，疏导的主要办法是将目标转移到“下一次”“下一年度”，树立新的目标，淡化过去，着眼未来。特别要及时消除“末班车”心理，以预防争名次、争荣誉、闹奖金的行为发生。

6. 注意公平心理的疏导

根据亚当斯的公平理论，每位员工都是用主观的判断来看待是否公平的，他们不仅关注奖励的绝对值，还关注奖励的相对值。尽管客观上奖励很公平，也仍有人觉得不公平，因此，必须注意对员工的公平心理进行疏导，引导大家树立正确的公平观。正确的公平观包括3个内容：①要认识到“绝对的公平是不存在的”；②不要盲目攀比；③不应“按酬付劳”，造成恶性循环。

7. 恰当地树立奖励目标

在树立奖励目标时，要坚持“跳起来摘桃子”的标准，既不可太高，又不可过低，过高会使期望概率过低，过低则使目标效价下降。对于一个长期的奋斗目标，可用目标分解的办法将其分解为一系列阶段目标，一旦达到阶段目标，就及时给予奖励，即把大目标和小步子结合起来。这样可以使员工的期望概率较高，维持较高的士气，收到预期的激励效果。

8. 注意掌握奖励时机和奖励频率

奖励时机直接影响激励效果，犹如烧菜，在不同的时机加入佐料，菜的味道就不一样。奖励时机又与奖励频率密切相关，奖励频率过高和过低都会削弱激励效果。奖励时机和奖励频率的选择要从实际出发，实事求是地确定。一般来说，对于十分复杂、难度较大的任务，奖励频率宜低；对于比较简单、容易完成的工作，奖励频率宜高；对于目标任务不明确，需长期方可见效的工作，奖励频率宜低；对于目标任务明确，短期可见成果的工作，奖励频率宜高；对于只注意眼前利益、目光短浅的人，奖励频率宜高；对于需要层次较高、事业心很强的人，奖励频率宜低；在劳动条件和人事环境较差、工作满意度不高的单位，奖励频率宜高；在劳动条件和人事环境较好、工作满意度较高的单位，奖励频率宜低。当然，奖励频率与奖励强度应恰当配合，一般而言，二者呈反向相关关系。

9. 其他奖励技巧

除了物质以外，还可以使用一些其他激励员工的办法，例如：

(1) 对员工做的每一件出色的工作，要亲自向他们表示感谢，可采用面谈和书面形式，或者二者都用。感谢时要诚心诚意，做到及时、经常。

(2) 当员工想要或需要说些什么时，愿意花时间聆听他们的心声。

(3) 向员工详尽地、并且经常地反馈他们做出的成绩，支持他们把工作做得更好。

(4) 对优秀的员工给予认可和奖励，及时提升他们的职务，及时对不合格或勉强合格的员工做出处理，帮助他们改进工作或劝其离开工作岗位。

(5) 向员工提供关于园区为何盈利或亏损的原因、未来的新产品，以及竞争中的服务和策略方面的信息。解释员工在整个计划中的重要作用。

(6) 让员工参与决策，尤其是对他们有直接影响的决议，他们的意见同样重要。

(7) 给员工成长和学习新技能的机会，鼓励他们尽全力创造优秀业绩，告诉他们在完成目标方面园区将如何帮助他们，与每个员工结成工作伙伴关系。

(8) 在员工工作时以及在他们的工作环境中创造一种主人意识，这种主人可以是象征性的。

(9) 力求创造一个开放的、可以信赖的、有趣的工作环境。鼓励新的意见、建议及首创精神。从失误中吸取教训，而不是一味地惩罚。

(10) 取得成绩就要庆贺，不管是部门还是个人的成就。

(四) 惩罚的技巧

1. 不能不教而诛

应该把思想教育放在前边，只有对那些经教育不改或造成十分严重后果的人才实行惩罚。

2. 尽量不要伤害被惩罚者的自尊心

宣布惩罚的方式要有所选择，应使被罚者自尊心的损伤降到最小，特别应尊重其隐私，不要使用侮辱性的语言。

3. 不要全盘否定

应把成绩和错误分开，不要一犯错误就全盘否定其一切工作和个人长处，在处罚的同时应看到其闪光点，抓住积极因素，促使其向好的方向转变。

4. 不要掺杂个人恩怨

不能在惩罚中掺杂个人好恶、个人恩怨，更不能以执行纪律为名行打击、迫害、报复或排除异己之实。

5. 打击面不可过大

每次惩罚打击面不可过大，“法不责众”就说明了这样的道理。对于涉及较多人员的违纪违法事件，应该采用“杀一儆百”的办法，尽量缩小打击面，扩大教育面。

6. 不要以罚代管

惩罚只是管理的一个环节，而且带有一定的负面作用，因此，惩罚应慎用。不要过分依赖惩罚去推动工作和树立领导权威，更不应以惩罚代替全面管理。

7. 不可以言代法

是否该罚、罚到什么程度合适，都不能由领导者主观决定，而应该有明确的标准，这个标准只能是有关法律、法规。坚持依法惩罚是惩罚权不被滥用，惩罚公平、公正的保证。

8. 将原则性与灵活性相结合

坚持原则，就是严字当头，执法要严。“严是爱，松是害”，这句话在执行纪律、运用惩罚时十分重要。但鉴于事务的复杂性，在不违背法律、法规的前提下，掌握一定的灵活性是非常必要的。惩罚中讲究灵活性就是要严得合理、严得合情，达到教育一大批的目的，这就是管理艺术。

【思考题】

1. 简述休闲农业人力资源的特点。
2. 简述休闲农业人力资源招聘的程序。
3. 简述休闲农业园绩效考核的步骤。
4. 休闲农业园应如何对员工进行有效管理？

第七章 CHAPTER7 休闲农业企业财务管理

知识目标：

1. 了解休闲农业企业财务管理的内容和目标。
2. 掌握休闲农业企业筹资的渠道。
3. 掌握休闲农业企业投资程序。
4. 掌握休闲农业企业现金、有价证券、存货、应收账款的管理内容。
5. 掌握休闲农业企业股利政策。

技能目标：

1. 能够初步开展休闲农业企业筹资方案的设计和实施。
2. 能够简单进行休闲农业企业项目投资和营运分析。

第一节 休闲农业企业财务管理概述

一、休闲农业企业财务管理的概念

财务管理是一项涉及面广、综合性和制约性都很强的系统工程，它是通过价值形态对资金运动进行决策、计划和控制的综合性管理，是休闲农业企业管理的核心内容。

由于休闲农业企业在产出过程和组织形式上有其自身特性，与其他企业相比，在企业财务管理上有着共性也有其特殊性。休闲农业企业财务管理是指休闲农业企业经营管理者利用休闲农业的市场资源，运用适当的方法筹集与运用资本，并在协调好财务关系的基础上实现财务管理目标的过程。休闲农业企业财务管理主要解决的是休闲农业企业怎样创造并同时保持价值，如何高效地利用资源以实现企业的目标。

企业经营者能够通过财务状况分析出休闲农业企业的经营状况，对财务的掌握就是对休闲农业企业命运的掌握。休闲农业企业生产和经营的每一个环节都离不开财务的反映和调控，休闲农业企业资金的筹集、使用和分配都与财务管理有关；休闲农业企业的经济核算、财务监督更是企业内部管理的中枢，处于企业管理的核心地位。

二、休闲农业企业财务管理的内容

休闲农业企业财务管理的本质就是对休闲农业企业资本活动的管理，通常包括资本的筹集、资本的使用、日常资金的营运和利润的分配4个方面。

1. 筹资管理

筹资是企业为了满足投资和资金运营的需要而筹集所需资金的行为，是企业运作的基础。休闲农业企业的投资和经营都离不开资本，不论是特色小镇、民宿、田园综合体，还是规模不等的休闲农庄、家庭农场，从休闲农业项目的筹备、规划、选址、项目设计到项目落地建设直至经营运作，每一个环节都需要资金作为保障。休闲农业企业筹资的来源通常有3种：第一种是债务资金，第二种是权益资金，第三种是政府的补贴。

2. 投资管理

投资是企业根据项目资金需要，将所筹集的资金投放到所需的项目中的行为。休闲农业企业在投资过程中，必须考虑投资规模，正确选择投资方向和投资方式，以确定合适的投资结构，提高投资效益，降低投资风险。投资是实现投资者财产价值增值的手段。

3. 经营管理

经营是指企业日常经济活动中的资金收付行为。休闲农业企业经营所需材料物资的采购、工资和相关费用等的支付构成了日常财务支出；休闲农业企业产品销售和其他业务等所获得的相关收入构成了日常财务收入。为了保证日常财务收支在时间上的平衡，休闲农业企业需要利用所筹集的资金垫付支出大于收入的缺口资金，休闲农业企业为满足日常营业活动的需要而垫支的资金称为营运资金。在一定时期内，营运资金周转速度越快，资金的利用效率就越高，休闲农业企业就可能提供更多的产品和服务，取得更多的收入，获得更多的利润。

4. 分配管理

分配广义上是指对企业各种收入进行分割和分派的行为；狭义上仅指对企业净利润的分配。休闲农业企业通过投资和资金营运获得各项收入，首先用于弥补生产经营消耗、缴纳税金，然后需要依法对剩余收益进行分配。

休闲农业企业实现的净利润可作为投资者的收益，分配给投资者或暂存企业。在分配利润时，休闲农业企业应合理确定分配规模和分配方式，确保企业取得最大的长期利益。

三、休闲农业企业财务管理的目标

休闲农业财务管理目标服务于休闲农业企业的目标，是指休闲农业企业进行财务活动所要达到的根本目的，决定着休闲农业企业财务管理的基本方向。

休闲农业企业财务的目标主要有利润最大化、股东财富最大化、企业价值最大化和相关者利益最大化4种具有代表性的理论。各种类型财务管理目标的出现是在不同环境下选择的结果。

1. 利润最大化

利润最大化是指休闲农业企业财务管理活动要实现的结果是实现利润最大化。以利润最大化作为财务管理目标主要有3个方面的原因：一是人类从事生产经营活动的目的是创造更多的剩余产品，在市场经济条件下，剩余产品的多少可以用利润这个指标来衡量；二是在自由竞争的资本市场中，资本的使用权最终属于获利最多的企业；三是只有每个企业都最大限度地创造利润，整个社会的财富才可能实现最大化，从而带来社会的进步和发展。

2. 股东财富最大化

股东财富最大化是指企业财务管理活动要实现的结果是为股东带来最多的财富，在保证企业长期稳定发展的基础上使股东财富总价值达到最大。在上市公司中，股东财富是由其所拥有的股票数量和股票市场价格两方面决定的，在股票数量一定时，股票价格达到最高，股东财富也就达到最大。

3. 企业价值最大化

企业价值指的是股东价值和债权人价值之和。企业价值最大化是指通过财务上的合理经营，采取最优的财务政策，充分利用货币时间价值和风险与报酬的关系，保证将企业长期稳定发展摆在首位，强调在企业价值增长中满足各方利益关系，不断增加企业财富，使企业总价值达到最大，进而使股东价值和债权人价值达到最大。休闲农业企业价值最大化具有深刻的内涵，其宗旨是把休闲农业企业长期稳定发展放在首位，着重强调必须正确处理各种利益关系，最大限度地兼顾企业各利益主体的利益。

4. 相关者利益最大化

相关者利益最大化是指企业财务管理活动要实现的结果是在企业价值增长中使企业相关者利益达到最大。现代休闲农业企业是多边契约关系的总和，因此，休闲农业企业在从事经营活动时，除了应该考虑股东的利益之外，还应考虑企业相关者的利益。企业利益相关者包括企业股东、债权人、员工、经营者、供应商、客户和政府。随着社会的进步和企业的发展，企业股东想要获得更多的投资收益就必须依赖于有才干的经营者和忠实员工给予的支持，只有当企业利益相关者的利益都得到保护和满足时，才能够实现企业价值最大化，股东的财富才能增加。因此，在确定企业财务管理目标时，要重视企业相关利益群体的利益。

上述4个财务管理目标都是一定环境条件下在前一个财务管理目标基础上考虑更多因素总结出来的，所以，上述4种财务管理目标在根本上没有好坏之分，只是因环境的变迁、企业发展战略的不同致使企业财务管理目标有所不同，因此，只要适应环境要求、有利于企业发展，就是合理的财务管理目标。就目前的环境而言，在休闲农业企业利益相关者的利益受到保护、免遭股东盘剥以及企业承担相应社会责任的前提下，股东财富最大化是休闲农业企业财务管理的合理目标。

第二节　休闲农业企业筹资管理

2015年，农业部在《关于积极开发农业多种功能大力促进休闲农业发展的通知》中明确提出，拓宽融资渠道，鼓励担保机构加大对休闲农业的服务力度，搭建银企对接平台，帮助经营主体解决融资难题。鼓励符合条件的休闲农业企业上市，探索新型融资模式，鼓励利用PPP模式、众筹模式、“互联网＋”模式、发行私募债券等方式，加大对休闲农业的金融支持。2017年，农业部办公厅在《关于推动落实休闲农业和乡村旅游发展政策的通知》中又强调“要创新融资模式，鼓励利用PPP模式、众筹模式、‘互联网＋’模式、发行私募债券等方式，引导社会各类资本投资休闲农业和乡村旅游。”

企业筹资活动是一切经营活动的起点，休闲农业企业财务管理的首要任务就是迅速、有效地筹集休闲农业企业发展所需的资金。许多休闲农业企业经营者拥有优越的资源条件和区位优势，但由于缺乏资金无法开发休闲农业项目。休闲农业企业的融资渠道可以分为 3 种：第一种是债务性融资，即向银行等金融机构借债，包括银行贷款、发行债券和应付票据、应付账款等，要按期偿还约定的本息，债权人一般不参与企业的经营决策，对资金的运用也没有决策权；第二种是权益性融资，主要指股权融资；第三种是来自政府的补贴和扶持。具体来讲，主要有 7 种融资渠道。

一、政策扶持资金

近几年的中央 1 号文件都提及休闲农业的发展，国家和各级政府对休闲农业发展高度重视，其他各层级、各部门、各方面的休闲农业扶持与鼓励政策相继出台，包括贴息贷款、免息贷款、扶持资金、先建后补、以奖代补等。

作为休闲农业项目经营者，应通过各种渠道，如政府网站、专业协会、培训、规划、设计咨询机构、微信微博、新闻媒体等，密切关注相应政策，根据政策要求及对口部门要求，积极准备好各种申报材料，争取国家及地方扶持资金，这能在很大程度上解决项目开发中的资金问题。如果能够充分利用当地政府的扶持政策，可大大减少休闲农业项目的投入成本和资金风险。

政府的不同部门负责管理不同事务。一般来讲，农业部门负责牵头落实本地休闲农业发展工作，加强与旅游等部门的协调配合，指导产业的整体发展，并做好宣传推广工作；发展改革部门负责统筹安排现有渠道资金，对休闲农业给予支持；财政和税务部门负责在现有政策范围内落实财税支持政策；国土部门负责落实休闲农业用地政策；住房和城乡建设部门负责指导村庄的规划设计建设、农村危房改造、特色景观旅游名镇名村、传统村落和民居保护等；水利部门负责河湖自然生态资源保护工作，并指导水利风景区建设发展；文化部门和文物部门负责指导乡村文化和文物的挖掘保护和传承利用工作；林业部门负责指导森林、湿地等自然资源的保护与开发利用；扶贫部门按照精准扶贫的要求，加大整村推进工作力度，支持有条件的建档立卡贫困村积极发展休闲农业；人民银行等金融部门负责金融政策落实工作；公安部门负责休闲农业中的特定民宿等特种行业许可证的办理，以及消防和治安管理等工作；科技部门负责休闲农业的农业科技成果转化、星火计划项目、科技推广与集成技术示范项目等；旅游部门负责指导乡村旅游发展工作，推动乡村旅游与休闲农业融合发展，包括乡村旅游、农业旅游、生态旅游项目扶贫专项资金等。

针对不同类型的休闲农业企业，可以申请不同类型的项目资金补贴。观光类农庄可以向旅游局申请旅游专项资金、旅游扶贫资金等；贫困村建设项目可以向旅游局申请贫困村旅游扶贫项目资金；自有基地发展餐饮的农庄可以向农业部门申请“无公害农产品、绿色食品、有机农产品和农产品地理标志”三品一标认证和相关补贴，以及优质农产品生产基地等；运动体验类农庄可以申请教育部的教育基地、学生课外实践基地、儿童以及青少年见习基地等；特色文化类农庄可以向县委宣传部和文化局等单位申请文化产业发展专项资金等；科教类农庄可以向科技局申请农业科技成果转化、星火计划项目、科技推广与集成技术示范项目等。

二、银行借款

银行借款是指企业根据借款合同从银行或其他金融机构取得资金的筹资方式。银行借款可以筹集长期资金和短期资金，是一种债务筹资方式。

一直以来，银行信贷是中国企业解决资金来源的主要途径，银行借款也是休闲农业企业筹资的主要途径。银行贷款必须进行担保，休闲农业项目融资可通过保证、抵押、质押组合担保形式来优化担保方案。由于休闲农业企业为农业属性且多属于中小企业，很多休闲农业企业获得银行贷款比较困难。

首先，中小企业抵押资产相对较少。以土地为例，对于一般的农村土地承包经营权，虽然我国法律允许农民以转包、出租、互换、转让、股份合作等形式流转土地承包经营权，但都没有对土地承包经营权能否抵押做出规定。综合我国目前的法律法规以及国家关于土地管理的政策，承包经营权一般不得抵押，流转而来的土地经营权也很难在银行进行抵押。《中华人民共和国担保法》第三十四条第五项规定，抵押人依法承包并经发包方同意抵押的荒山、荒沟、荒丘、荒滩等荒地的土地使用权可以抵押；《中华人民共和国物权法》第一百八十条第三项规定，以招标、拍卖、公开协商等方式取得的荒地等土地承包经营权可以抵押。因此，通过公开竞价方式取得并经过集体所有权人同意的“四荒地”承包经营权可以进行抵押。但抵押实现后，《中华人民共和国物权法》第二百零一条规定，未经法定程序，不得改变土地所有权的性质和土地用途。

其次，由于信息不对称等因素，担保信贷手续烦琐复杂，同时休闲农业企业还要支付担保费、抵押资产评估费等相关费用，贷款支付的利息也较高。

近年来，国家对中小企业的小额信贷鼓励政策不断出台，休闲农业开发企业利用银行信贷资金的难度逐渐降低。休闲农业企业应充分关注并利用国家政策法规，以增加可抵押资产条件，并注意提升自身信用意识和信用等级，积极寻找担保机构，深化与银行等金融机构的沟通协调，合理评估企业可抵押资产价值，增大自身信贷额度。

三、建设-经营-转让（BOT）融资

BOT融资是指政府与私营财团的项目公司签订特许权协议，由项目公司筹集资金和建设公共基础设施。项目公司在特许经营期内拥有、运营该项目设施，通过收取服务费用以回收投资、偿还贷款并获取合理利润。特许经营期满后，项目无偿移交政府。

休闲农业企业可以借鉴BOT融资模式，即寻找合作方，由休闲农业企业提供生产性用地，由合作方承担前期建设投资，并在一定期限内对其建设投资项目实施经营管理，合作期内的收益归合作方所有，合作期满后，合作方所建设的全部设施和固定资产归休闲农业企业所有，或按前期协商结论进行清算。采用BOT融资的优势是减少还本付息的负担，促进项目运营效率的提高，投资风险小；缺点是市场风险大。对于投资比较大的文化性消费休闲农业项目，如传统手工艺生产基地、演艺场所等，一般可以采用契约加股权式BOT融资策略，即合作方承担全部前期建设投资和永久性设施建设，合作期内由合作方经营管理。

四、PPP融资

2017年5月，农业部在《关于推动落实休闲农业和乡村旅游发展政策的通知》中再次

强调要创新融资模式，鼓励利用 PPP 模式等方式，引导社会各类资本投资休闲农业和乡村旅游。PPP 模式，即 public-private-partnership 的字母缩写，一般是指政府与私人组织之间合作建设城市基础设施项目。休闲农业 PPP 模式主要指政府与休闲农业私人组织之间为了合作建设休闲农业与乡村旅游项目，或是为了提供休闲农业与乡村旅游公共物品和服务，将部分政府责任以特许经营权的方式转移给休闲农业企业，政府的公共部门与民营企业以特许权协议为基础进行全程合作，通过签署合同来明确双方的权利和义务，双方共同对项目运行的整个周期负责。

PPP 模式使得政府的财政负担减轻，休闲农业投资人的投资风险减小，比较适用于休闲农业和乡村旅游公益性较强的其中的某一环节，如道路、水利、环保等设施建设环节以及土地开垦、森林保护、农产品补贴等环节。当然，在合作前需要仔细探讨，合理选择合作项目，考虑政府参与的形式、程序、渠道、范围与程度。

项目 PPP 融资以休闲农业与乡村旅游项目为主体，主要根据项目的预期收益、资产以及政府扶持措施的力度，而不是项目投资人或发起人的资信来安排融资的。其贷款由项目经营的直接收益和通过政府扶持所转化的效益来偿还，休闲农业项目投资人的资产和政府给予的有限承诺是贷款的安全保障。PPP 融资模式有利于提高效率，降低风险。

五、股份制融资

当一个休闲农业企业的运营开始走上正轨，客流和现金流比较正常，已经具备初步的商业模式，若其想要扩大投入，便可以考虑采取股份制融资模式。

股份融资主要包括股份制改革独立融资、互助联保式小额股份融资、混合融资模式、上市融资、员工持股融资以及优先股策略 6 种模式。休闲农业企业可以根据自身规模以及资金需求程度等因素合理选择不同的股份制融资模式。

六、风险投资

风险投资（VC）又称“创业投资”，是指由职业金融家投入到新兴的、迅速发展的、有巨大竞争力的企业中的一种权益资本。风险投资在创业企业发展初期投入风险资本，待其发育相对成熟后，通过市场退出机制将所投入的资本由股权形态转化为资金形态，以收回投资。而天使投资作为风险投资的一种形式，指个人出资协助具有专门技术或独特概念而缺少自有资金的创业家进行创业，并承担创业中的高风险，享受创业成功后的高收益。它是自由投资者或非正式风险投资机构对原创项目构思或小型初创企业进行的一次性的前期投资。

近年来，现代农业受到不少机构投资，如中路资本、创业工场、达晨创投、顺为资本、蓝湖资本、真格基金、红杉资本等天使投资人，以及具有雄厚的产业资本，如顺丰优选、华润 e 万家、万达、绿城等企业的青睐。

风投机构往往青睐于“高频需求、轻资产、易复制”模式，容易复制更易于吸引资本进入。目前天使投资或风险投资对农业投资的重点领域集中在现代农业项目，特别是科技农业项目以及带有互联网属性的农业项目，如金融信息服务类平台、企业对企业（B2B）农资电商、农产品电商、食材生鲜电商。在休闲农业中，比较吸引投资的是民宿、互联网餐饮、农产品电商、田园综合体，特色小镇等特殊板块。由于休闲农业本身为非标产品，且属于重资产领域，一般难以快速进入和快速复制，因此，喜好“轻资产模式、容易复制”的风险资本往往较难进入这一领域。

七、众筹

众筹是近年来新兴的融资渠道，它主要以团购与预购相结合的形式，向网友募集项目资金。众筹利用互联网和社交网络服务传播的特性，让小企业、艺术家或个人向公众展示他们的创意，争取大家的关注和支持，进而获得所需要的资金援助。相比其他筹资模式，众筹更为开放，商业价值不再是能否获得项目资金的唯一标准，小本经营或创作人都可以通过众筹的方式获得项目启动资金。

如果休闲农业企业项目无法获得银行贷款，也很难从天使和 VC 那边拿到融资，那么便可以考虑民间融资或者朋友间融资。众筹与其他融资模式相比，有其独特的优势：第一，众筹模式门槛低、无担保，融资成本较低；第二，能为创业企业积累宝贵的种子用户，节省营销成本，风险共担，还能起到聚集资源的作用。

目前，在京东众筹、多彩投等众多平台，休闲农业和品牌特色农业的众筹成功案例较多。众筹需要考虑流程、规范包装项目、设计合理的众筹架构、选择专业可靠的众筹平台等因素，从而取得投资人的信任。

第三节　休闲农业企业投资管理

一、投资管理

投资是企业创造价值的源泉。如果休闲农业企业不投资，企业的生产经营活动将无法开展，企业也不可能实现获利和价值增值；如果休闲农业企业发生投资失误，可能因此而倒闭。投资活动的重要性使得投资管理成为企业财务管理的重要内容之一。

（一）休闲农业企业投资的概念

企业筹集资金的目的是把资金用于生产经营活动以便取得盈利，实现企业的价值增值。投资是以回收资金并取得收益为目的而发生的现金流出。换句话说，投资是把资金直接或间接投放于一定的对象，以期望在未来获取收益的经济活动，是企业获得利润的前提和生存与发展的必要手段，也是企业降低风险的重要途径。

投资决策是休闲农业企业所有决策中最为关键和重要的决策，因此我们常说投资决策失误是企业最大的失误，一个重要的投资决策失误往往会使一个休闲农业企业陷入困境，甚至破产。因此，财务管理的一项极为重要的职能就是为休闲农业企业当好参谋，把好投资决策关。

（二）企业投资的程序

休闲农业企业，无论以何种组织形式存在，都要由企业的管理者去经营和决策，而其共同的管理目标，就是不断提高企业价值。要想实现企业的管理目标，管理者不仅要有好的眼光和机会，最关键的是要做出正确和适当的投资决策。可以说，投资决策的过程就是企业经营者找到好的投资机会的过程，对于好的投资机会，不能在缺乏调查研究的情况下盲目决定，而必须按照特定的过程，运用科学的方法进行可行性分析，以保证决策的正确性。决策过程一般包括项目的提出、评价、选择与执行。

1. 项目的提出

项目的提出是投资决策的第一步，也是最重要的部分。首先，由休闲农业企业经营管理者提出新的投资项目，该项目可以是开拓新业务的战略性投资，也可以是技术改造的战术性投资。然后，休闲农业企业管理当局根据企业发展战略目标，结合自身生产经营条件以及外部市场条件，发现或设计资本投资项目，通常包括必要投资、替代性投资、扩张性投资和多角化投资等。

2. 项目的评价

项目的评价是对投资项目未来现金流量以及蕴含在现金流量中的风险因素进行预测和评估。这个过程需要休闲农业企业各个部门，包括生产技术部门、管理部门和销售部门等技术人员根据一定的标准和方法进行预测，并由财务人员进行综合处理，最后得出评估项目中预期现金流量与折现率的大小。休闲农业企业一定要把风险控制在能承受的范围之内，不能有过于投机或侥幸心理，一旦企业所面临的风险超过其承受能力，可能会铸成大错，甚至导致企业灭亡。

3. 项目的选择

这个过程是投资决策的关键步骤。休闲农业企业运用投资决策的技术和方法对项目进行评价，采纳那些有助于企业价值或股东财富最大化的项目，拒绝那些不利于企业价值或股东财富最大化的项目。

4. 项目的执行

当项目正式投入运营之后，休闲农业企业要密切监控项目的所有重要指标，尤其是对现金流量及其发生时间进行监控，并关注预定报酬率是否能够达到。根据项目的目标实现情况，对项目进行重新评估，以决定是否继续或放弃项目，或者调整项目方案，重新编制预算，从而使投资决策更加科学合理。

二、投资现金流量估算

在投资决策中，评价项目是否可行的关键因素不是会计利润，而是现金流量。因此，投资现金流量的估算是投资决策的首要环节，实际上它也是分析投资方案时最为重要的一个步骤。

（一）现金流量的概念

企业投资的现金流量是指投资决策相关的现金流入量和现金流出量。具体是指投资项目从策划、设计、施工、投产直至报废的整个期间，各年的现金流入量和现金流出量。而在一定时期内，现金流入量和流出量的差额称为净现金流量。因此，投资现金流量包括现金流入量、现金流出量和净现金流量。理解投资现金流量应注意以下几点：

1. 相关成本与沉默成本

相关成本是指与投资决策有关的、在分析评价时必须加以考虑的成本；沉没成本是管理会计中的一个术语，指企业已经发生或承诺、无法收回的成本，如因失误造成不可回收的投资。沉没成本是一种历史成本，对现有决策而言是不可控成本，不会影响当前行为或未来决策。从这个意义上说，在进行投资决策时，理性的决策者应该排除沉没成本的干扰。

2. 机会成本

机会成本是指在面临多方案择一的决策时，被舍弃选项中的最高价值者是本次决策的机会成本。

贴现现金流量法已经成为投资决策的主要方法，机会成本也成为投资决策中现金流出量估算的重要一项。

3. 交叉影响

当采纳一个新的项目后，该项目可能对企业其他部门生产产生有利或不利的影响，这种影响也应纳入决策考虑的范围中。因为企业是一个整体，当新进项目之间有交叉影响时，只有考虑到这种影响，才能完整反映出投资决策所带来的增量现金流量。

（二）现金流量的构成

投资活动的现金流量一般由以下 3 个部分构成：

1. 初始现金流量

固定资产投资，包括固定资产的购入或建造成本、运输成本和安装成本等；流动资产投资，包括对材料、在产品、产成品和现金等流动资产上的投资；其他投资费用，指与长期投资有关的职工培训费、谈判费、注册费用等；原有固定资产的变价收入，主要是指固定资产更新时原有固定资产变卖所得的现金收入。

2. 营业现金流量

营业现金流量是指投资项目投入使用后，在其生命周期内由于生产经营所带来的现金流入和流出的数量。这种现金流量一般以年为单位进行计算。

3. 终结现金流量

终结现金流量是指投资项目完结时所发生的现金流量，主要包括固定资产的残值收入或变价收入、原有垫支在各种流动资产上的资金的回收、停止使用的土地变价收入等。

（三）现金流量的估算

初始现金流量和终结现金流量的估算比较简单，只需要逐项列出然后相加即可。需要注意的是，如果初始投资时存在费用化的支出，或者涉及固定资产的出售损益，则需要考虑所得税的影响。

营业现金流量的计算比较复杂，其计算方法主要有以下几种：

1. 定义法

营业现金流量是指投资项目投入使用后，在其生命周期内由于生产经营而带来的现金流入和流出的数量。为了简单计算，假设现金流入一般是指营业现金收入，现金流出是指营业现金支出和缴纳的税金。如果一个投资项目的年销售收入等于营业现金收入，付现成本（不包括折旧等非付现成本）等于营业现金支出，其公式为：营业现金流量＝营业收入－付现成本－所得税。

2. 倒推法

营业现金流量包括年营业净利润和年折旧两个部分。因为折旧不需要付出现金，但是抵减了当期利润，所以计算营业现金流量时，应将其加回到营业现金流量中。其公式为：营业现金流量＝净利润＋折旧。

3. 税盾法

由于收入要缴税，费用可以抵税，因此不需付现的折旧具有抵税作用。其公式为：营业现金流量＝营业收入×（1＋所得税税率）－付现成本×（1－所得税税率）＋折旧×所得税税率。

以上 3 种方法的计算结果都是一样的，可以根据已知条件选择最简单的方法。

第四节　休闲农业企业营运资金管理

一、营运资金

（一）营运资金的含义

营运资金也称营运资本，从会计的角度看是指流动资产与流动负债的总额，在数量上等于可用来偿还支付义务的流动负债的差额。营运资金可以用来衡量企业的短期偿债能力，其金额越大，代表该企业对支付义务的准备越充足，短期偿债能力越好。当营运资金出现负数，也就是一家企业流动资产小于流动负债时，这家企业的营运可能随时因周转不灵而中断。

（二）营运资金的特点

为了有效管理企业的营运资金，必须研究营运资金的特点，以便有针对性地进行管理。

1. 周转时间短

在一个正常的企业中流动资产和流动负债周转循环的时间比较短，对企业的影响时间也比较短。根据这一特点，营运资金可以通过商业信用、短期借款等筹资方式加以解决。

2. 变现能力强

现金和银行存款在一般情况下可以随时供企业支配，不存在变现的问题。其他的非现金营运资金，如存货、应收账款、短期有价证券等流动资产相对于非流动资产来说一般具有较强的变现能力，这一特点对企业在财务上满足临时性资金需求有重要意义。

3. 数量波动性大

流动资产易受企业内外部环境的影响，其资金占用量变动较大。随着流动资产的变动，流动负债的数量也会发生相应变动，企业必须能够有效地预测和控制这种波动，防止其影响正常的生产经营活动。

4. 来源多样化

营运资金的来源具有灵活多样性。营运资金的需求问题既可以通过长期筹资的方式解决，也可以通过短期筹资的方式解决，仅短期筹资就有银行短期借款、短期融资、商业信用、票据贴现等多种方式，而短期筹资通常比长期筹资更容易、更便捷，给债务人带来更大的灵活性。

二、现金和有价证券管理

（一）现金管理

1. 现金

广义的现金是指在生产经营过程中以货币形态存在的资金，包括银行存款、支票、汇票、3 个月以内变现的有价证券等所有可以即时使用的支付手段；狭义的现金仅指库存现金。财务管理角度的现金是指广义上的现金。

2. 现金的成本

企业持有现金有 4 种成本。

（1）机会成本。持有现金就不能将其投入生产经营活动，从而必须放弃一些投资收益。它与现金持有量呈同方向变化，即现金持有量越大，机会成本就越高，反之就越低。机会成本是一种变动成本，衡量机会成本通常采用有价证券的利率、资本成本率等指标。

（2）交易成本。现金和有价证券的交易成本与交易次数有关，交易次数越多，成本就越高。它与现金持有量呈反方向变化，如经纪人的费用、相关税金等。

（3）短缺成本。短缺成本是指现金持有量不足而又无法通过有价证券加以补充给企业造成的损失，包括直接损失和间接损失。现金的短缺成本随现金持有量的增加而下降，即与现金持有量呈反方向变化。

（4）管理成本。管理成本是企业持有现金所发生的管理费用，如管理人员工资、福利、安全措施费等。管理成本是一种固定成本，在相关范围内，它与现金持有量之间无明显的比例关系。

3. 最佳现金持有量的确定

最佳现金持有量又称最佳现金余额，是指现金满足生产经营的需要，又使现金使用的效率和效益最高时的现金最低持有量。最佳现金持有量即能够使现金管理的机会成本与转换成本保持最低的现金持有量。

就企业而言，最佳现金持有量意味着现金余额为零。但是，根据交易、预防、投资动机的要求，企业又必须保持一定数量的现金，企业能否保持足够的现金额，对于降低和避免经营风险与财务风险具有重要意义。

（二）有价证券管理

1. 有价证券的概念

有价证券是指标有票面金额、证明持有人有权按期取得一定收入并可自由转让和买卖的所有权或债券凭证。有价证券是虚拟资本的一种形式，它本身没有价值，但代表着一定量的财产权利，持有者可凭此直接取得一定数量的商品和货币，或是取得股利、利息等收入，因而可以在市场上买卖和流通。

广义的有价证券包括商品证券、货币证券及资本证券。其中，资本证券是有价证券的主要形式，人们通常把资本证券称为有价证券。因此，狭义的有价证券即指资本证券。

2. 有价证券的特征

（1）有价证券的产权性。产权性是指它代表着一定的财产所有权，权利人拥有证券就意味着享有对应财产的占有、使用、收益和处分权利。证券直接代表着财产权利，券面文字表明的财产权利和证券不能分离。

（2）有价证券的流动性。流动性又称变现性，是指证券持有人在不造成资金损失的前提下，可以灵活地转让证券以换取现金。有价证券的流动性可通过到期兑现、承兑、贴现、转让等方式实现，不同证券的流动性是不同的。

（3）有价证券的收益性。收益性是指持有者通过转让资本所有权和使用权，可以获得一定数额的收益回报。有价证券的产权性保障了权利人对某种特定资产的所有权或债权，同时也保障了权利人对这部分资产增值收益的权利，因而有价证券本身具有收益性。

（4）有价证券的风险性。风险性是指持有者面临着预期投资收益不能实现，甚至连投资资金也受到损失的可能。一般情况下，证券的风险与收益成正比，风险越大的证券，预期收益越高；而风险越小的证券，预期收益越低。

三、存货管理

1. 存货

存货是指企业在日常活动中持有的以备出售的产成品或商品、处在生产过程中的产品、在生产过程中或提供服务过程中耗用的材料和物料等。它是反映企业流动资金运作情况的晴雨表，往往成为少数人用来调解利润、偷逃国家税费基金的调节器。存货不仅在企业运营资本中占很大比重，而且又是流动性较差的流动资产。

2. 存货的成本

（1）储存成本。储存成本是指存货在储存过程中发生的费用，包括存货占用资金所计的利息、仓库费用、保险费用、存货破损和变质损失等。储存成本一般都会随着平均存货量的增加而增加。

（2）订货成本。订货成本是指从发出订单到存货整个过程中所付出的成本，如订单处理成本（包括办公成本和文书成本）、运输费、保险费以及装卸费等。订货成本有一部分与订货次数无关，称为订货的固定成本；另一部分与订货次数有关，称为订货的变动成本。

（3）缺货成本。缺货成本又称亏空成本，是指由于存货供应中断而造成的损失，包括材料供应中断造成的停工损失、产成品库存缺货造成的拖欠发货损失和丧失销售机会的损失等。如果生产企业以紧急采购代用材料来解决库存材料中断之急，那么缺货成本表现为紧急额外购入成本。

缺货成本能否作为决策的相关成本应视企业是否允许出现存货短缺的不同情况而定。若允许缺货，则缺货成本与存货数量反向相关，即属于决策相关成本；反之，若企业不允许发生缺货的情况，此时缺货成本为零，也就无需加以考虑。

3. 存货管理的目标

存货管理的目标就是在保证生产或销售经营需要的前提下，最大限度地降低存货成本。具体有以下5个方面：

（1）保证生产正常进行。生产过程中需要的原材料和在产品是生产的物质保证。企业为了保障生产的正常进行，必须储备一定数量的原材料，否则可能造成生产中断、停工待料的现象。尽管当前部分企业的存货管理已经实现计算机自动化，但要实现存货为零的目标实属不易。

（2）有利于销售。一定数量的存货储备能够增加企业在生产和销售方面的机动性及适应市场变化的能力。当企业市场需求量增加时，若产品储备不足就有可能失去销售良机，所以，保持一定量的存货是有利于市场销售的。

（3）便于维持均衡生产，降低产品成本。有些企业的产品属于季节性产品或者需求波动较大的产品，此时若根据需求状况组织生产，可能有时生产能力得不到充分利用，有时又超负荷生产，这会造成产品成本的上升。为了降低生产成本，实现均衡生产，就要储备一定量的产成品存货，并相应保持一定的原材料存货。

（4）降低存货取得成本。一般情况下，当企业进行采购时，进货总成本与采购物资的单价和采购次数有密切关系。许多供应商为鼓励其客户多购买其产品，往往在客户采购量达到一定数量时给予价格折扣，企业通过大批量集中进货既可以享受价格折扣，降低购置成本，也因减少订货成本使总的进货成本降低。

（5）防止意外事件的发生。企业在采购、运输、生产和销售过程中，都可能发生意外事故，保持必要的存货保险储备可以避免和减少意外事件带来的损失。

四、应收账款管理

1. 应收账款

应收账款是指企业因销售商品、提供劳务等经营活动，向购货单位或接受劳务单位收取的款项，主要包括企业销售商品或提供劳务等向有关债务人收取的价款及购货单位垫付的包装费、运杂费等。应收账款是企业流动资产的一个重要组成部分，随着市场经济的发展和商业信用的扩展，其数额明显增多，在流动资产中所占的比例越来越大。

2. 应收账款成本

应收账款作为企业为扩大赊销和盈利的一项投资，会形成一项资金占用，其赊销额越大、赊销期越长，企业占用在应收款项上的资金就越多，所付出的代价就越大，这种代价就是应收账款的成本。应收账款成本主要包括：

（1）应收账款的机会成本。应收账款的机会成本是指现金不能收回而丧失的再投资机会的损失。

（2）应收账款的管理成本。应收账款的管理成本是指因为应收账款管理所发生的费用，主要包括对客户的资信调查费用，应收账簿的记录费用，收账过程开支的差旅费、通信费、人工工资、诉讼费以及其他费用。

（3）应收账款的坏账成本。应收账款的坏账成本是指应收账款不能收回而形成的坏账给企业造成的损失。

3. 应收账款管理

应收账款管理的目标是要制定科学合理的应收账款信用政策，并在这种信用政策所增加的销售盈利和采用这种政策预计要担负的成本之间做出权衡。只有当所增加的销售盈利超过运用此政策所增加的成本时，才能实现和推行使用这种信用政策。

对于已经发生的应收账款，企业还应进一步强化日常管理工作，采取有力的措施进行分析和控制，及时发现问题，提前采取对策。应收账款发生后，企业应采取各种措施，尽量争取按期收回款项，否则会因拖欠时间过长而发生坏账，使企业蒙受损失。应加强应收账款追踪分析，重视应收账款账龄分析，将那些挂账金额大、信用品质差的客户欠款作为考察的重点，防患于未然。

第五节 股利分配管理

一、股利分配

股利分配是指股份制企业向股东分配股利，是企业利润分配的一部分。股利分配包括股利支付程序中各日期的确定、股利支付比率的确定、以何种形式支付股利、何时支付股利等。

（一）利润分配的项目与顺序

股利分配是对企业税后净利润的一项分配，但不是利润分配的全部。企业利润分配主要包括盈余公积金和股利。

盈余公积金从净利润中提取形成，用于弥补企业亏损、扩大企业再生产或者转增企业资本。盈余公积金分为法定盈余公积金和任意盈余公积金。企业分配当年税后利润时，应当按照10%的比例提取法定盈余公积金，但当盈余公积金累计金额达到公司注册资本的50%时，可不再继续提取。任意盈余公积金的提取由股东大会根据需要决定。企业向股东分配股利，要在提取公积金之后。股利的分配应以各股东持有股份的数额为依据，每一个股东取得的股利与其持有的股份数成正比。

（二）股利分配的程序

股份有限公司向股东分配股利必须遵循法定的程序，按照日程安排来进行。一般情况下，先由董事会提出分配预案，然后提交股东大会决议通过后才能进行分配。股东大会决议通过分配预案后，要向股东宣布发放股利的方案，并确定股权登记日、除息日和股利发放日。

1. 股利宣告日

股利宣告日即股东大会决议通过并由董事会将股利支付情况予以公告的日期。公告中将宣布每股支付的股利、股权登记期限、股利支付日期等事项。

2. 股权登记日

股权登记日即有权领取本期股利的股东资格登记截止日期。凡在这一天列于公司股东名册上的股东都将获得此次分派的股利，而在这一天之后才列入股东名册的股东将不能得到这次分派的股利。

3. 除息日

除息日即领取股利权利与股票分离的日期。在除息日之前购买的股票才能领取本次股利，而在除息日当天或是之后购买的股票则不能领取本次股利。由于失去了付息的权利，因此除息日也称为除权日，在除息日股票价格会下跌。

4. 股利发放日

股利发放日即企业按照公布的分红方案向股权登记日在册的股东实际支付股利的日期。

（三）股利分配的方式

股利的分配方式有很多种，常见的有现金股利、财产股利、负债股利、股票股利。现金股利是以现金支付的股利，它是股利支付的主要形式；财产股利是以现金以外的资产支付的股利，主要是以企业所拥有的其他企业的有价证券，如债券、股票等作为股利支付给股东；负债股利是企业以负债方式支付的股利，通常以企业的应付票据支付给股东，在不得已的情况下也有发行企业债券抵付股利的；股票股利是企业以增发的股票作为股利的支付方式。

二、股利政策

股利政策是指股份有限公司在确定股利以及与股利有关的事项上所采取的方针和政策。具体来说，股利政策是关于企业是否发放股利、发放多少股利以及何时发放股利等方面的方针和策略，所涉及的主要是企业对其收益进行分配还是留存以用于再投资的策略问题。分配给股东的盈余与留在企业的盈余存在此消彼长的关系，因此，股利政策既要决定给股东分配多少股利，也要决定给企业留存多少净利。其核心问题是确定分配和留存的比例，即股利支付率。

（一）股利政策的类型

1. 剩余股利政策

剩余股利政策是指在企业有着良好的投资机会时，根据一定的目标资本结构，测算出投资所需的权益资本，先从盈余当中留用，然后将剩余的盈余作为股利予以分配。完全执行剩余股利政策将使股利发放额每年随投资机会和盈利而波动，不利于投资者安排收入和支出，也不利于企业树立良好的形象。该政策适用于企业的初创阶段。

2. 固定股利或稳定增长的股利政策

固定股利或稳定增长的股利政策是企业将每年派发的股利额固定在某一特定水平上，然后在一段时间内不论企业的盈利情况和财务状况如何，派发的股利额均保持不变。只有当企业对未来利润增长确有把握，并且这种增长被认为是不会发生逆转时，才增加每股股利额。固定股利或稳定增长股利政策一般适用于经营比较稳定的企业。

3. 固定股利支付率政策

固定股利支付率政策是企业确定固定的股利支付率，并长期按此比率从净利润中支付股利的政策。在这种情况下，企业每年所发放的股利会随着企业盈余的变动而变动，从而使企业的股利支付极不稳定，由此导致股票市价上下波动，很难使企业的价值达到最大。固定股利支付率只能适用于稳定发展的企业和企业财务状况较稳定的阶段。

4. “低正常股利＋额外股利”政策

“低正常股利＋额外股利”政策是企业事先设定一个较低的经常性股利额，一般情况下，企业每期都按此金额支付政策股利，只有企业盈利较多时，再根据实际情况发放额外股利。“低正常股利＋额外股利”政策主要适用于经营状况和利润不稳定的企业及盈利水平随着经济周期波动较大的企业或行业。

（二）股利政策的选择

以上四种股利政策各有利弊，企业在选取股利政策时，必须结合自身情况，选择最适合本企业当前和未来发展的股利政策。企业应根据自己所处的发展阶段来确定相应的股利政策。

企业的发展阶段一般分为初创阶段、高速发展阶段、稳定增长阶段、成熟阶段和衰退阶段。由于每个阶段的生产特点、资金需要、产品销售等各不相同，股利政策的选取类型也不同。

在初创阶段，企业面临的经营风险和财务风险都很高，急需大量资金投入，融资能力差，即使获得了外部融资，资本成本一般也很高。因此，为降低财务风险，企业应贯彻先发展后分配的原则，剩余股利政策为最佳。

在高速发展阶段，企业的产品销售急剧上升，投资机会快速增加，资金需求而紧迫，不宜宣派股利。但此时企业的发展前景已相对比较明朗，投资者有分配股利的要求，为了平衡这两方面的要求应采取“低正常股利＋额外股利”政策，股利支付应采用股票股利的形式，避免现金支付。

在稳定增长阶段，企业产品的市场容量、销售收入稳定增长，对外投资需求减少，每股收益值呈上升趋势，企业已具备持续支付较高股利的能力。此时，理想的股利政策应是稳定增长股利政策。

在成熟阶段，产品市场趋于饱和，销售收入不再增长，利润水平稳定，此时企业通常已积累了一定的盈余和资金，为了与企业的发展阶段相适应，企业可考虑由稳定增长股利政策转为固定股利支付率政策。

在衰退阶段，产品销售收入减少，利润降低，企业为了不被解散或被其他公司兼并重组，需要投入新的行业和领域，以求新生。因此，企业已不具备较强的股利支付能力，应采用剩余股利政策。

因此，企业应当根据不同发展阶段的特点，确定适合的股利政策，具体见表7-1。

表7-1　企业股利政策选择

企业发展阶段	特　点	适合的股利政策
初创阶段	经营风险和财务风险都很高，融资能力差	剩余股利政策
高速发展阶段	产品销售急剧上升，需进行大规模投资	“低正常股利”＋“额外股利”政策
稳定增长阶段	产品的市场容量、销售收入稳定增长，对外投资需求减少，净现金流稳步上升，每股盈利具有上升趋势	固定或稳定增长的股利政策
成熟阶段	产品市场趋于饱和，销售收入不再增长，盈利水平稳定，股利支付能力下降	固定股利支付率政策
衰退阶段	产品销售收入减少，不具备支付股利的能力	剩余股利政策

（三）股利政策的影响因素

企业在制定股利政策时，必须充分考虑股利政策的各种影响因素，从保护股东和债权人的利益出发，使其他利益的收益合理化。

1. 限制条件

（1）债券契约。企业在接受贷款后，股利的发放通常会受到债务合同的约束。同时，合同中也规定，只有在流动比率、利息保障倍数和其他安全比率超过规定的最小值后，才能支付股利。

（2）资本损减规则。股利的支出不得超过资产负债中的“留存收益”项目，这一法律限制被称为“资本减损规则”，是用来保护贷款人权益的。如果没有这条规定，陷入麻烦的企业可能将绝大部分资产用于向股东支付股利，而把贷款人晾在一边。

（3）现金的可得性。现金股利只能用现金支付，因此，银行账户上现金的短缺使股利支付受到限制，但是借款能力可以抵消这一因素的影响。

（4）非正当累计收益惩罚税。为了防止富裕者逃避缴纳个人所得税，税法规定，对非正当累计收益加收一种特殊的附加税，但通常只对私有企业实施。

2. 经济条件

（1）宏观经济环境。经济的发展具有周期性，企业在制定股利政策时同样受到宏观经济环境的影响，如我国上市公司在形式上表现为由前几年的大比例送配股，到近年来现金股利的逐年增加。

（2）通货膨胀。当发生通货膨胀时，折旧储备资金往往不能满足重置资产的需要，企业为了维持其原有生产能力，需要从留存利润中予以补足，可能导致股利支付水平的下降。

（3）市场的成熟程度。在比较成熟的资本市场中，现金股利是最重要的一种股利形式，股票股利则呈下降趋势。我国属于新兴的资本市场，和成熟的市场相比，股票股利成为一种重要的股利形式。

3. 企业自身条件

（1）投资机会。股利政策在较大程度上受到投资机会的制约。一般来说，若企业的投资机会多，对资金的需求量大，往往会采取低股利、高留存利润的政策；反之，若投资机会少，资金需求量小，就可能采取高股利政策。另外，股利政策还受企业投资项目加快或延缓可能性大小的影响。如果这种可能性较大，股利政策就有较大的灵活性，如有的企业有意派发股利来影响股价的上涨，使已经发行的可转换债券尽早实现转换，达到调整资本结构的目的。

（2）资本成本。企业在确定股利政策时，应全面考虑各条筹资渠道资金来源的数量大小和成本高低，使股利政策与企业合理的资本结构、资本成本相适应。

（3）偿债能力。偿债能力是企业确定股利政策时要考虑的一个基本因素。现金股利是现金的支出，而大量的现金支出必然影响企业的偿债能力。因此，企业在确定股利分配数量时，一定要考虑现金股利分配对企业偿债能力的影响，保证在现金股利分配后，企业仍能保持较强的偿债能力，以维护企业的信誉和借贷能力。

（4）变现能力。如果一个企业的资产有较强的变现能力，现金的来源较充裕，其支付现金股利的能力就强。高速成长中的、盈利性较好的企业，如其大部分资金投在固定资产和永久性运营资金上，他们通常不愿意支付较多的现金股利而影响企业长期发展战略。

4. 股东自身条件

（1）股东对股利分配的态度。有的股东是企业的永久性股东，关注企业长期稳定发展，不大重注现期收益，他们希望企业暂时少分股利以进一步增强企业长期发展能力；有的股东的投资目的在于获取高额股利，十分偏爱定期支付高额股利的政策；而另一部分投资者偏爱投机，投资的目的在于短期内持股期间股价大幅度波动，通过炒股获取差价。股利政策必须兼顾这三类投资者对股利的不同态度，以平衡企业和各类股东的关系。

（2）对企业的控制。如果企业股东和管理人员较为看重原股东对企业的控制权，则该企业可能不大愿意发行新股而是更多地利用企业内部积累。这种企业的现金股利分配就会较低。

企业确定股利政策时要考虑许多因素，由于这些因素不可能完全用定量的方法来测定，因此决定股利政策主要依靠定性判断。

【思考题】

1. 简述休闲农业企业财务管理的内容。
2. 简述休闲农业企业的筹资渠道。
3. 简述休闲农业企业的投资程序。
4. 休闲农业企业应如何进行股利政策的选择？

CHAPTER8 第八章

休闲农业园区质量管理

知识目标：

1. 了解质量管理的基本理论、基本内容方法和质量管理体系。

2. 掌握质量管理的常规方法。

3. 掌握全面质量管理的方法及各类型休闲农业园区的质量管理方式。

技能目标：

1. 分析休闲农业质量管理现状。

2. 独立完成休闲农业园区质量管理相关内容的调查，并能根据休闲农业园区实际情况选择该园区的质量管理方式。

3. 分析休闲农业园区的特征，制定相关的质量管理办法。

休闲农业园区的质量管理对提高游客的满意度有着十分重要的意义，是休闲农业园区管理中不可缺少的组成部分，质量管理的优劣直接影响休闲农业园区对游客的吸引力。

第一节 休闲农业园区质量概述

质量的内涵丰富，随着社会经济、科学技术和生产技术的发展，其内容也在不断地完善深化。同时，伴随着全球经济一体化的发展，国际市场的竞争日趋激烈，与时间和成本一样，质量已成为企业生存和发展的主要制胜依据之一。

美国著名质量管理专家朱兰（J. M. Juran）在第 48 届美国质量管理学会年会上指出，20 世纪以“生产率的世纪”载入史册，未来的世纪将是“质量的世纪”。

一、休闲农业园区质量的定义

人们目前对于质量概念的理解主要依据国际标准化组织（ISO），为规范全球范围内的质量管理活动，ISO 颁布了 ISO9000：2000 标准，其中将质量定义为“产品或服务所具备的满足明确或隐含需求能力的特征和特性的总和”。

根据这个定义，休闲农业园区的质量可定义为休闲农业园区满足游客明显或隐含需求的能力和特性的总和。其中，游客的明显需求指的是游客对休闲农业园区的显性期望，隐含需求是指游客不必明确表达的需求。

二、休闲农业园区质量的分类

休闲农业园区产品是游客消费的主要对象，园区产品满足游客需要和欲望的程度直接影响游客对园区质量的评价。按照园区产品要素划分，可将园区质量分为景观质量、服务质量、设备和技术质量、产品质量。

1. 景观质量

园区景观质量能够体现园区景观的特征，主要包括园区规划设计和建造实施以后取得的实际效果，是以旅游功能为主的地理环境和人文环境的综合体。景观质量不仅反映出景观各要素的统一性和完整性，也体现了园区对所在区域环境的保护、利用和改造。

2. 服务质量

服务质量就是园区服务人员对游客所提供的服务的质量，包括票务服务、导游服务、购物服务等劳务性服务以及跟进服务等。园区人员对游客的劳务性服务质量主要体现在项目、态度、语言、仪表等方面；跟进服务一般包括环境卫生、安全保卫、应急医疗、投诉处理等方面。

3. 设施和技术质量

园区的设施和技术是园区开展经营活动的物质载体，其质量的高低直接关系到游客的满意度。设备和技术水平直接推动园区的发展，影响园区产品开发、产品营销和服务和服务质量等。高水平的设施和技术能够提高园区的运营效率，给游客带来方便，同时也能提高游客的满足感。

4. 产品质量

园区产品质量包括园区景观、环境、交通、住宿、餐饮、购物等游客消费的基础产品质量，也包括园区呈现给游客的各景点之间的线路设计、游玩项目组合是否合理，是否能够体现园区的特色、游览内容是否丰富多彩、游客是否能够参与其中。

第二节　休闲农业园区质量管理

20 世纪末，农业观光休闲活动成为一项迅猛发展的旅游项目。从目前的观光农业发展来看，其主要集中在大城市的郊区和东部沿海经济较发达的地区，如北京的锦绣大地、小汤山农业科技园区、蟹岛生态度假村、苏州的农林大世界、上海的孙桥农业开发区、无锡的马山观光农业园、北戴河的集发农业科技园等。2005 年，北京 89 个乡镇的休闲农业项目已达 2 000 余项；上海在 2003 年已建成具有休闲农业性质的农业高优示范区 36 个，合作农场 700 多个；2003 年，成都市所辖 19 个区（市）农村“农家乐”景点已达 5 000 家以上；而在休闲农业发展较早的广东珠江三角洲地区，仅休闲果园就达 80 多个。2009—2011 年，我国农业生态园的数量及规模迅速发展，新增休闲观光农业园 1 260 多处。

《中华人民共和国农业行业标准——休闲农庄建设规范》中指出，“农庄建设实行责任追究制度，严格执行相关现行的规范和标准，将质量管理贯穿到项目建设的各个环节。”

其中标准引用文件有环境空气质量标准（GB 3095—1996）、导游服务质量（GB/T 15971—1995）、农产品安全质量　无公害蔬菜安全要求（GB 18406.1—2001）、农产品安全质量　无公害水果安全要求（GB 18406.2—2001）、农产品安全质量　无公害蔬菜产地环境要求（GB 18407.1—2001）、农产品安全质量　无公害水果产地环境要求（GB 18407.2—2001）。

一、质量管理概述

（一）质量管理的定义

质量管理是管理科学的一个重要的分支，是一种对质量的形成实施管理的活动。《质量管理体系基础和术语》中对质量管理的定义是“在质量方面指挥和控制组织的协调的活动”。

质量管理最早起源于制造业，经历了质量控制、质量保证、全面质量控制和全面质量管理 4 个阶段。目前质量管理就是指全面质量管理，其目的是持续不断地提高产品或服务的质量，以满足企业目标和顾客需求。

（二）质量管理的基本内容

1. 质量方针

质量方针是由组织的最高管理者正式发布的该组织总的质量宗旨的方向。通常质量方针与组织的总方针一致，并为制定质量目标提供框架。

2. 质量管理体系

质量管理体系是指实施质量管理的组织结构、职责、程序、过程和资源。质量管理体系是质量管理的组织管理。

3. 质量策划

质量策划致力于制定质量目标，并规定必要的运行过程和相关资源，以实现质量目标。质量策划通常包括以下几个方面：

（1）产品策划。对质量特性进行识别、分类和比较，并建立其目标、质量要求和约束条件。

（2）管理和作业策划。对实施质量体系进行准备，包括组织和安排。

（3）编制质量计划，做出质量改进规定。

4. 质量控制

质量控制致力于满足质量要求。质量控制是确保产品、体系、过程的固有特征达到规定要求的核心步骤。

5. 质量保证

所谓质量保证，是指为使人们确信某实体能满足质量要求，在质量体系内所开展的并按需要进行的正式的有计划和系统的全部活动。

质量保证分为内部质量保证和外部质量保证。内部质量保证是质量管理职能的有机组成部分，是为了企业各层管理者确信本企业具有满足质量要求的能力所进行的活动。外部质量保证是为了使用户和第三方确信供方具备满足质量要求的能力所进行的活动。

6. 质量改进

质量改进是质量管理的一部分，致力于增强满足质量要求的能力，是一个企业持续改进和提高的过程。

7. 质量成本

质量成本是为了保证满意的质量而发生的费用，以及没有达到满意的质量而造成的损失，质量成本是总成本的组成部分。

（三）质量管理的常规方法

1. 检查表法

检查表法又称统计调查表法、统计分析表法，是用来记录、收集和累积数据并对数据进行整理与粗略分析的方法。

2. 头脑风暴法

头脑风暴法最早是在 1941 年由美国从事广告创意的奥斯本提出来的，他受精神病人“胡言乱语”的启发，想在管理上也创造一种这样的氛围，让人们无限遐想，想出更多的创意。

3. 因果分析图法

因果分析图又称树枝图，也称特性要因图，是由日本东京大学教授石川馨提出的一种简单而有效的方法。所谓特性，就是实施过程中出现的质量问题；所谓要因，就是对质量问题有影响的因素或原因。

因果分析图是用来逐步深入地研究和讨论质量问题，寻找其影响因素，以便从重要的因素着手解决问题的一种工具（图 8-1）。

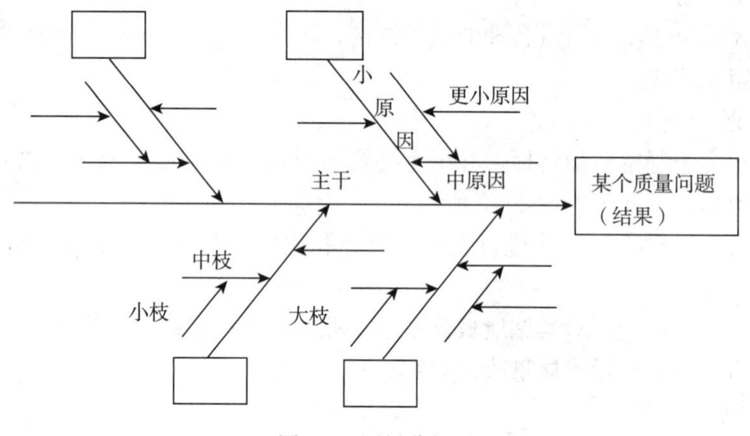

图 8-1　因果分析图

4. 分层法

分层法又称分类法，是将收集来的数据按一定的标准分类、分组、整理，使其能够更加清楚地反映事实，便于找出问题。

5. 水平对比法

水平对比法就是将自己企业的产品、服务和过程质量处于领先地位的竞争者进行比较，找出与对手的差距，提高自身水平。使用水平对比法可以改进目标，制订改进的计划，确定质量目标方针和质量目标。

6. 排列图法

排列图又称主次因素排列图，是根据意大利经济学家帕累托提出的“关键的少数和次要的多数”原理，由美国质量管理专家朱兰运用于质量管理中而发明的一种质量管理图形。其作用是寻找主要质量问题或影响质量的主要原因，以便抓住提高质量的关键．取得良好效果。

7. 相关图法

相关图法又称散布图。使用相关图就是通过绘图、计算与观察，判断两种数据之间究竟是什么关系，建立相关方程，从而通过控制一种数据达到控制另一种数据的目的。

（四）质量管理体系

质量管理体系是指“在质量方面指挥和控制组织的管理体系”。体系是指“相互关联或相互作用的一组要素”，其中的要素是指构成体系的基本单元或可理解为组成体系的基本过程。

ISO 9000 系列标准是由 ISO 组织指定并颁布的国际标准。ISO 的宗旨是“在全世界范围内促进标准化发展，以便于产品和服务的国际交往，并扩大在知识、科学、技术和经济方面的合作”。

质量管理体系一般是指以 ISO 9000 系列标准为指导，描述企业质量体系的一整套文件，它是企业实行质量保证和认证的首要工作。质量管理体系文件通常包括质量手册、程序文件和作业文件 3 个层次。

ISO 9000 系列标准自颁布以来，已逐渐成为许多国家的标准或行业标准。因而，了解 ISO 9000 系列标准并将其作为指导原则进行企业的质量管理控制，推进企业 ISO 9000 系列标准的认证，获取进入国际市场的通行证，也是企业管理人员的日常工作之一。

二、休闲农业园区质量管理的定义

根据质量管理的内涵，休闲农业园区质量管理可定义为：确定休闲农业景区质量方针、改进并使其实施的全部管理职能的所有活动。

三、休闲农业园区质量管理的原则

1. 以游客为关注原则

“组织依存于顾客，因此，组织应当理解顾客当前和未来的需求，满足顾客要求并争取超越顾客的期望。”

游客的需求是多种多样的，游客是园区质量的最终评价者，园区应该从各种途径了解游客当前和未来对于休闲农业产品及服务的需求，满足游客要求并争取超越游客期望。游客是否满意是衡量休闲农业园区的重要标准。

2. 领导作用原则

“领导者应确定统一的宗旨及方向。他们应当创造并保持使员工能充分参与实现组织目标的内部环境。”休闲农业园区组织最高管理层的高度重视和强有力的领导是组织质量管理取得成功的关键，最高管理层是组织的决策层，决定和控制着组织发展的前程，对园区能否在激烈的市场竞争中处于领先地位有着至关重要的作用。

3. 全员参与原则

“各级人员都是组织之本，只有充分参与，才能使他们的才干为组织带来收益。”这是实现以游客为关注焦点的前提条件之一。人员在质量管理中始终处于主导地位，也是最活跃的因素。休闲农业园区的质量管理工作需要全体员工的参与，只有全员都充分参与到质量管理中来，才能为园区带来最大的效益。

4. 过程管理原则

“将活动和相关的资源作为过程进行管理，可以更高效地得到期望的结果。”这是提高管理效率的有效手段。ISO9000 把过程定义为“通过使用资源和管理，将输入转化为输出的一组活动。”休闲农业园区应将游客的需求作为园区运作的输入过程，将为游客提供服务等作为产品的输出过程，将游客的信息反馈作为游客满意度和评价园区质量管理的评测过程。

5. 系统控制过程

“将相互关联的过程作为系统加以识别、理解和管理，有助于组织提高实现目标的有效性和效率。”

任何一项活动都可以作为一个过程来实施管理。应用过程方法，可以连续有效地对诸多过程的系统进行控制，确保每个过程的质量，并高效率达到预期的效果。休闲农业园区在制订管理方案并实施的过程当中，应利用要素间的相互关联性，将所有要素作为一个系统化的整体加以分析。

6. 持续改进原则

持续就是指“只有起点，没有终点”。持续改进总体业绩应当是企业的永恒目标。休闲农业园区持续改进质量管理体系的目的就是增加游客和其他相关方满意的机会，进而推动园区质量的不断进步。

7. 互利互动原则

“组织与其供方是相互依存的，互利的关系可增强双方创造价值的能力。”休闲农业园区和游客之间的互动和沟通对于游客的满意度有一定的影响，园区和游客之间良好的互动关系对园区的质量评价有一定积极影响，有益于巩固园区服务或产品在游客心中的质量稳定程度。

第三节　休闲农业园区全面质量管理

一、休闲农业园区全面质量管理的定义

全面质量管理起源于美国，20 世纪 50 年代末，美国通用电气公司的费根堡姆和质量管理专家朱兰提出了“全面质量管理”（TQM）的概念，认为“全面质量管理是为了能够在最经济的水平上，并考虑到充分满足客户要求的条件下进行生产和提供服务，把企业各部门在研制质量、维持质量和提高质量的活动中构成为一体的一种有效体系”。我国自 1978 年推行全面质量管理，在理论和实践方面都得到了较好的发展，用实际行动证明了全面质量管理的基本理论、思想和方法是科学、有效的。

根据全面质量管理的内涵，休闲农业园区全面质量管理可定义为：以提高园区质量为中心，以全员参与为基础，目的在于长期获得顾客满意和组织成员、社会的收益，从而不断提高园区质量的管理活动。休闲农业园区在实施质量管理时应以全面质量管理理论为指导，按照全面质量管理的程序和方法做好园区质量管理工作。

二、休闲农业园区全面质量管理的特点

园区全面质量管理是基于组织全员参与的一种质量管理形式，其核心是一个“全”字，

代表了园区的全部员工和生产服务的全过程。其特点包括：

1. 全面质量管理的内容是全面的

全面质量管理关于质量的概念是广义的，不仅包括产品质量，还包括产品赖以形成的工序质量和工作质量，要求不仅要搞好产品质量，还要搞好工序质量和工作质量，通过加强企业各方面的工序质量和工作质量来保证及提高产品质量。

2. 全面质量管理的范围是全面的

全面质量管理是设计、生产、销售的全过程管理。任何一个产品的质量都有一个产生、形成和实现的过程，因此，不仅要搞好生产过程的质量管理，还要搞好设计过程和销售过程的质量管理，对与产品质量有关的各个环节加以管理，形成一个综合性质量体系。

3. 全面质量管理是全员参与的质量管理

产品质量是企业各方面的综合反映，涉及企业所有部门和人员，全面质量管理要求企业的全体人员都要按照其所承担的质量职能开展工作、发挥作用。

4. 全面质量管理的方法是全面的

由于影响产品质量的因素是错综复杂的，要把众多复杂因素系统控制起来，必须综合运用多种多样的管理技术和方法，包括科学的组织工作、数理统计方法和科学技术手段等。

5. 全面质量管理是全社会性的

全面质量管理强调让游客满意、让园区成员和社会受益，谋求长期的经济效益和社会效益，即要提高包括园区效益在内的以质量成效为核心的整个社会的经济效益，而不是仅仅为园区获得利润。

三、休闲农业园区全面质量管理的方法

（一）PDCA 管理循环

1. PDCA 循环的含义

PDCA 循环是全面质量管理的基本方法，是美国电话电气工程师戴明提出的，故又称“戴明循环”。PDCA 循环是计划（plan）、执行（do）、检查（check）、处理（action）的简称，实践证明，这个工作循环是完全符合认识规律的，它是企业进行全面质量保证的重要方法之一。日本在 1950 年请美国质量管理专家戴明到日本讲学，介绍了这种方法，日本人普遍称它为全面质量管理的第一支柱。我国不少企业在学习国外全面质量保证的过程中，运用这一管理质量保证方法取得了显著的成效（图 8-2）。

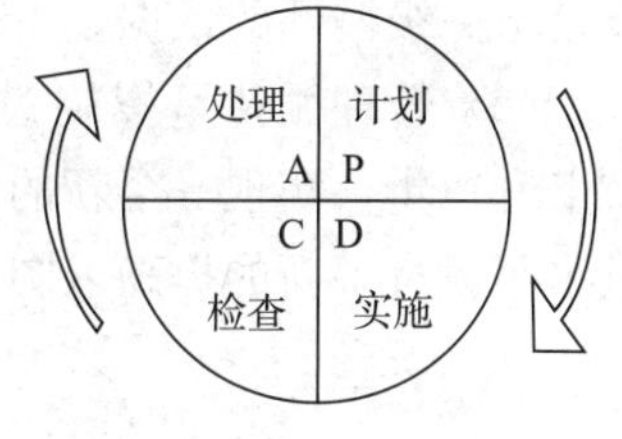

图 8-2 PDCA 循环模式

2. PDCA 循环的基本内容

（1）计划阶段（plan）。计划阶段制定质量目标、活动计划、项目管理和措施方案。

（2）实施阶段（do）。实施阶段只包括一个步骤，即按预定计划认真执行，有时为了保证正确的执行计划，通常在执行前对有关人员进行培训，明确要求标准，使其掌握科学操作方法等。

（3）检查阶段（check）。检查阶段也只包括一个步骤，即检查执行情况和效果，主要调查实行结果和掌握效果，并找出问题，也就是看各项作业是否按标准要求进行，查看作业结果是否符合作业规程和标准化要求。

（4）处理阶段（action）。处理阶段包括两个步骤。第一步是总结经验教训、巩固成绩、处理差错，把成功的经验肯定下来，定成标准，以便遵循；失败的教训也要加以总结整理，记录在案，作为借鉴，防止再度发生。第二步是把没有解决的遗留问题转入下一个管理循环，作为下一阶段的计划目标。

为了解决和改进产品质量问题，通常把 PDCA 循环进一步具体为 8 个步骤（表 8-1）。

表 8-1　PDCA 循环的 8 个步骤

阶段	步骤	管理内容	质量管理方法
P 阶段	1	分析现状，找出质量问题	排列图法、直方图法、控制图法、工序能力分析、亲和图（KJ）法、矩阵图法
	2	分析产生质量问题的原因	因果分析图法、关联图法、矩阵数据分析法、散布图法
	3	找出影响质量问题的主要因素	排列图法、散布图法、关联图法、系统图法、矩阵图法、KJ 法、实验设计法
	4	制订措施计划	目标管理法、关联图法、系统图法、矢线图法、过程决策程序图法
D 阶段	5	执行措施计划	系统图法，矢线图法，矩阵图法，过程决策程序图法
C 阶段	6	调查效果	排列图法，控制图法，系统图法，过程决策程序图法，检查表，抽样检验
A 阶段	7	调查效果	标准化、制度化、KJ 法
	8	提出未解决的问题	转入下一个 PDCA 循环

3. PDCA 循环的特点

PDCA 循环的基本特点可以概括如下：

（1）大环套小环，一环扣一环；小环保大环，推动大循环。整个企业，园区各级员工都有自己的 PDCA 管理循环，所有的循环圈都在转动，并且相互协调、互相促进。上一级循环是下一级循环的依据，下一级循环是上一级循环的组成部分和具体保证（图 8-3）。

（2）管理循环呈螺旋式上升。每个 PDCA 循环都不是原地不动的，而是每转动一圈，就上升一步，实现一个新的目标。这就意味着质量管理每过一个循环就解决了一批问题，质量水平就有了新的提高（图 8-4）。

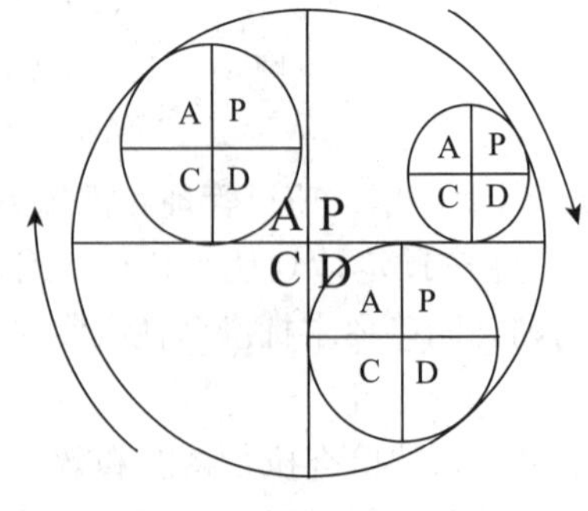

图 8-3　管理循环大环套小环

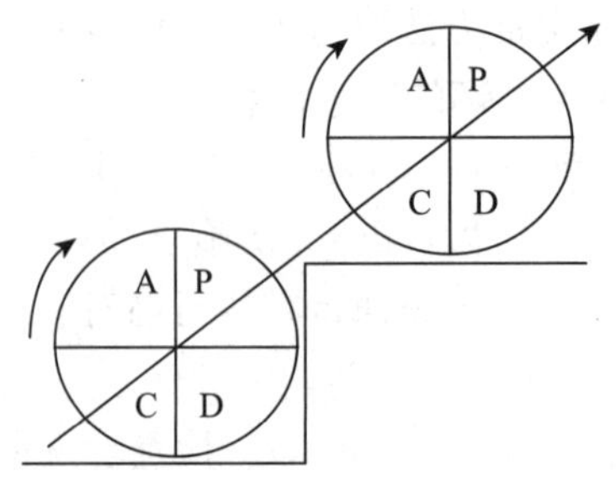

图 8-4　管理循环螺旋式上升

（3）管理循环是综合性循环。管理循环中 4 个阶段的划分是相对的，它们不是机械分开而是紧密相连的，并且在各个阶段之间还有一定的交叉。在实际的工作中，通常是一边计划一边执行，一边执行一边检查，一边检查一边处理，一边处理发现的问题一边调整计划。

（4）管理循环关键在于“A”阶段。处理就是总结经验，只有肯定成绩，同时又能够接受失败的教训，把成功和失败的经验都纳入各项标准、规程和制度当中，才能够在下一次的管理循环中避免犯相同的错误。

（二）朱兰三部曲

朱兰博士认为，产品中的质量问题 80％是由于管理不善引起的，从管理的角度来看，要搞好质量管理，必须抓住质量计划、质量控制、质量改进这 3 个主要环节，这一管理模式被称为朱兰三部曲。

1. 朱兰三部曲的内容

（1）质量计划（设计）。质量计划是一个为实现质量目标做准备的过程。其最终结果是能在经营（操作）条件下实现质量目标。

（2）质量控制。质量控制是在经营中达到质量目标的过程。其最终结果是按照质量计划开展质量经营活动。

（3）质量改进。质量改进是一个突破计划并达到前所未有水平的过程。其最终结果是以明显优于计划性能的质量水平进行经营活动。其中，质量计划是质量管理的基础，质量控制是实现质量计划的需要，质量改进则是质量计划的飞跃。

2. 朱兰三部曲的相互作用

在朱兰三部曲中，质量计划明确了质量管理所达到的目标以及实现最终目标的途径。质量计划是质量管理的前提基础；质量控制确保活动按照事先计划的方式进行；质量改进则意味着质量水准的飞跃。这 3 个阶段相辅相成，可以用图 8-5 来表示三者之间的关系。

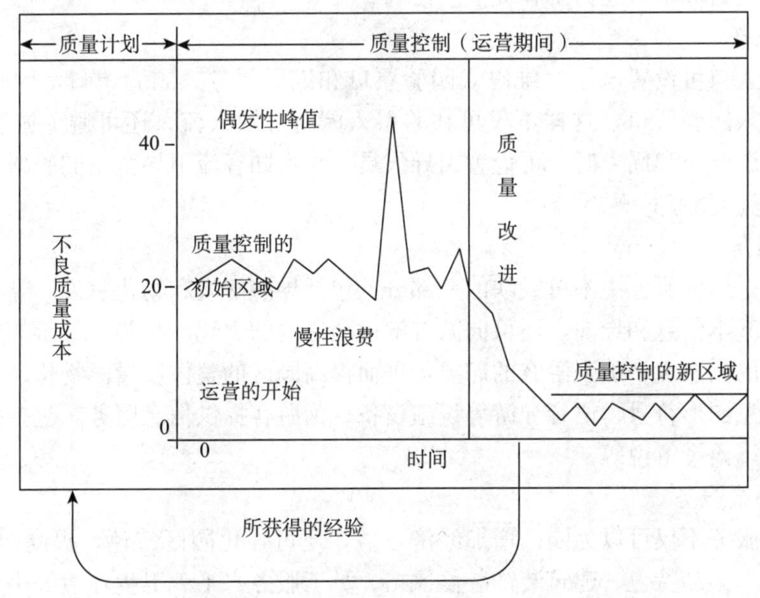

图 8-5　朱兰三部曲 3 个阶段的相互作用

（三）统计法

全面质量管理常用的统计方法主要有以下几种：

（1）一般统计方法：排列图、因果图、分层图、调查表。

（2）数理统计法：直方图、控制图、相关图、抽样检验。

（3）新方法：系统图、关联图、矩阵图、KJ 法、矩阵数据分析。

第四节　休闲农业园区服务质量管理

一、休闲农业园区服务质量的概念

休闲农业园区服务质量是园区服务所能满足服务需求特性的综合体现，即园区提供的服务产品所能满足游客需求的程度。园区服务质量的高低主要体现在游客在游玩过程中享受服务后的物质和心理满足程度的高低，园区员工的服务技能、服务态度、礼节礼貌等，设施及设备的舒适程度、安全程度，档次程度等，直接影响游客对园区整体质量的评价。因此，园区管理必须抓好对游客的服务环节，有效引导游客行为，进而提高园区质量。

二、休闲农业园区服务质量的内容

（一）游客入园服务

1. 订票服务

休闲农业园区订票服务主要包括以下几种：

（1）园区销售。游客可在园区售票点直接购买。

（2）网上销售。随着科技现代化的发展，休闲农业园区可实现线上网络无障碍售票，游客可在手机、电脑上实现订票支付，并生成二维码，通过扫描二维码来检验票务。这种方式不仅降低票务经营成本，还为游客提供了便利。

2. 验票服务

园区验票入口可设置电子二维码入园验票口和纸质票务入园验票口，同时还可设置散客、团队游客入园验票口，这样不仅可在验票入园时分散人流，还可避免游客间的相互干扰。在园区旅游旺季和周末时，可设置引导人员，将不同客流引导至不同验票口。

（二）游客游园服务

1. 导游服务

导游服务是园区服务中不可或缺的一部分，包括导游解说和物化解说。导游解说可为游客提供园区的基本信息和导向，还可向游客解说园区内的文化产品等。导游的解说服务可提高游客对园区的满意度，加强游客的印象，进而提高园区的整体质量。物化解说指的是书面材料、公共信息图形符号、语音导游等设施设备，为游客提供信息服务，包括标志牌、解说手册、导游图、语音解说等。

2. 住宿餐饮服务

住宿餐饮服务不仅可以为园区增加经济效益，还可强化园区特色，提高园区整体质量。住宿餐饮设施、菜品特色、建筑装饰装修风格、员工服务水平、卫生环境等决定了住宿餐饮服务质量的高低。

3. 购物服务

园区的购物服务是游客在园区内的二次消费，园区可通过购物服务来提高其信誉和声誉。购物服务不仅满足了游客的需求，还可以丰富游客的休闲娱乐。产品质量的高低及园区销售人员服务的水平和态度决定了购物服务质量的高低。

4. 后勤保障服务

园区的后勤保障服务包括安全保卫服务、环境卫生服务、应急医疗服务、投诉处理服务。

（1）安全保卫服务。园区的安全保卫是园区为保障设施、游客人身和财产安全及园区正常游玩秩序的重要工作，其重点包括园区安全保障网络、园区突发事件处理预案、园区食品卫生和安全管理方案、员工的安全教育和培训、游客人身安全保障制度等。

（2）环境卫生服务。环境卫生是游客对园区的直观感受，直接影响游客对园区的整体印象，也是衡量园区管理水平的重要依据。

（3）应急医疗服务。应急医疗是园区为游客遇到突发疾病，或由于自然灾害和设施事故等造成身体伤害而提供的一种保障服务，园区应配置医务室，并配备常用急救药品和医用器材，医务人员应具备专业资格证书。

（4）投诉处理服务。园区应设立专门的投诉管理渠道，以便游客反映其对园区的主观评价，以及对园区质量改进的意见和建议。园区在接到投诉之后应及时形成对投诉的处理方案，并反馈给游客。园区员工可按照以下程序处理游客的投诉建议：认真倾听→根据投诉内容进行处理→告知游客处理过程与结果→对游客的投诉建议表示感谢。

三、休闲农业园区服务质量规范

休闲农业园区服务质量规范可参考《休闲农庄服务质量规范》（GB/T 28929—2012）。

【思考题】

1. 简述休闲农业园区的质量构成。
2. 什么是休闲农业园区服务质量，包括哪些内容？
3. 简述休闲农业园区质量管理的意义。
4. 简述休闲农业园区质量管理的原则。
5. 简述休闲农业园区质量管理常用的办法。

第九章 CHAPTER9

休闲农业安全管理

知识目标：

1. 了解休闲农业安全问题多发的原因、特点和管理原则。
2. 了解休闲农业常见安全隐患。
3. 掌握休闲农业安全预防措施。
4. 掌握各类突发事件的处理程序与处理技巧。

技能目标：

1. 能够合理设置安全管理机构及制度。
2. 能够运用安全知识进行休闲农业的安全标识设置。
3. 能够处理突发安全事故，掌握应急管理的各项操作技能。

在休闲农业日益发展的今天，其安全问题也越来越受到人们的关注。因休闲农业独特的地域性及活动对象的乡村性，使其在安全表现方面不同于其他旅游形式。安全无小事，安全问题事关重大，休闲农业的安全关乎休闲旅游者的生命财产、休闲农业经营者的经济利益及休闲农业旅游目的地的形象。

2017 年 3 月 8 日，北京市第一次推出周边游保险，即京郊旅游政策性保险，保险公司为经营户和景区在经营业务中发生的意外事故买单，使游客在休闲旅游中多了一份保障。可见，安全问题在休闲旅游发展中已被重视，因此，本书单设一章对休闲农业常见安全隐患、发生原因、突发事件应急管理等方面的内容进行详细介绍。

第一节　休闲农业安全管理概述

一、休闲农业安全管理的概念

随着我国旅游业的快速发展，全民旅游时代来临，各地带薪休假制度逐渐完善，休闲农业旅游异军突起，引领旅游业发展新潮流。在旅游业火爆的同时，安全问题被提上一个新的高度。安全问题一直是旅游界很重视的一个话题，中华人民共和国文化和旅游部每年都会召开全国旅游安全工作会议，分析当前旅游安全形势，提出旅游安全工作的总体要求，部署安排旅游安全重点工作，进行旅游安全培训等。

旅游安全是旅游活动中各相关主体的一切安全现象的总称，包括旅游活动各环节的相关现象，也包括旅游活动中涉及的人、设备、环境等相关主体的安全现象，既包括旅游活动中的安全观念、意识培育、思想建设与安全理论等“上层建筑”，也包括旅游活动中安全的防控、保障与管理等“物质基础”。

休闲农业安全管理就是对休闲农业旅游中存在的各种不安全因素进行有效管理，以降低休闲农业旅游过程中安全事故的发生，为游客提供一个安全的旅游环境。

休闲农业安全事故给游客的生命安全带来极大威胁，给休闲旅游目的地经济发展造成巨大损失，也给当地旅游形象带来严重的负面影响，影响旅游地的长远发展，因此，安全管理应是休闲农业各项管理工作中不可忽视的重点，休闲农业管理人员应积极采取安全防范措施，彻底消除安全隐患，防患于未然。

二、休闲农业安全事故发生的原因

安全管理是休闲农业管理的一个重要环节。从休闲农业运作的环节和旅游活动的特点看，安全管理贯穿于休闲旅游活动的各个环节。休闲农业园区出现安全事故不仅会给游客带来伤害，也会给休闲旅游地及休闲旅游企业带来损失，严重影响休闲农业园区的形象。因此，加强安全管理，减少各种事故的发生在休闲农业管理中占有重要地位。旅游景区安全问题发生的主要原因分为以下几个方面：

1. 环境的复杂性

休闲农业园区的环境复杂多样，既包括自然环境，也包括人文景观，不同的环境蕴含着各类不安全因素，如自然灾害（火山、地震、泥石流、洪水、海啸、雷暴等）、动植物伤害、犯罪活动、火灾、旅游设施管理差错、操作失误等。

2. 设施设备的简单粗糙化

由于休闲农业旅游没有一套完善的行业标准，对于住宿、餐饮、购物、娱乐、医疗等设施设备没有统一的规定，所以园区内外旅游接待设施设备存在简单粗糙现象。如乡村休闲旅游地没有相关急救器械，没有救护车或担架；住宿餐饮方面的防盗和防火设施也有待进一步完善。

3. 管理工作的失误

由于从业人员缺乏专业的培训和管理，在休闲农业园区的经营管理上存在安全组织的设置、安全规章制度的制定、安全人员和安全设施的配备、应急救援体系的构建等方面不健全、不完善的问题。

4. 安全意识薄弱

安全意识薄弱包含两方面的意思：一是园区对安全问题考虑不周全，对可能造成的突发事件预料性差，如节假日游客人数剧增的安全防范方法等；二是出行游客对自身安全问题的忽视，旅游的本质属性决定了游客追求精神愉悦与放松，甚至冒险，因此，游客流连于山水之间时往往放松了安全防范意识，导致安全问题发生。

三、休闲农业安全管理的特点

1. 不安全因素复杂多样

因其环境的复杂多样性，休闲农业的安全管理也存在复杂性。安全管理贯穿整个休闲农业旅游活动，涉及吃、住、行、游、购、娱各个环节，且每个环节的安全状况都会受到一系列因素的影响。如行这个环节，不仅要考虑旅游客源地到休闲农业旅游目的地大交通的安全，还要考虑休闲农业旅游地的小交通的安全，而且大小交通还要区分空中、地面、水面等不同类型的交通形态，不同形态交通的影响因素不同。

2. 安全管理涉及面广、难度高、要求严

休闲农业安全管理是一个包含人、物、环境及管理的综合复杂的管理系统，涉及面广。人的安全管理包括休闲农业旅游者、休闲农业从业者及休闲农业社区居民等；物的安全管理包括基础设施设备、交通工具、农事体验设施设备及安全标识等；环境的安全管理包括可能对游客造成危害的自然环境（火山、崩塌、洪水、有毒植物、环境污染等）、社会环境（战争、社会动乱、犯罪活动等）、卫生环境等；管理方面的安全管理包括安全宣传教育、安全生产规章制度、安全监督检查、安全预警机制、安全法律法规、安全投入等。休闲农业安全管理涉及方面广，就会加大其管理难度，加之安全事故具有多种表现形态，不同形态的安全事故造成的损失与影响不同，其处理方式也不尽相同。同时，对安全事故的控制、管理和处理时效性要求较高，加大了休闲农业安全管理的难度。

3. 安全管理责任大

随着我国休闲农业旅游的发展，会有越来越多的游客，包括国外游客参与到休闲农业的活动中来，休闲农业园将向国内外游客展示我国农村经济发展新面貌，成为我国对外宣传的窗口。休闲农业安全管理的好坏不仅会直接影响休闲农业旅游者的生命、财产安全，而且还会影响休闲农业旅游目的地的形象和经济政治安全，甚至影响国家形象。

四、休闲农业安全管理的原则

休闲农业作为一种新型农业生产经营形态，是休闲农业旅游者的最终目的地和重要集散地，面临的环境相对复杂，要保证休闲农业旅游者的人身与财物安全，确保休闲农业能够持续稳定地发展，安全管理不容忽视。安全管理工作的原则主要有以下 3 个方面：

1. 安全第一，预防为主，防治结合

安全管理不走过场、不搞形式，注重安全与效益并重；安全管理应防患于未然，做好预防措施，杜绝“亡羊补牢，为时未晚”的思想。安全管理要遵循“安全第一、预防为主、防治结合”的指导方针，努力消除存在的各种安全隐患，积极防范意外事故的发生，使之成为休闲农业管理者重要的工作内容之一。能否根据休闲农业园区的实际情况建立健全适合本景区的安全管理制度，发生意外事件后能否迅速启动响应机制并做好善后处理，是对景区管理者综合能力的重大考验。

2. 保证重点，兼顾一般，优化管理

休闲农业安全管理应根据工作对象的主次和任务大小，抓重点、顾一般，妥善合理分配安全保卫力量。凡影响休闲农业旅游全局的部门和工作环节，要花大力气保障万无一失；对其他次要的环节，也要定期巡检。在节假日旅游高峰到来之前，应对休闲农业园区的安全设施、安保力量进行重新评估，判断其是否存在安全隐患和管理漏洞，切实做到休闲农业安全的优化管理。

3. 领导负责，专人防治，全员控制

安全管理涉及的工作面比较大，不是休闲农业园区单个个体可以完成的，需要从上到下、从领导到基层全体工作人员的共同监督和管理。平时应加强安全教育方面的培训，普及安全知识，增强安全意识。如果发生问题，实行“三不放过”原则，即事故原因不清不放过、事故责任者和群众没有受到教育不放过、没有防范措施不放过。

第二节　休闲农业常见安全隐患

休闲农业经营者应做好游客的安全防范工作，了解常见安全隐患，做到心中有数。休闲农业的安全隐患主要来自自然环境、社会环境、游客自身、休闲农业管理 4 个方面。

一、自然环境方面的安全隐患

在休闲农业游览过程中可能发生一些难以预料的突发安全事故，其主要来源于自然环境方面，如地质灾害，包括地震、火山爆发、塌陷、地裂、崩塌、滑坡、泥石流；气象灾害，包括暴雨、洪水、海啸、沙暴、尘暴；其他方面灾害，包括有毒气体污染、部分凶猛野生动物、有毒植物、昆虫、环境污染、核辐射、传染病等。地质和气象灾害一旦发生，很容易造成连锁反应，产生一系列次生灾害和衍生灾害；而其他方面灾害的人为可控性较差。

二、社会环境方面的安全隐患

社会环境方面的不安全因素主要来源于社会与管理灾害，包括战争、恐怖主义、社会动乱、犯罪活动、火灾、旅游设施管理差错等引起的灾难或损害。由于休闲农业独特的地域性，地形复杂多样，隐蔽性较强，游客在游览过程中疏于防范，加之旅游淡旺季明显，旅游设施维护不力等都会为旅游的社会环境埋下隐患。

三、游客方面的安全隐患

首先，游客在旅游前，自我保护、自救和求救等旅游安全常识较少，遇到突发情况不知如何处理；其次，每个游客在园区的行为表现会有所不同，有的人会听从园区的安全引导和宣传，遵守园区规章制度，但有的人视园区的安全警示、安全告知如无物，置之不理，在园区内抽烟、点火，擅自攀爬雕塑、翻越设施，喂食动物，擅自进入未开放区域等；最后，游客喜欢追求新奇特，有些游客，尤其是年轻游客爱冒险，去参加对安全需求较高的参与型、探险型特殊旅游项目，如探险、漂流、空中滑翔、热气球等，当旅游者刻意追求高风险活动或处于过于放松的状态时，无疑容易发生安全事故。

四、休闲农业管理方面的安全隐患

休闲农业在发展之初缺乏整体的规划设计，发展资金投入不足，导致资源开发利用水平较低，公共服务设施建设滞后，休闲农业的娱乐、游览、交通、住宿、餐饮及水、电供应等配套设施建设不完善，接待服务能力较弱，服务队伍数量少，加之农户缺乏专业化的培训和管理，服务水平偏低，这些都容易引起安全事故。

1. 娱乐安全

休闲农业因项目需要或为招揽游客、吸引游客眼球，建设有各类游乐设施、体验场所，以及索道、栈道等，其中有大众化游乐设施，但也不乏极具农业特色的游乐项目。其安全问题体现在以下几点：①设施设备的粗糙性，安全防护性差，对可能造成意外伤害的风险认识性差；②游客在参与农事活动项目时，由于对项目认识不足，容易出现安全问题，如在参与体验农耕文化类农业旅游项目时，在田地中劳动，由于不懂农具的正确使用方面导致手掌擦伤起泡，在与散养动物近距离接触时使动物受惊扰导致受伤。

2. 游览安全

休闲农业的游览环境十分复杂，且安全管理水平低，具体表现在以下几个方面：一是缺乏必要的安全防护设施设备，如在位于高达数米的陡坡陡壁甚至高达数十米的悬崖之上的游道旁未架设护栏，在亲水活动水域救生设备不足甚至根本就没有；二是缺乏安全警示标志，如在游客易落水或水深不能游泳处未设安全警示牌；三是缺乏安全救助人员，休闲农业旅游目的地人员配备不到位，掌握一定急救知识的工作人员不足，一遇到游客受伤就束手无策；四是缺乏游客安全教育服务，如没有防蛇防蜂、蛇伤和蜂蜇伤自救及有毒野菜识别的知识宣传等。

3. 饮食安全与管理

品尝乡村美食、购买生态农产品是现代休闲旅游者出行的目的之一，但现在部分休闲农业园附近的农户为增产增收，在农产品上打农药、施化肥，致使农产品不再原生态。此外，食品生产服务存在基础设施设备不到位、食品加工环境差、从业人员卫生意识淡薄、食品安全监管难等方面的问题，极易引起食品安全隐患。其主要表现形态有食品不卫生和食物中毒。

4. 住宿安全

现代休闲农业点大多规模较小，分布零散，与之相配套的住宿设施也存在小而散的特点，接待能力不足，且经营者缺乏专业化培训和管理，没有应对紧急事件的能力，在住宿方面存在着许多安全隐患。其主要表现形态有偷盗、火灾等。

5. 购物安全

凝聚和代表了休闲旅游目的地文化、民俗及传统的旅游商品必然吸引旅游者购买，购物成了旅游过程中不可或缺的内容。但由于休闲农业季节性及时间性的特点，当地商户抓住游客就想“宰一刀”，休闲农业购物安全主要体现在宰客及申诉无门。休闲农业特色商品定价偏高，且有以次充好现象，或贩卖粗制滥造的仿冒商品，或贩卖过期、变质和违禁商品。如土特产品以次充好，欺诈游客消费；看人定价，发现行家就正常经营，发现不懂的游客就进行欺骗，甚至出现强买强卖现象。游客买到假冒伪劣产品无处申诉，严重破坏了旅游特色商品在游客心中的美好形象。

6. 交通安全

交通安全事故是机动车驾驶人员、行人、乘客以及其他在道路上进行交通活动的人员因违反了国家有关道路交通安全的法律法规所造成人身伤亡和财产损毁的事故，根据事故表现形式可分为碰撞、碾压、刮擦、翻车、坠车、爆炸、失火 7 种。据统计，在各类旅游景区交通安全事故中，碰撞占到事故总数的 2/3 以上。

根据交通安全事故发生的空间性质可将交通事故分为旅游景区道路交通安全事故、旅游景区水面交通安全事故、旅游景区索道安全事故、旅游景区代步小工具安全事故等。

第三节 休闲农业安全风险预防措施

对了实现对休闲农业安全风险的预防，休闲农业园区应有意识、有计划地对休闲农业旅游活动中各种可能出现的安全问题进行安全教育、防范与控制，包括对员工、游客的安全宣传与教育，安全管理方针、政策、法规、条例的制定与实施，安全防控、管理措施的制定与安全保障体系的构建与运作。

一、休闲农业安全管理机构及制度

1. 安全管理机构

休闲农业安全管理机构是负责安全管理的全职机构，具有休闲农业园区安全的权威性，在休闲农业管理部门最高机构指导下贯彻实施有关法规、条例，负责园区日常安全管理工作和安全防范、控制、管理与指挥工作。

休闲农业安全管理机构的设置应考虑其所在位置及特点，如休闲农业园区与依托城镇相邻，可与当地城镇相关机构（如 110、120、消防、医院、海事和山地救援组织等）结合，避免重复建设，合理配置休闲农业园区的资源；如园区远离依托城镇，园区必须建立完整、独立的安全管理机构，其管理机构应以休闲农业园的现实情况为基础，以自然资源为主的园区应特别加强野外救援设施设备的配备，以民俗文化为主的园区应加强消防及盗窃等的巡逻。

休闲农业安全管理机构可根据需要选择设置安全预警机构、安全意识教育机构、技能培训机构、操作规程制定和监督机构、快速营救机构、安全救护机构等。

设置安全预警机构的目的是注重救援效果，在日常工作中做好安全信息的发布，提醒游客注意出行安全，时刻保持通信畅通，并可以及时调遣相应的救援队伍，这在旅游节假日高峰期时尤为重要。

安全救护机构由园区和社区的医院、消防、公安部门组成，设有专门的救援机构车和救援小组，配备相关的救援设施设备，在发生火灾、交通等事故时能进行快速、有效的救援，且能制定救援制度，设计、演练救援方案，以提高其安全救援的能力和效果。

2. 安全管理制度

在安全管理法规制度方面，首先，国家有关部门要建立完善的旅游安全管理的法规，对新型旅游活动项目制定安全技术标准。2007 年，我国颁布实施了《中华人民共和国突发事件应对法》；2013 年，《中华人民共和国旅游法》颁布实施，专设旅游安全一章；2014 年，《中华人民共和国安全生产法》修订颁布；2016 年 12 月《旅游安全管理办法》实施。涉及接待服务、社会治安、商业经营、环境卫生、交通等方面的法规条例还有《旅馆业治安管理办法》《公共娱乐场所消防安全管理规定》《游乐园（场）安全和服务质量》《漂流旅游安全管理暂行办法》。其次，休闲农业园区要根据国家、地方颁布的相关法规、条例制定适合自身安全管理的各项制度和条例，并组织实施，如西安在汛期来临前禁止农家乐搭建亲水平台、在河道下河戏水等存在较大危险性的经营活动，并对违规操作经营户按照《陕西省旅游管理条例》和《治安管理行政处罚法》的有关规定，给予拘留5日的行政处罚。

3. 旅游保险制度

建立旅游安全商业保险系统，构筑旅游安全的经济保障。在旅游安全保障体系中，旅游保险是事故发生之后的补偿行为。我国旅游安全保险目前形成了相对完备的旅游保险运作体系，为旅游者提供旅行期间的个人意外伤害及医疗、紧急救援、个人责任等保障，保险产品种类全，服务更趋人性化。但在实际的操作中，旅游保险功能还没有发挥应有的作用。据统计，我国意外险总规模在300亿元左右，但旅游保险所占比例非常小，与我国每年20多亿人次的国内游和1亿人次的出境游规模极不匹配，购买旅游保险的人数还不到20%。保险是良好的风险管理手段，因此，园区应加大保险宣传，引导和提倡旅游者购买旅游保险，提高安全防范和自身安全保险的意识；加强对旅游保险的监管，推动保险机构开发更加个性化的旅游保险产品；推动旅游保险保障系统进一步完善，充分发挥旅游保险在转移风险及善后处理方面的保驾护航作用。

二、休闲农业安全意识管理

休闲农业借助特定的区域、设施和设备为游客提供服务活动，其安全涉及休闲农业从业人员和游客，因此，休闲农业管理者应把安全放在第一位。安全是生命的保障，安全是旅游的基础，“千里之堤，溃于蚁穴”，没有安全一切是空谈。不仅休闲农业从业人员要加强安全意识管理，还要对游客进行安全宣传教育，让其对周围有可能发生危险的事物采取谨慎科学的态度，正确树立安全意识是安全工作开展和愉快游览的基础。

1. 安全意识管理的意义

（1）能有效预防旅游安全事故。引发旅游安全事故的因素主要包括游客行为失当、从业人员操作不规范、设施故障和自然灾害等，如门卫未认真审查出入证件而放陌生人进入餐饮、住宿场地，导致游客财物损失。其实有些安全事故是可以避免的，应做到防患未然，把隐患消灭在萌芽状态，因此，提高休闲农业从业人员的安全意识，加强对员工安全意识的培养，不仅有助于员工在对客服务中更好地预防、发现和消除安全隐患，而且有利于旅游安全管理制度的贯彻执行。

（2）能有效降低企业经营成本。培养员工的安全意识、加强安全管理是降低园区经营管理成本的有效手段。

①减少安全事故可以有效降低园区经济损失。旅游安全事故会造成极大损失，包括有形的生命、财产和无形的园区品牌形象。减少灾害发生的概率不仅可以为园区避免因灾害引起的赔偿，降低园区经济损失，而且能为园区树立良好的社会形象，通过降低成本来提高园区的竞争能力。

②能有效降低安全事故造成的损失。旅游安全事故造成的损失大小多与处理事故时所采取的方法措施有关。旅游从业人员往往是安全事故的当事人，或者是发生事故后最先赶到现场的人，如果他们具有安全意识和事故处理能力，往往可以把事故造成的损失降到最低。

③能降低园区购置、维修、保养安全设施的费用。安全设施的维修保养费用和员工的保养使用水平密切相关，员工的安全和安全设施使用水平直接决定了安全设施的使用寿命，延长安全设施的使用寿命就是节约设备购置费用，可降低经营成本。

（3）能提高园区服务质量，扩大市场份额。旅游从业人员为游客提供面对面的服务，从业人员面带微笑，加上高超的技术，高度的安全防范意识，严谨、高效的工作作风，周到的服务态度，会缓解游客在陌生环境中忧虑、烦躁、紧张不安的情绪，增加游客的满意度，丰富其体验质量，让游客有重游和正面宣传的想法，这无疑可使园区扩大市场占有率。

2. 安全意识培训管理

员工的安全意识培训应包括以下几方面的内容：

（1）帮助员工树立旅游安全至上的意识。旅游安全重于泰山，休闲农业从业人员必须从内心认识到旅游安全的重要性，才能在日常工作中时刻注意旅游安全问题，有针对性地提高发现和处理安全隐患的能力，把旅游安全威胁降到最低，做到防患未然，把安全隐患消灭在萌芽期。

（2）让员工建立严格遵守安全操作规章制度的意识。高效的企业管理需借助规章制度来实现，因此，规范旅游安全服务操作是预防和及时控制园区安全隐患的基础。应让员工从内心深处认可旅游服务安全操作程序与安全的关系，认可规章制度的权威性，从而自觉遵守。

（3）使员工掌握使用和维护各种安全设施、设备的实用技能。园区安全管理部门应要求从业人员爱护并定期维护各种安全设施，实行计划维修检查，坚持每天保养、坚持安全设备专项专用，保持设备处于最佳状态。

（4）培训员工事故应急处理的意识。安全事故往往具有意外性、偶然性和突发性，当险情发生时，从业人员能否沉着应对显得十分重要，这就要求员工有敏锐的判断力、快速的反应能力和灵活的控制手段，特别是要有紧急事故处理意识。

3. 安全意识培训方法

（1）基本安全知识集中课堂讲授法。集中课堂讲授法是在一定时间内把相关员工集中起来，进行岗前培训和在岗短期强化的一种方法。这种方法具有费用低、操作方便、适用范围广等优点。

（2）安全技能模拟训练法。模拟训练法作为课堂讲授的补充形式，可以有针对性地对从业人员进行模拟安全事故现场训练，迅速提高员工的能力。这种方法对具体操作性的内容非常适用，如防火、灭火技能演练，但对安全预防等安全基本知识的普及效果不太好。

（3）板报、专栏和内部刊物宣传法。通过板报、专栏和内部刊物进行旅游安全事故通报，可以由园区相关部门发布国内外旅游安全事故信息，园区安全管理部门以这些信息为基础，展开讨论。

（4）考核奖罚机制。考核方法能比较直接地了解员工的安全知识水平，所以在旅游管理中比较常用，它也是保证培训效果，促进员工掌握安全知识技能、提高安全意识、遵守安全规章的有效措施。另外，也可将安全管理水平的提高作为检验各部门安全知识水平的重要标准，并将考核结果作为年终奖评比及升职依据，对工作中成效显著的个人予以表彰奖励，对因工作失职引发重大安全事故的进行惩罚。

三、休闲农业安全标志设施

1. 安全标志

在休闲农业区的主要通道、游客集散地、危险地带等区域，要按照国家规范的安全标志符号设置安全标志系统，用以提醒游客注意安全。安全标志是用于表达特定安全信息的标志，由图形符号、安全色、几何形状（边框）或文字组成。《安全标志》（GB 2894—1996）将安全标志分为四大类型（表 9-1）：

（1）禁止标志。禁止标志是用于禁止人们不安全行为的图形标志，包括禁止吸烟、禁止烟火、禁止带火种、禁止触摸、禁止跨越、禁止攀登、禁止跳下、禁止入内、禁止停留、禁止通行、禁止靠近、禁止乘人、禁止抛物等 23 种标志。其基本图形为带斜杠的圆边框。圆环和斜杠为红色，图形符号为黑色，衬底为白色。

（2）警告标志。警告标志是用于提醒人们注意周围环境、避免发生危险的图形标志，包括注意安全、当心火灾、当心电缆、当心落物、当心坠落、当心坑洞、当心塌方、当心车辆、当心滑跌等 28 种标志。其基本图形为正三角形边框，边框内有不同内涵的象形图形，三角形边框及图形为黑色，衬底为黄色。

（3）指令标志。指令标志是用于强制人们必须做出某种动作成采用防范措施的图形标志，包括必须戴防护眼镜、必须戴安全帽、必须穿救生衣等 12 种标志。其基本图形为圆形边框，图形符号为白色，衬底为蓝色。

（4）提示标志。提示标志是向人们提供某种信息（指明安全设施或场所）的图形标志，包括紧急出口、避险处等 4 种类型。其基本图形为正方形边框，图形符号为白色，衬底为绿色。

表 9-1　安全标志图例（摘录）

类　型	标志图形	名　称
禁止标志		禁止吸烟　No smoking
		禁止烟火　No burning
		禁止攀登　No climbing
警告标志 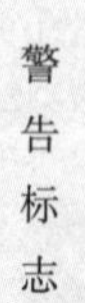		注意安全　Caution，danger
	 	当心触电　Danger！electric shock
		当心坠落　Caution，drop down

（续）

类　型	标志图形	名　称
指令标志		必须穿防护鞋　Must wear protective shoes
		必须系安全带　Must fastened safety belt
		必须穿救生衣　Must wear life jacker
提示标志		紧急出口　Emergent exit
		动火区　Flare up region
		避险处　Haven

2. 建立健全安全标志时的注意事项

（1）由于图形标志有一定的隐含效果，单纯的图形符号是不能让游客获取正确信息的，还必须配文字。由于休闲农业区会接待来自不同国家和地区的旅游者，标志不但要有中文文字，还要有其他国家的文字。

（2）所有标志一定要按国家标准制作和悬挂，让所有游客都能看得懂。

（3）标志牌一定要置于明显位置和明亮环境中，不可有障碍影响视线，也不可放在移动物体上。

（4）放置高度应与视线齐平，最大观察距离时的夹角不得超过75°。

（5）标志牌的材质除了满足坚固耐用、遇水不变形的特点外，还要因地制宜，与旅游景区的资源环境相协调。

（6）休闲农业区的各种标志牌是园区形象的构成要素之一，必须制作精良，表面不能有任何瑕疵。

（7）为保证效果和防止出现纠纷，安全标志牌要至少每半年全面检查一次，对不符合要求的破损牌子应及时更换或维修。

四、休闲农业应急准备与响应控制程序

首先，要落实应急预案。结合休闲农业项目实际情况，提前制定和完善应急预案，加强

应急培训和救援演练，落实预案责任和防范措施，保证在发生突发事件时能及时有效地进行处置。

其次，要强化安全检查。在旅游节假日或旅游节举办前夕，要组织相关部门对活动现场及其周边进行认真的安全检查，深入排查整改存在和发现的事故隐患，对危桥险路和重点场所应设立安全警示标志，并落实专人把守，对隐患进行限期整改。

再次，要加强人车疏导。落实警力，维持好活动现场及周边的车流、人流通行秩序，做好车流、人流的疏导工作。

最后，要强化现场监管。要加派人员对休闲农业项目活动现场进行安全监督管理，特别是要重点加强对食品卫生安全的监管及对火源的管理，以防发生火灾事故。

第四节　休闲农业突发事件处理

休闲农业园区除了要在日常工作中做好安全事故的预防工作，还要具备处理突发状况的能力。

一、交通事故的应急处理

1. 及时上报

事发现场的目击人员应立即上报休闲农业园区管理部门，休闲农业园区管理部门及时报告主管部门和所在地的各相关职能部门。如事故涉及境外游客，还要上报外事部门，发现肇事逃逸车辆逃离现场时，要向公安、交管部门报告肇事逃逸车辆的车牌号、车种、颜色等特征。发现事故现场有汽油泄露或装载货物物品中有可燃、易燃、易爆物质时，在注意自我保护的同时，应迅速报警。

2. 现场保护

会同事故发生地的有关单位严格保护现场。休闲农业园区管理部门责成安防人员对事故现场实行交通管制，维持现场秩序，疏导过往车辆和群众。

3. 协同配合

休闲农业园区安防人员在事故现场应积极配合各有关单位的工作，提供必要的帮助；休闲农业园区管理部门负责人应及时赶赴现场协调处理事故，配合有关单位和部门开展调查取证、保险理赔、行政处罚、民事调解等工作，并安抚其余未受伤游客的情绪，及时进行转送等妥善安置。

4. 撰写事故报告

休闲农业园区安防部门应就事故发生的经过、造成的损失、处理过程等进行详细说明，上报休闲农业园区管理部门，并转交相关上级职能部门。

5. 处理善后事宜

休闲农业园区管理部门应针对问题原因对休闲农业园区道路交通状况开展彻查与研究，从交通事故发生地的安全标志、防护设施、通信保障、事故急救装备、应急车辆配置、应急人员救助技能等薄弱环节落实改进。

二、治安事故的应急处理

1. 盗窃和抢劫事故的应急处理

（1）了解情况，保护现场。安防人员应查明事故发生的经过，设置现场警戒区，对失窃处、犯罪分子必经之地和可能出入的场所遗留的作案痕迹要妥善保护好，维持原状。不被触摸犯罪分子动过的物品、家具、门窗，不要做模仿实验以免留下新的痕迹，破坏旧的痕迹。

（2）及时报案。上报休闲农业园区负责人或主管部门，请求批示，说明事故发生的时间、地点、经过，提供作案者的身材、长相、穿着等特征，受害者的人数、性别、年龄、工作身份等，损失物品的名称、数量、形状、规格、型号等。

（3）游客安置。将游客转移到安全地点，并设置隔离区、警戒线、纠察队，封锁通向案发现场的交通要道，设岗检查过往车辆，加强旅游景区各个出入口的安保力量。

（4）现场勘察。划定勘察范围，确定勘察程序。盗窃案发现场勘察的重点包括：①现场出入口勘察，现场出入口可能是犯罪分子的经由之地；②被盗财务现场勘察，被盗财物现场是犯罪活动的中心部位；③现场周围勘察，主要是为了发现犯罪分子的作案路线和作案后可能停留或藏身的场所，此外还应勘察有无痕迹或遗物等；④提取物证，供技术鉴定。

（5）稳定秩序。安抚旅游团或其他住店客人的情绪，稳定旅游景区正常的游览秩序和旅店正常的接待秩序，并做出一定的补偿措施。

（6）协查工作。调看现场监控画面、现场拍照、寻找目击证人和物证、向周边发出协查通报。根据报案人、在场当事人、知情人提供的资料，分析判断案情，做好记录。与警方合作，无条件服从警方的指挥，配合调查取证工作。

（7）撰写报告。写出书面报件，说明案件的性质、采取的措施、受害人的反应及要求等。

2. 敲诈勒索、诈骗事故的应急处理

（1）了解情况，迅速报警求助。

（2）休闲农业园区安防部门组成联防队（可联合当地民众），根据受害者提供的线索寻找目击证人和物证，搜寻关键线索，对购物区域的售货人员、相关闲杂人员展开拉网式排查。发现可疑人员，立即向公安机关报告，进行缉拿抓捕，追回财物。

（3）与当地工商行政管理部门联手，整顿休闲农业园区内部的购物中心及商店、摊贩等个体工商户，规范市场经营行为，查处不法经营的“黑店”“黑户”，维护好经营秩序，保证游客购物安全。对于违法经营的商户，该取缔的坚决取缔、该处罚的坚决处罚，绝不手软，将涉嫌犯罪的人员移交公文机关，依法追究刑事责任。

（4）安抚受害游客的情绪，做出一定的补偿。

三、火灾事故的应急处理

1. 组织灭火

（1）火灾发生部位的工作人员应立即向旅游景区安全职能部门报告，说明失火部位和火势大小，失火现场及附近关联区域应立即暂停游客接待工作。

（2）安全职能部门立即上报旅游景区主要负责人，并报告当地公安消防部门，拉响警钟，下达紧急疏散命令。

（3）由休闲农业园区负责人和有关部门成立火灾抢险指挥部，通知旅游景区员工组成临时消防队赶赴火场，迅速查明起火准确部位，展开灭火救援。同时，命令员工通知并引导火场附近的客人或通过高音喇叭直接指示火场附近的客人在火势蔓延前迅速通过应急疏散通道离开事故现场，告知在火场中心被围困的客人自救逃生的方法。关闭所有电源，关闭电梯、缆车等电力运载系统和通风系统，转移火场附近可燃的危险品，开启消防备用水源供给系统或开辟救火水源地。开辟、疏通并维护消防通道，向消防部门提供休闲农业园区或住宿设施的消防规划设计图，引导消防队救援。设立警戒线，维持消防秩序，阻止工作人员、游客或周边群众擅自闯入火场。指派医务人员赶赴现场开展抢救工作，将伤员转运到医院；安抚游客情绪，稳定接待秩序。

2. 保护火灾现场

（1）注意划定和保护起火点。

（2）在火灾扑救过程中，不允许擅自清理火灾现场，火源全部扑灭之后，经公安部门允许方可开展清理工作。

（3）勘察人员在现场工作时应小心，不要随便走动。

3. 组织力量调查起火原因、做出技术鉴定

积极配合公安部门，寻找有关起火证据和证人，推断起火的可能原因：是员工失职、违反安全操作规程导致，还是自然现象造成的，抑或是人为纵火。

4. 善后措施

（1）对事故人员伤亡、财产损失进行统计。

（2）严肃处理有关责任人，追究其法律责任。

（3）对广大员工进行防火安全再教育。

（4）安抚受害游客及前来探望他们的亲属，并做出相应的补偿措施。

四、自然灾害事故的应急处理

1. 启动环境监测响应处理机制

事故发生后，旅游景区应立即向上级主管部门报告，同时向当地旅游行政部门通报情况，在旅游行政部门的指示下，通过媒体发布旅游预警．或有计划地控制游客的接待数量。

2. 积极配合有关部门进行抢险救助，开展紧急救援行动

组织专业救援队伍深入事发地抢救遇险游客，将受害游客紧急转送到医院进行治疗抢救。

3. 通过高音喇叭或喊话告知被困游客自救方法和措施

对于难以靠近事发地的遇险游客，救援队应通过高音喇叭或喊话告知其安全自救的正确方法和避险的紧急措施，使其克服恐惧焦躁的情绪。

4. 转移受阻滞留人员

迅速转移受阻滞留的游客，将其安置在安全的区域并安抚其情绪。

5. 适时封闭旅游景区

开展环境整治，请求有关部门扑灭山火、治理水患，划定隔离带和警戒区，适时封闭旅游景区，停止接待，转移当地居民和服务员工。

6. 展开调查

邀请专家到现场展开调查，配合林业部门，逮捕可能对游客造成危害的凶猛动物或昆虫。

7. 通报有关部门

紧急增设、加固防护设施，并将紧急处理情况通报给有关部门，并获得认可。

8. 灾后重建

开展灾后重建，恢复建设原有旅游项目．工程结束后，适时对外解除旅游禁令。

五、食物中毒事故的应急处理

1. 赶赴现场，确认事件

在现场确认事件时应了解事发现场情况，询问相关人员和在场群众，观察受害病人，对其病源进行判断，并进行受害群体的统计工作。

2. 上报休闲农业园区管理部门，成立临时指挥部

将事件上报当地医疗与防疫部门，同时向休闲农业园区主管部门报告。服从上级部门做出的安排，临时指挥部负责整个抢救与处理工作。

3. 协同医疗单位组织开展紧急抢救工作

设法帮助游客催吐，并让他们多喝水，排泄毒性，把严重的中毒者送到附近医院进行救治。

4. 收集物证，查明毒源

收集与食物中毒有关的食物、餐具、呕吐物等，交由卫生防疫部门化验取证，不得移动、踩踏、洗刷、清扫现场遗留物和剩余食物、原料、容器具等，留待卫生防疫部门做调查后，方可进行消毒、扑杀（害虫）、销毁处理。

5. 撰写事故发生报告，报告主管部门，追究饮食经营单位的责任

对事发的饮食经营单位责令停业，由卫生执法部门调查后暂扣一切食品原料和一切生产经营器具，令其接受处罚或取缔。接受处理后，相关单位应立即按照要求整改，经卫生防疫部门验收合格后，方可恢复饮食经营。

6. 妥善做好善后工作

安抚受害游客及探望他们的亲属，做出相应的补偿措施。

六、游客死亡事故的应急处理

1. 游客病危时

当发现游客突然患病，应立即报告园区负责人或主管经理，在领导安排下组织抢救。在抢救病危游客的过程中，必须要有患者家属、领队或亲朋好友在场。

2. 游客死亡

（1）死亡的确认。一经发现游客在园区内死亡，应立即报告当地公安局，并通知死者所属的团、组负责人。如属正常死亡，善后处理工作由接待单位负责，没有接待单位的，由公安机关会同有关部门共同处理；如属非正常死亡，应保护好现场，由公安机关取证处理，尸体在处理前应妥善保存。

（2）通知死者单位或家属。凡属正常死亡的，在通报公安部门后，由接待或工作单位负责通知家属。如死者无接待单位，由园区或公安部门负责通知。

(3) 出具证明。正常死亡，由县级或县级人民法院出具《死亡证明书》，非正常死亡，由公安机关或司法机关法医出具《死亡鉴定书》。

(4) 死者遗物的清点和处理。清点死者遗物必须有死者随行人员及园区工作人员在场，如死者有遗嘱，应将遗嘱拍照或复制，原件交死者家属或所属单位。

(5) 尸体的处理。遗体处理一般以当地火化为宜。遗体火化前，应由领队、死者家属或代表写《火化申请书》，交景区保存。如死者家属要求将遗体运送回原籍，尸体要由医院做防腐处理，由殡仪馆成殓，并发放《装殓证明书》。

3. 其他注意事项

善后处理结束后，应由聘用或接待单位写《死亡善后处理情况报告》，送交主管领导单位、公安局等相关部门。其内容包括死亡原因、抢救措施、诊断结果、善后处理情况等。

对在我国国境内死亡的外国游客，要严格按照《中华人民共和国外交部关于外国人在华死亡后的处理程序》处理。

【思考题】

1. 根据休闲农业特点，分析休闲农业中常见安全隐患都有哪些？如何预防？
2. 休闲农业园区应配备哪些安全标识？
3. 模拟休闲农业园区安全管理机构设置。
4. 模拟休闲农业园区突发安全事故处理程序及技巧。

CHAPTER10 第十章

休闲农业环境管理

知识目标：

1. 了解环境、农业环境的概念，掌握休闲农业环境的概念与特征。

2. 了解休闲农业环境问题及产生的原因。

3. 掌握休闲农业环境管理的概念与作用，了解休闲农业环境管理的内容。

技能目标：

能够利用学到的知识分析实际问题，并提供解决休闲农业环境问题的方法。

随着经济社会的持续发展，我国目前正面临着资源瓶颈和环境容量的严重制约，使环境保护与资源合理利用的任务更加艰巨。当下，我国农业生产面临一系列的资源环境问题：资源过度开发，环境破坏、污染，外来物种生物入侵及现代生物技术的生态风险，使农业环境的科学规划管理显得尤为重要。休闲农业强调人与自然的和谐共存，优美的农业环境是发展休闲农业的基础。休闲农业环境是在符合生态学和环境学基本原理、方法和手段下运行的旅游环境，休闲农业环境管理以维护和建立良好的景观生态、旅游生态为目的，使休闲农业环境与旅游发展相适应、相协调。

第一节　休闲农业环境概述

一、环境、农业环境与休闲农业环境

（一）环境

1. 环境的概念

在环境问题的研究中，人类对于“环境”的界定并不明确，存在生态、环境、生态环境等不同表述。生态学认为，“环境指某一特定生物体或生物群体以外的空间，以及直接或间接影响该生物体或生物群体生存的一切事物的总和”。环境科学认为，“环境是围绕着人群的空间，以及其中可以直接、间接影响人类生活和发展的各种自然要素的总体”。通常所称的环境是指人类的环境，即环境科学所认为的概念，一般是以人或人类为主体，其他生物和非

生命物质被认为是环境要素，即人类的生存环境涵盖自然环境、人工环境、社会环境等各种环境。

2. 环境的分类

环境的分类一般以空间范围的大小、环境要素的差异、环境的性质等为依据。通常按照环境的属性，将环境分为自然环境和社会环境。

自然环境一般是指未经人的加工改造而天然存在的环境，是环绕生物周围的各种自然因素的总和，如大气、水、其他物种、土壤等。自然环境按人类对其影响程度以及所保存的结构形态、能量平衡可分为原生环境和次生环境。原生环境是指天然形成，且未受人为活动影响或影响较小的环境；而次生环境是指在人类活动的影响下，其中的物质交换、迁移和转化、能量和信息的传递等都发生了重大变化的环境。人类改造原生环境，使之适应人类的需要，促进了人类经济文化的发展，但如果在生产过程中不重视环境中物质、能量的平衡，就会使次生环境的质量变差，给人类带来危害。

社会环境是在自然环境的基础上，人类通过长期有意识的社会劳动，加工和改造了的自然物质、创造的物质生产体系、积累的物质文化等所形成的环境体系。社会环境一方面是人类精神文明和物质文明发展的标志，另一方面又随着人类文明的演进而不断地丰富和发展。社会环境有广义和狭义之分。广义的社会环境指由于人类活动而形成的环境要素，包括人工形成的物质能量和精神产品以及人类活动过程中所形成的人与人的关系；而狭义的社会环境仅指人类生活的直接环境，包括民用建筑环境、生产环境、交通运输环境等。社会环境对人的形成和发展进化起着重要作用，同时人类活动给予社会环境以深刻影响，而人类本身在适应改造社会环境的过程中也在不断变化。

（二）农业环境

1. 农业环境的概念

农业环境又称农业生态环境，是指影响农业生物生存和发展的各种天然的和经过人工改造的自然因素的总体，是以农业生物为中心的周围事物的总和，包括大气、水体、土地、光、热以及农业生产者劳动和生活的场所，是人类赖以生存的自然环境中的一个重要组成部分，也是人类文明和社会发展的重要支柱。

2. 农业环境的特征

农业环境是农业生产的物质基础，是人类赖以生存的基本条件，农业生产的质量和人民生活环境都是以农业环境为基础和前提的。一般而言，农业环境具有整体性、差异性、滞后性、关联性等特征。

（1）农业环境具有整体性特征。农业环境是人类生存和发展的基础环境，具有生活和生产两种特性。农业环境的好坏不但对农村地区，甚至对整个社会都有巨大影响。一方面，它直接影响农产品的质量和数量，关系到最广大人民的生活水平；另一方面，也会进一步影响社会的和谐和生态文明。

（2）农业环境具有一定的差异性。由于经济发展的不平衡，不同国家和地区对农业环境的态度表现出一定的差异性。就我国而言，虽然农村在我国占据重要地位，但各地区、各级政府，甚至每个农民的意识和重视程度都不尽相同。因此，对农业环境的态度，尤其是对农业环境保护的态度具有较大差异。

（3）农业环境表现出一定的滞后性。借助于工业革命，农业生产方式已由传统农业发展到石油农业，虽然整体上农业呈高速增长趋势，但由于农业投入品的过度使用，导致农业生态环境逐渐恶化。这些问题导致的后果并不是极易显现的，须经过长时间的累积才能显现，如过去农田使用了一些高残留、高毒性的农药，至今仍然能够在农产品中检测出其残留物。

（4）农业环境具有关联性的特征。农业环境容易受到人们生产生活方式的干扰，当前，由于对经济的过高追求以及城镇化建设的需要，一些城市高污染企业向乡镇转移，城市生活垃圾向农村转移，导致有限的农业资源被过度消耗，农业环境污染加剧，整个生态系统受到严重破坏。

（三）休闲农业环境

1. 休闲农业环境的概念

休闲农业是现代农业发展的一种方式，尽管目前对休闲农业环境没有形成统一的概念，但基本上可以认为休闲农业环境就是休闲农业生态环境，是指影响休闲农业发展和农村生态系统的环境条件，包括气候条件、水文条件、土壤条件、生物条件以及开垦土地、采伐林木、培植花卉、景区建筑等人为条件。

2. 休闲农业与生态环境的关系

休闲农业是一项依靠自然环境的资源型产业。自然环境中的气、水、土、木等资源要素是休闲农业发展的先决条件和开发基础。可持续的休闲农业发展和良性的休闲农业经营可以有效促进生态环境的改善，因此，休闲农业产业的发展与环境保护是相互促进、共生共荣的关系。但休闲农业开发与环境保护又表现出相互矛盾的关系，旅游活动自身的局限性导致目前休闲农业普遍存在掠夺式开发、粗放式管理现象，在这种情况下，休闲农业开发势必造成其赖以生存和发展的资源基础的流失。

一方面，良好的生态环境是休闲农业发展的基础。休闲农业得以存在和发展的根本就是农村独有的自然景观、人文景观、民俗民风和农耕文化等城市所不具备的要素，休闲农业的体验活动也必须根据农业资源的季节性、地域性、生长性、活动性等特征来设计。休闲农业多是在乡村自然生态环境优越、人文生态景观丰富的地区发展起来的，没有清新和美的田园风光、自然和谐的奇山秀水、丰富多样的动植物资源等，休闲农业就会成为无本之木。

另一方面，休闲农业开发给生态环境造成巨大压力。由于休闲农业并不是单一的农业生产活动，同时也不是单一的人类旅游经营活动，其本质是人与自然之间的互动，因此，休闲农业的生态系统是农田、人工与旅游的复合系统。在这个复合系统内，人流、物流、能量流不断互换，导致农田生产、水产养殖、村落交通在空间上相互交错，与传统农业生产和大众旅游活动相比，其对生态环境的压力更为显著。

二、休闲农业环境资源与特征

（一）休闲农业环境资源

休闲农业环境资源主要由自然环境资源和社会环境资源两方面构成。

1. 自然环境资源

自然环境资源主要指农业资源、水资源、土地资源、自然能源等。自然环境资源是休闲农业环境资源最重要的外部条件之一，对休闲农业的生存和发展具有一定的支持或限制作用。自然环境资源是消费者对休闲农业场所最直接和首要的形象感知，也是最重要的吸引物之一。良好的自然环境资源可以给消费者留下美好的印象，给他们带来独特的体验。

2. 社会环境资源

社会环境资源一方面包括与休闲农业场所、区域相关的一切社会资源，如民风民俗、政策法规、社区居民态度、节庆活动等；另一方面，也包括社会经济条件。社会资源不具有稳定性，受人为因素影响大，容易发生改变，对休闲农业资源的开发和保护起决定作用。随着休闲农业的发展和城乡交流的深入，会出现不同文化的冲突，因此，在开发规划时要对社会资源做出准确的评价。

（二）休闲农业环境的特征

休闲农业环境的特征主要是由不同资源的特征构成的。

休闲农业各种自然资源的共同特征是生物性。生物性资源具有季节性、地域性、生长性、活动性、景观性和实用性 6 项基本特性。第一，生物性资源具有很强的季节性，中国农村流传二十四节气的农作习惯，是对季节性特质最典型的诠释。第二，生物资源具有地域性。动植物随着纬度、海拔及陆海的交互影响而形成不同的生长环境，如我国跨越热带、亚热带、温带、寒带，形成了不同的生态环境和农村经济区。第三，生物资源具有生长性。随着时间的推移，生命都有不同的表征，植物由种子出芽到开花结果继而凋谢，动物由出生至成熟继而死亡，表现出生命荣枯兴衰、繁殖延续的特征。第四，生物资源具有活动性。动物不论是家养还是野生，其生命力的表现均有明显的走动、跳跃、飞舞的动作；植物虽没有明显的运动，但会随着风、水等动力而摇曳、摆动。第五，生物资源具有景观性。植物的花、叶、果显露不同的色彩、分布、组合和形态，均具有极高的观赏价值；动物的体色、大小、体态、排列、行止，特别是动态的移动，均具有极高的观赏价值。第六，生物资源具有实用性。动植物的不同生长部位可作为餐饮、服饰、娱乐、艺术等的材料。

休闲农业各种社会资源的共同特征是生活性。生活性主要以人类活动为主，包括知识性、文化性、产业性、传统性、情感性、审美性等。知识性表现在人类长期深入研究、探索与动植物成长或发展相关的季节及地域因素、生命的活动、生物美学等，已形成了较为系统的知识宝库。文化性表现在一些动植物在与人类的互动过程中，在文字艺术中成为歌咏或寄情的对象，另外就是在长期的生活过程中形成的艺术、民俗信仰等行为，都形成了生活文化的内涵。产业性体现在农村村貌的塑形，如主要产业是小麦，则四周有绿油油的麦田；若以水产养殖为主业，则必有相连的池塘等设施。传统性体现在一些古老的民俗仪式、流传的技艺与童玩、传统建筑艺术等。情感性体现在农村较为淳朴的民风，较浓的人情味等方面。审美性则体现在农村自然景观、设施景观、产业景观等具有较高的观赏和审美价值，传统的民族服饰、民俗艺术品等亦具有极佳的审美价值。

第二节　休闲农业环境问题

休闲农业开发的目的在于利用农业资源开展农业旅游，调整农业结构，改善农村环境，促进农民增收。近年来，文化和旅游部、农业农村部等部门陆续出台了一系列促进休闲农业持续健康发展的政策措施，使休闲农业得到了蓬勃发展。但由于我国休闲农业开发历史较短，对其与环境之间的复杂关系认识不清，且全民的环境意识较为落后，使休闲农业在开发实践过程中出现了资源过度开发和消耗性利用等诸多问题。一方面，形成了一系列的生态损害和环境影响，如植被与土壤破坏、固废污染、水体污染、噪声污染等；另一方面，对社会环境造成了一些不良影响，如休闲农业区域内价值观的变化，地域文化被同化等现象。

一、休闲农业环境问题概述

良好的休闲农业环境是发展休闲农业的基础。休闲农业多是在自然生态环境优越、人文生态景观丰富的地区发展起来的，但当前在休闲农业快速发展的过程中，由于缺乏统一的规划管理，经营粗放，个别特色资源、生态与人文优势地区被过度开发，导致资源与环境难以承受，使得原本良好的环境遭到破坏，失去了吸引游客的资源。

（一）休闲农业环境污染的概念

自然环境本身对进入其中的污染物有一定的自净能力，然而，当进入环境的污染物超过环境的自净能力时，就会造成环境污染。休闲农业在发展过程中，由于不合理的开发和利用等一系列因素，也会对休闲农业环境造成污染。所谓休闲农业环境污染，主要是指来自旅游和其他方面的有害物质和废弃物质等排放到休闲农业环境中，超过了休闲农业环境的自我净化能力。休闲农业环境污染和自然环境污染一样可分为大气环境污染、水体污染、土壤污染，另外还包括对休闲农业设施的破坏和对人文景观的破坏等。

（二）休闲农业环境污染产生的原因

1. 自然生态环境污染产生的原因

在休闲农业环境中，自然生态环境的污染主要表现在大气污染、水体污染、土壤污染以及对生物资源的影响等方面。

大气污染的主要来源是车船等排放的尾气、废气和旅游服务设施的排气等，虽其排放总量较工业小，但由于排放源分散、高度低、距景点近，且多无除尘设施，对旅游区大气质量影响大。一些垃圾等固体废弃物的有机成分含量高，如处理不当，除会滋生细菌和病菌以外，还会产生一些恶臭气体，影响景区空气质量。

水污染的主要来源是大量未经处理或稍做处理的生活污水，这些生活污水随意排入水体，造成水体质量下降，给水体环境带来严重的污染和破坏。一方面，过多营养物质进入水体会加剧水体富营养化的过程，引起藻类及其他浮游生物大量繁殖；另一方面，大量繁殖的藻类和浮游生物大量消耗水体中的溶解氧，造成水体溶解氧含量降低，水质恶化。生活污水的污染不仅影响水质的感官功能，而且会导致湖泊等水体的衰亡速度加快，破坏景区的水体环境。

土壤的污染主要是由大量的农业投入品造成的，另外，生活垃圾的不规范处理也会造成土壤污染。当前，由于农业生产活动过程中大量使用化肥和农药，造成土壤中化肥和农药的过多蓄积。长期使用化肥农药，一方面造成土壤理化性质的改变，如土壤板结等；另一方面，化肥农药中还含有一些其他污染物，如一些重金属等会随化肥农药的使用而进入土壤，对土壤造成污染。另外，休闲农业区域内的生活垃圾处理不规范，长期堆积会使一些有害物质进入土壤，污染土壤环境。

生物资源的破坏主要体现在休闲农业旅游活动过程中。休闲农业旅游活动对动植物覆盖率、生长率及种群结构等均可能有不同程度的不利影响：对鲜花、苗木等的采集会引起物种组成成分的变化；大量垃圾堆积导致了土壤污染，致使生态系统受到破坏；游客蜂拥而至，践踏草地，使一些地面裸露荒芜；基础设施和旅游设施建设必然占据一定空间，会破坏一些植物，同时占据动物的活动空间；所排放污水、污气等也会影响一些动植物的存活。

2. 对社会环境的影响

休闲农业环境中的社会环境主要由民风民俗等社会资源和经济条件构成，休闲农业活动会对休闲农业区域内的社会环境造成一定的影响。

休闲农业活动对社会资源的影响是多方面的。第一，随着休闲农业旅游的深入发展，大量游客的涌入会引起当地居民与游客的紧张关系。有研究表明，在旅游发展过程中，当地居民的态度会依次经历兴高采烈、冷淡、恼怒、对抗以及排外5个阶段。第二，休闲农业旅游开发可能导致当地居民的生活方式和价值观念发生变化。一些人因看到游客的生活方式和生活水平高，从而认为外面的世界更精彩，对自己的传统生活方式不满，先从装束打扮和娱乐等开始模仿，继而刻意追求高消费；一些人因自己的劳动收入不及旅游从业人员多，开始怀疑自身价值，不再重视掌握文化知识和专业技术等。第三，休闲农业的发展可能会导致政治信仰危机和社会危机。当地居民在与游客的交往中，会受到游客不同世界观、方法论等形形色色思想意识的影响，导致一些休闲农业园区家庭或多或少地发生变化，如老年人被遗弃和隔离、原有的家庭关系和社会纽带发生解体、社会凝聚力降低等。第四，休闲农业会对休闲农业区域内的旅游区文化产生影响，主要体现在当地民族被同化、地域文化被庸俗化、区域文化被不正当的商业化以及传统工艺形象受损等方面，导致旅游区文化价值降低，影响景区的质量。第五，休闲农业的开发会影响当地居民的正常生活。休闲农业游客的涌入可能会导致人流拥挤、道路拥挤；一些游客的言谈举止、服装衣饰以及旅游项目开发等会破坏当地的宗教气氛；旅游交通工具、施工、娱乐场所的噪声，众多游人的嘈杂声，景区和商业场所招揽游客的音响声所形成的噪声污染会影响当地居民的正常生活。

休闲农业的开展对旅游区域经济环境的不利影响表现在3个方面。首先，休闲农业区域过分依赖旅游业可能导致区域经济发展不稳定。由于休闲农业的发展本身受多种因素影响，而这些因素复杂多变，导致休闲农业具有高度敏感性和脆弱性，一旦出现改变，将导致整个区域内旅游业的滑坡、萧条、萎缩，进而导致区域经济出现危机。其次，休闲农业旅游的发展可能不利于产业结构的调整。休闲农业发展后，可能会因为旅游业收入高于其他行业，使一些人放弃原职业而改行从事旅游业，如弃农经商会导致农副产品生产能力下降，而休闲农业发展对农副产品需要增多，导致农副产品价格上扬，改变了当地的产业结构，影响区域经济发展。最后，休闲农业的发展可能导致旅游区物价和地价的上涨。由于区域内对食品、日用工业品、手工艺品和土特产品等的需求剧增，提高了一些商品的边际利润，导致物价上涨。

二、休闲农业环境问题的解决方法

1. 增强意识，注重生态环保

作为休闲农业的直接参与者，城市居民的行为习惯会直接影响休闲农业园的生态环境质量，因此，休闲农业园游客及从业人员的环境保护意识对休闲农业发展和生态环境保护有着至关重要的影响。

（1）加大宣传教育力度。要创新农村生态环保的宣传教育形式，将休闲农业园作为有效载体，因地制宜地采取各种人民群众喜闻乐见的宣传教育形式，普及和宣传生态环境保护知识，提升其自觉保护生态环境的意识，形成生态环保的社会氛围。

（2）制订环保教育计划。大力开展生态环境保护教育。对经营者而言，要开展具有针对性的环保教育，提高其环境保护的意识，增强科学决策能力。对从业人员而言，要丰富其环境保护的基本知识和技能，培养其生态文明道德观念，增强个人素质。在引导游客休闲娱乐的同时，向游客普及生态环保知识，讲解环境保护的相关内容，从而增强游客的环保意识，推动休闲农业的健康发展。

2. 科学规划，实现生态化发展

休闲农业的可持续发展是以完善的农业系统功能及生态系统良性循环为保障的，而生态环境保护是休闲农业可持续发展的根本和前提。发展休闲农业，应科学制定休闲农业项目开发和生态环境保护规划，正确处理休闲农业发展与生态环境保护之间的关系。一是要充分分析和准确把握生态农业资源、自然景观、乡村民俗文化等休闲农业的资源基础，遵循“因地制宜、科学布局、注重环保”的原则，做好总体规划和项目策划；二是应发挥生态规划的事前预防功能，对区域生态环境承载力进行预评估，兼顾区域旅游总体发展情况和旅游发展潜力等相关因素，制定具有前瞻性、先进性和可操作性的规划，从源头保护生态环境资源；三是休闲农业规划要结合当地自然环境和主导产业的发展情况，做好与当地旅游总体规划、土地利用总体规划、村镇基础设施建设规划、农村环境保护规划等的衔接工作，将休闲农业发展与生态环境保护紧密联系，推进休闲农业的生态化发展；四是应以当地实际生态资源作为休闲农业开发的基础，充分考虑地区的资源优势，以生态保护、生产发展、农民增收为主要目的，同时综合客源市场情况，合理推动休闲农业的健康发展。

3. 适度开发，突出自然生态景观

自然生态景观是休闲农业赖以发展的基础，尊重并强化农村的自然生态景观特征有助于休闲农业的特色化发展。一是综合休闲农业与旅游等行业资源，对休闲农业项目的策划设计及管理进行宏观指导，协调资源保护与开发利用的关系，防止休闲农业项目的过度开发；二是从生态环境保护的角度，合理规划和设计园区内部各功能区，统筹规划园区内服务设施与休闲景点的建设，充分保护原有的自然生态景观；三是建立休闲农业项目专家评估机构，对拟建或已建的不合理的、破坏当地自然生态、影响景区环境质量的建筑和服务设施进行评估，并提请有关行政管理部门予以改正。

4. 强化治理，推动污染“零排放”

加强休闲农业的生态环境保护工作是改善农业发展环境、提高农民生活质量的内在要求，也是实现休闲农业可持续发展的重要举措。

(1) 强化垃圾就地处理能力建设，破解垃圾污染问题。在有条件的休闲农业园设立垃圾分类收集箱、垃圾分拣处理站等，对休闲农业产生的垃圾进行分类收集及精细化管理，建设小型垃圾分类处理设施。此外，根据公平分担社会成本原则，制定并实施相应的管理措施。可通过向游客收取押金并发放垃圾袋，待游客出休闲农业园区时交回垃圾袋并领回押金等方式，以经济手段提升游客自觉保护生态环境的意识。

(2) 完善休闲农业园污染物处理设施，推动农村生态环境的综合治理。要建立休闲农业园的环境保护体系，以农业循环经济理论为指导，选择适合休闲农业园实际、运行管理方便、成本低且效率相对较高的工艺路线，因地制宜地建设污水处理及再利用设施，提高休闲农业的污染“零排放”能力，减少休闲农业对生态环境的污染。

5. 完善管理，提高生态环境质量

不断完善休闲农业环境管理制度既是保障休闲农业可持续发展的必要条件，也是促进生态环境保护的有效措施。

（1）建立行业准入制度。根据各地区农村和农业资源特点及自然特征，重点审查拟建休闲农业项目对地区生态环境容量的影响是否在可控范围之内，要严格监督休闲农业项目的建设过程，严防对地区生态环境造成破坏。

（2）建立生态责任制度。实行休闲农业项目目标责任管理，将休闲农业项目的生态环境保护作为地方政府的工作考核指标之一，通过严格的环境监督管理，提高地区生态环境质量。

（3）建立生态评价制度。在休闲农业项目开发前，必须开展生态环境调查，评价地区资源环境承载力、生态敏感区和脆弱区以及资源和环境保护范围，从源头上保护生态环境。

第三节　休闲农业环境管理

一、休闲农业环境管理概述

（一）休闲农业环境管理的概念

所谓休闲农业环境管理，是指运用法律、经济、规划、行政、科技、教育等手段和方法，对一切可能损害旅游环境的行为和活动实施控制，维护休闲农业环境的高质量，协调休闲农业活动和保护之间的关系，实现生态、社会、经济三大效益的统一。

休闲农业发展与生态环境息息相关，旅游景观资源如若不复以往，休闲农业发展必是无源之水。面对当前开发经营过程中存在的生态环境问题，需要健全的环境管理制度给予指导和规范。可以通过建立细化的行业准入标准和生态规划制度，明确资源的合理使用，落实生态责任，发动公众共同参与休闲农业环境保护建设，从而有效解决当前开发中的生态环境问题，促进产业持续健康发展。

休闲农业环境管理的措施主要包括以下几个方面：

1. 建立健全环境管理体系

休闲农业环境管理涉及范围较广，仅靠旅游部门和环境部门难以解决问题，必须建立一套行之有效的环境管理体制，在政府的统一管理下，各部门和各单位合理分工、密切合作，为解决环境问题提供组织保证。

2. 建立健全环境政策法规体系

强化旅游环境管理，制定出台旅游环境政策和法规，形成严密合理的体系，为环境管理提供法律和政策依据，同时还要重视并监督执行。

3. 建立环境管理科学技术手段

通过大力推广和采用先进的科学管理技术手段，可以提高管理效率，强化管理可监控性，设定环境管理的参数系数，确定影响休闲农业环境的质量因素，如旅游环境容量（包括容车量、容客量、单位时间容客密度等指标）、周围旅游交通状况、建筑状况、经济状况、植被丰度、主要物种生长周期、游客游览线路和频率等的参数体系，建立环境管理信息系统，通过对系统信息的分析处理，对环境质量做出客观、科学、准确的评价和预测，使之成为当地休闲农业市场规模和经营运作方式的主要依据。同时，通过综合运用生物、化学、物理、工程等技术手段，防止休闲农业环境被污染破坏，为环境管理提供技术上的支持。

对休闲农业环境进行监控管理，主要从以下三方面进行考虑：首先要监控管理由休闲农业活动所引起的环境污染，包括垃圾、噪声、视觉、社会文化、大气、水体、土壤等；其次要监控管理由不合理生产、破坏性开发等引起的环境质量下降；最后要监控管理休闲农业环境中有特殊价值的资源。

4. 广泛开展宣传活动，提高民众的环保意识

改变和提升人们的环保意识是提高环境保护管理质量的关键。可广泛运用广播、电视、报纸等大众媒体和旅游区标牌系统，多形式、多方面地营造环保氛围，倡导绿色环保的休闲农业。

5. 加强休闲农业旅游基础设施建设

组织开展以“户洁、街净、村美”为标准村容村貌的环境治理整顿工作，对入村道路进行整治、绿化和美化。加强基础建设，必须有符合国家环境保护和卫生防病法律法规的生活排污设施，在合理位置设置足够数量的公共厕所和垃圾容器。

（二）休闲农业环境管理的意义

伴随着经济社会的快速发展，各种传统、新兴产业带来的污染与破坏导致我国农业生态环境恶化日益严重，而休闲农业得以存在和发展的根本就是农村独有的自然景观、人文景观、民俗民风和农耕文化等城市所不具备的要素，良好的休闲农业环境是发展生态农业的基础。当前，由于缺乏相应发展规划的指导，休闲农业的发展对休闲农业环境造成了比较大的影响，如设施的过度开发影响生态景观、农村生态环境承载力受到挑战、农村传统生态文化受到冲击等。休闲农业环境管理一方面能促进休闲农业区域内自然生态环境的保护，另一方面也能推动农村生态文明建设，同时，其在构建国家生态安全屏障、促进人与自然和谐、促进区域协调发展、优化国土开发空间格局、建设美丽中国等方面具有重要意义。

（三）休闲农业环境管理的作用

1. 休闲农业环境管理是农业环境保护的重要手段

休闲农业环境管理是运用一系列法律、经济、规划、行政、科技、教育等手段和方法，对一切可能损害环境的行为和活动实施控制，以维护农业环境的高质量。当前，部分休闲农业区域环境由于不合理的规划、盲目的开发和对资源的不合理使用，使当地生态环境、人文环境等发生了较大改变。休闲农业环境管理一方面要求在开发休闲农业的过程中要按照“整体、协调、循环、再生”的原则，全面规划、调整和优化农业生产和生态结构；另一方面，在游客旅游的过程中，要求对游客进行环境意识教育，提高游客的生态环保意识。因此，休闲农业环境管理是实现农业环境保护的重要手段。

2. 休闲农业环境管理是实现农业可持续发展的基石

农业的生产和发展与生态环境不可分离，依赖于整个生态环境，但农业对于生态具有生态正功能和生态破坏两个方面的作用。休闲农业环境管理要求在休闲农业区域内，农业经营活动适当、合理地利用自然资源进行农业生产，而且要求在发展休闲农业的过程中，充分考虑当地的自然生态承载力和社会承载力，通过控制旅游容量来避免其对自然生态系统的影响，以达到自然生态系统和社会经济系统的协调和持续发展。

3. 休闲农业环境管理能促进休闲农业产业的可持续发展

休闲农业环境管理运用的一系列手段和方法，一方面加强了对休闲农业区域内自然资源的保护和合理的开发利用，另一方面促进了区域内社会文化和经济的良性增长。休闲农业环境管理使区域内各种环境资源都得到了合理的开发和利用，促进了自然资源保护和经济发展的平衡，可以促进休闲农业产业的可持续发展。

4. 休闲农业环境管理有助于生态文明建设，建设美丽乡村

休闲农业环境管理能够有效带动农村基础设施建设，改善村容村貌，促进农村生态环境的改善，推动美丽乡村建设；提高农民保护生态环境的意识，有利于农村生态、景观等资源优势转化为产业经济优势；能带动农业生产、农民生活和乡风文明水平的提高，促进社会和谐。

二、休闲农业环境管理的内容

休闲农业环境主要由自然环境和社会环境组成，对休闲农业环境的管理实际上是对构成休闲农业环境的各种资源进行合理的开发、规划和保护，以促进休闲农业环境和经济的可持续发展。一般而言，休闲农业环境管理主要体现在休闲农业环境保护方面。休闲农业环境管理的内容主要体现在两个方面：一方面是休闲农业生态管理，主要是对生态环境的保护；另一方面是对休闲农业环境容量的管理，主要是对休闲农业活动的管理。对休闲农业环境中各种环境资源的管理可具体划分为自然环境资源的管理、都市环境资源的管理、乡村环境资源的管理和设施资源的管理。

（一）自然环境资源的管理

对自然资源的管理要求合理制定与控制生态容量和经济容量，在休闲农业开发过程中，要统一规划管理，合理利用农业自然资源，防止环境污染，保护农业生态平衡。其具体体现在对大气、水体、土壤和生物的保护方面。

1. 对大气资源的管理（大气保护）

休闲农业环境中大气的污染主要来自临近休闲农业区域生产企业的废气排放、交通工具的尾气排放和传统的农村生活方式。因此，需要控制会造成污染的企业的数量，同时控制休闲农业区域内交通工具的数量，多使用一些没有尾气的交通工具，如电动游览车、自行车等。另外，要改变区域内传统的生火方式，以减少炊烟等生活废气的排放。

2. 对水资源的管理（水体保护）

由于休闲农业区域基本上都是一些传统的村落聚集地，城镇化程度较低，因此，村落内没有完善的污水排放系统，这就使得一些生活污水没有经过任何处理就直接排放到区域内的水体中，造成水体污染。因此，需要完善休闲农业区域内的排污系统，建设一些沉降设施，对污水进行简单处理，并使污水与净水分流，从而达到保护水体的目的。

3. 对土壤资源的管理（土壤保护）

休闲农业区域内土壤的污染来自农业生产活动投入的化肥、农药，以及生活垃圾的胡乱堆放。因此，要减少区域内化肥、农药的使用，避免对土壤造成新的污染，同时，要对垃圾进行分类收集，为垃圾分类回收处理打下基础。

4. 对生物资源的管理（生物保护）

在休闲农业开发过程中，或多或少会对当地的生物资源有一定的影响，如一些项目的建设会占据动物的生存空间，游客的涌入会造成一些地表植被的破坏等。在对生物资源进行管理的过程中，一方面要注意避免对动植物造成直接和间接伤害，另一方面要慎重引入外来物种，以此保护区域内的生物资源，实现人与自然的和谐相处。

（二）都市环境资源的管理

都市休闲农业主要利用城市与城郊的田园景观、自然生态及环境资源，结合农林牧渔生产和农村文化及农家生活，为市民提供休闲娱乐的场所，增进市民对农业及农村的了解。对都市环境资源的管理包括自然资源管理和社会资源管理。在对自然资源管理的过程中，由于休闲农业区域本身就在都市或在都市近郊，环境受污染的概率较高，因此，需要加大力度进行环境的监测、治理和保护工作，使都市休闲农业能成为舒缓市民紧张身心的好去处。对社会资源的管理主要是对都市休闲农业经营的项目进行管理，要依据农场资源，妥善利用好农业资源、人文资源及人的资源，将资源设计成吸引人的体验活动，带给市民愉悦的感受。

（三）乡村环境资源的管理

相对于都市休闲农业，乡村休闲农业更加受到人们的青睐。乡村环境资源的管理包括农村自然景观管理、农村产业景观管理、农村设施景观管理、人文要素管理等。农村自然景观的管理主要是对地形、水体、野生动植物等的管理，这些资源是最为自然、最生动活泼的且具有很强的吸引力，不易人工创造，因此，在开发过程中要尽量少破坏这些原始的自然景观。农村产业景观管理主要是对耕地、果园、林地、养殖场所等的管理，对这些产业景观进行合理的搭配可以构建出多样性、生动有活力且具有独特性的农村景观。对农村设施景观的管理主要是管理与生活及生产相关的结构设施物，提升其正面功能，减弱其负面影响。对人文环境要素的管理主要是在传统民俗文化及精神风貌塑造等方面进行管理，应做好宣传和规划，使传统文化发扬光大，促进精神文明建设，构建良好的社会风气。

（四）设施资源的管理

休闲农业的设施资源管理工作包括规划管理与配置管理。设施规划管理工作是通过调查休闲农业区域内资源种类、资源多寡及资源分布，预测未来可能发展的程度，并依各开发阶段所需的设施需求进行整体规划。设施配置管理工作是依据设施规划管理工作的成果，根据现阶段开发所需的设施数量、设施组合及各设施使用情形等因素，对各项设施进行实际配置，使园区各项设施发挥最大功效。休闲农业区域内设施资源很多，常见的有住宿设施、餐饮设施、农路设施、步道设施、卫生设施、解说设施、公用设施等，在对这些设施资源进行管理时，要充分考虑到设施的设置是否会对生态环境造成较大破坏，是否能满足游客对景观的观赏要求。另外，在设施建设之后，要注意保护环境卫生，做到时常清理和维护。

【思考题】

1. 休闲农业环境问题产生的原因有哪些？应如何解决？
2. 请结合所学，设计一份休闲农业园区环境管理办法。

生态农业

生态保护

田妈妈

儋州大皇岭休闲山庄

附录一

关于大力发展休闲农业的指导意见

（农加发〔2016〕3号）

发展休闲农业是发展现代农业、增加农民收入、建设社会主义新农村的重要举措，是促进城乡居民消费升级、发展新经济、培育新动能的必然选择。为深入贯彻落实中央1号文件精神，进一步改善休闲农业的基础设施，提升服务质量，优化政策措施，推动产业持续健康发展，现提出如下意见。

一、重要意义

休闲农业是现代农业的新型产业形态、现代旅游的新型消费业态，为农林牧渔等多领域带来了新的增长点。“十二五”以来，全国休闲农业取得了长足发展，呈现出“发展加快、布局优化、质量提升、领域拓展”的良好态势，已成为经济社会发展的新亮点。“十三五”时期，随着城乡居民生活水平的提高、闲暇时间的增多和消费需求的升级，休闲农业仍有旺盛的需求，仍将处于黄金发展期。目前，休闲农业发展现状与爆发式增长的市场需求还不相适应，发展方式还比较粗放，存在思想准备不足、基础设施滞后、文化内涵挖掘不够、产品类型不够丰富、服务质量有待提高等问题，亟须提档升级。

大力发展休闲农业，有利于推动农业和旅游供给侧结构性改革，促进农村一二三产业融合发展，是带动农民就业增收和产业脱贫的重要渠道，是推进全域化旅游和促进城乡一体化发展的重要载体。各地要充分认识休闲农业消费对增长的积极作用，进一步提高思想认识，完善政策措施，加大工作力度，切实推动休闲农业产品由低水平供需平衡向高水平供需平衡跃升，为促进农业强起来、农村美起来、农民富起来做出新贡献。

二、总体要求

（一）指导思想

深入贯彻党的十八大和十八届三中、四中、五中全会精神，牢固树立“创新、协调、绿色、开放、共享”的发展理念，紧紧围绕发展现代农业、增加农民收入、建设社会主义新农村三大任务，以促进农民就业增收、满足居民休闲消费需求、建设美丽宜居乡村为目标，以激发消费活力、促进产业升级、实施产业脱贫为着力点，坚持农耕文化为魂，美丽田园为韵，生态农业为基，传统村落为形，创新创造为径，加强统筹规划，强化规范管理，创新工作机制，优化发展政策，加大公共服务，整合项目资源，推进农业与旅游、教育、文化、健康养老等产业深度融合，大力提升休闲农业发展水平，着力将休闲农业产业培育成为繁荣农村、富裕农民的新兴支柱产业，为城乡居民提供望得见山、看得见水、记得住乡愁的高品质休闲旅游体验。

（二）基本原则

一是以农为本、促进增收。坚持以农业为基础，农民为主体，农村为场所，加强规划引导，科学构建利益分享机制，增强农民自主发展意识，激发农民创业创新活力。二是多方融合、相互促进。加强与农耕文化传承、创意农业发展、乡村旅游、传统村落传统民居保护、精准扶贫、林下经济开发、森林旅游、水利风景区和古水利工程旅游、美丽乡村建设的有机融合，推动城乡一体化发展。三是因地制宜、特色发展。要结合资源禀赋、人文历史、交通区位和产业特色，在适宜区域，因地制宜、突出特色、适度发展，避免低水平重复建设。四是政府引导、多方参与。强化政府在政策扶持、规范管理、公共服务、营造环境等方面的作用，发挥市场配置资源的决定性作用，引导和支持社会资本开发农民参与度高、受益面广的休闲旅游项目，鼓励妇女积极参与休闲农业发展。五是保护环境、持续发展。遵循开发与保护并举、生产与生态并重的观念，统筹考虑资源和环境承载能力，加大生态环境保护力度，走生产发展、生活富裕、生态良好的文明发展道路。

（三）主要目标

到2020年，产业规模进一步扩大，接待人次达33亿人次，营业收入超过7 000亿元；布局优化、类型丰富、功能完善、特色明显的格局基本形成；社会效益明显提高，从事休闲农业的农民收入较快增长；发展质量明显提高，服务水平较大提升，可持续发展能力进一步增强，成为拓展农业、繁荣农村、富裕农民的新兴支柱产业。

三、主要任务

（一）加强规划引导。按照生产生活生态统一、一二三产业融合的总体要求，围绕农业生产过程、农民劳动生活和农村风情风貌，遵循乡村自身发展规律，因地制宜科学编制发展规划，调整产业结构，优化发展布局，补农村短板，扬农村长处，注意乡土味道，保留乡村风貌，留住田园乡愁，形成串点成线、连片成带、集群成圈的发展格局。要挖掘农业文明，注重参与体验，突出文化特色，加大资源整合力度，形成集农业生产、农耕体验、文化娱乐、教育展示、水族观赏、休闲垂钓、产品加工销售于一体的休闲农业点（村、园），打造生产标准化、经营集约化、服务规范化、功能多样化的休闲农业产业带和产业群。积极推进“多规合一”，注重休闲农业专项规划与当地经济社会发展规划、城乡规划、土地利用规划、异地扶贫搬迁规划等的有效衔接。依托休闲农业点（村、园）、乡村旅游区建设搬迁安置区，着力解决异地扶贫搬迁群众的就业脱贫问题。

（二）丰富产品业态。鼓励各地依托农村绿水青山、田园风光、乡土文化等资源，有规划地开发休闲农庄、乡村酒店、特色民宿、自驾车房车营地、户外运动等乡村休闲度假产品，大力发展休闲度假、旅游观光、养生养老、创意农业、农耕体验、乡村手工艺等，促进休闲农业的多样化、个性化发展。支持农民发展农（林、牧、渔）家乐，积极扶持农民发展休闲农业合作社，鼓励发展以休闲农业为核心的一二三产业融合发展聚集村；加强乡村生态环境和文化遗存保护，发展具有历史记忆、地域特点、民族风情的特色小镇，建设一村一品、一村一景、一村一韵的美丽村庄和宜游宜养的森林景区。引导和支持社会资本开发农民参与度高、受益面广的休闲旅游项目。鼓励各地探索农业主题公园、农业嘉年华、教育农园、摄影基地、特色小镇、渔人码头、运动垂钓示范基地等，提高产业融合的综合效益。

（三）改善基础设施。实施休闲农业和乡村旅游提升工程，扶持建设一批功能完备、特色突出、服务优良的休闲农业聚集村、休闲农业园、休闲农业合作社，着力改善开展休闲农业村庄的道路、供水设施、宽带、停车场、厕所、垃圾污水处理、游客综合服务中心、餐饮住宿的洗涤消毒设施、农事景观观光道路、休闲辅助设施、乡村民俗展览馆和演艺场所等基础服务设施，改善休闲农业基地的种养条件，实现特色农业加速发展、村容环境净化美化和休闲服务能力同步提升。鼓励因地制宜兴建特色餐饮、特色民宿、购物、娱乐等配套服务设施，满足消费者多样化的需求。

（四）推动产业扶贫。对资源禀赋有优势的贫困地区，要优先支持农民，特别是建档立卡贫困户发展休闲农业合作社、农家乐和小型采摘园等，重点实施建档立卡贫困村“一村一品”产业推进行动，带动贫困地区传统种养产业转型升级，促进贫困地区脱贫致富。要探索社会资本参与贫困地区发展休闲农业的利益分享机制，引导和支持社会资本开发农民参与度高、受益面广的项目，着力推动精准脱贫。要通过休闲农业，推动贫困地区优质农副土特产品的加工和销售。积极培树创办领办休闲农业致富带头人，注重培树巾帼创办领办休闲农业致富带头人。

（五）弘扬优秀农耕文化。做好农业文化遗产普查工作，准确掌握全国农业生产系统的发布状况和濒危程度。按照“在发掘中保护、在利用中传承”的思路，加大对农业文化遗产价值的发掘，加强对已认定的农业文化遗产的动态监督管理，加大挖掘、保护、传承和利用力度，推动遗产地经济社会可持续发展。要合理开发农业文化遗产，大力推进优秀农耕文化教育进校园，加强大中小学生的国情乡情教育，统筹利用现有资源建设农业教育、社会实践和研学旅游示范基地，实施中国传统工艺振兴计划，支持发展妇女手工艺特色产业项目。

（六）保护传统村落。不断加强传统村落、传统民居的保护力度，按照保持传统村落完整性、真实性、延续性要求，保护村落文化遗产，改善基础设施和公共服务设施。建立保护管理机制，做好中国传统村落保护项目实施和监督。注重农村文化资源挖掘，强化休闲农业经营场所的创意设计，推进农业与文化、科技、生态、旅游的融合，提升休闲农业的文化软实力。发展主客共享的美丽休闲乡村，加快乡土民俗文化的推广、保护和延续。

（七）培育知名品牌。在整合优化的基础上，重点打造点线面结合的休闲农业品牌体系。在面上，继续开展全国休闲农业示范县（市、区）创建，着力培育一批示范带动能力强的休闲农业集聚区。在点上，继续开展中国美丽休闲乡村推介活动，在全国打造一批天蓝、地绿、水净，安居、乐业、增收的美丽休闲乡村（镇）。在线上，重点开展休闲农业精品景点线路推介，吸引城乡居民到乡村休闲消费。鼓励各地因地制宜开展多种形式的品牌创建与推介活动，培育地方品牌。

四、保障措施

（一）强化政策落实创设。支持有条件的地方通过盘活农村闲置房屋、集体建设用地、开展城乡建设用地增减挂钩试点、“四荒地”、可用林场和水面、边远海岛等资产资源发展休闲农业。鼓励各地将休闲农业和乡村旅游项目建设用地纳入土地利用总体规划和年度计划合理安排。在符合相关规划的前提下，农村集体经济组织可以依法使用建设用地自办或以土地使用权入股、联营等方式与其他单位和个人共同举办住宿、餐饮、停车场等休闲旅游接待服务企业。鼓励各地将中央有关乡村建设资金适当向休闲农业集聚区倾斜。鼓励各地采取以奖代补、先建后补、财政贴息、设立产业投资基金等方式加大财政扶持力度。金融机构要创新担保机制和信贷模式，扩大对休闲农业和乡村旅游经营主体的信贷支持。鼓励社会资本依法合规利用PPP模式、众筹模式、“互联网+”模式、发行债券等新型融资模式投资休闲农业。国家推动重要农业文化遗产的保护、传承和利用。各地要加大投资力度，组织实施休闲农业和乡村旅游提升工程，推动休闲农业和乡村旅游的提档升级。

（二）加大公共服务。依托职业院校、行业协会和产业基地，分类、分层开展休闲农业管理和服务人员培训，提高从业人员素质。加强科技支撑，依托科研教学单位建立一批设计研究中心、规划中心、创意中心，为产业发展提供智力支撑。鼓励社会资本参与休闲农业宣传推介平台建设，加快构建网络营销、网络预订和网上支付等公共服务平台，增强线上线下营销能力。强化行业运行监测分析，构建完善的休闲农业和乡村旅游监测统计制度。

（三）加强规范管理。加大休闲农业行业标准的制定和宣贯力度，逐步推进管理规范化和服务标准化。鼓励各地根据实际情况制定地方行业标准，推动本地休闲农业和乡村旅游规范有序发展。加大对认定的全国休闲农业和乡村旅游示范县示范点、中国美丽休闲乡村、全国休闲农业星级企业、特色景观旅游名镇名村示范等景点的动态管理，确保服务质量和水平。加强行业组织服务，加快形成自我管理、自我监督、自我服务的社会化服务体系。强化安全意识，提倡文明出行和诚信经营。

（四）强化宣传推介。按照“统筹谋划、系统部署、上下联动、均衡有序、重点推进”的思路，在重大节假日前和重要农事节庆节点，充分利用网络、电视、报纸、微信等，以图文并茂的形式，有组织、有计划地开展全国性的休闲农业精品景点宣传推介，吸引城乡居民到乡村休闲消费。鼓励各地通过传统媒体和互联网等新兴媒体宣传推介精品线路和精品景点，扩大休闲农业和乡村旅游产业的影响力。鼓励各地举办特色鲜明、影响力大、公益性强的农事节庆活动，努力营造发展的良好氛围。

五、组织领导

（一）加强组织实施。各地要从战略和全局的高度深化对发展休闲农业的认识，将休闲农业纳入当地国民经济和社会发展规划，出台具体的政策措施，支持休闲农业和乡村旅游发展。要充实工作力量，加强人才队伍建设，建立高效的管理体系。要认真履行规划指导、监督管理、协调服务的职责，组织拟定发展战略、政策、规划、计划并指导实施，切实提高推动休闲农业科学发展的能力。

（二）明确任务分工。各相关部门要结合实际情况，支持休闲农业的发展。农业部门负责牵头落实本地休闲农业发展工作，指导产业的整体发展，并做好宣传推广工作。发展改革部门负责统筹利用现有渠道资金完善休闲农业的基础设施建设工作，将休闲农业和乡村旅游作为农村一二三产业融合“百县千乡万村”试点示范工程的重要内容予以支持。工业和信息化部门负责指导休闲农业和乡村旅游电子商务平台搭建。财政部门负责落实财税支持政策，通过现有资金渠道对重要农业文化遗产保护项目予以支持。国土部门负责落实休闲农业和乡村旅游用地政策。住房和城乡建设部门负责指导村庄的规划建设、传统村落和民居保护等工作。水利部门负责指导相关供水设施建设管理、河湖管理保护和水利风景区建设发展。文化部门和文物部门负责指导乡村文化和文物的挖掘保护和传承利用工作。人民银行等金融管理部门负责指导金融机构落实金融政策。林业部门负责指导森林、湿地等自然资源的保护与开发利用。旅游部门负责指导乡村旅游发展工作，推动乡村旅游与休闲农业融合发展。扶贫部门负责协调使用扶贫等专项资金，支持建档立卡贫困户因地制宜发展带动建档立卡贫困户的休闲农业和乡村旅游。妇联负责指导妇女发展休闲农业和乡村旅游，充分发挥“半边天”作用。

（三）形成工作合力。各相关部门要结合职能，将休闲农业发展的有关工作纳入各自工作体系，并予以重点支持。鼓励各地成立由农业部门牵头，有关部门共同参与的工作协调机制，共同推进有关工作落实。各地要将休闲农业纳入当地国民经济和社会发展规划，列入当地经济发展统计指标体系，出台具体的政策措施，整合资金，集中力量，支持休闲农业重点区域的发展。同时，广泛吸引社会力量参与休闲农业的发展，鼓励企业、院校、协会和社会组织发挥积极作用。

附录二

中华人民共和国国家旅游局令
第 41 号
旅游安全管理办法

第一章　总　　则

第一条　为了加强旅游安全管理，提高应对旅游突发事件的能力，保障旅游者的人身、财产安全，促进旅游业持续健康发展，根据《中华人民共和国旅游法》《中华人民共和国安全生产法》《中华人民共和国突发事件应对法》《旅行社条例》和《安全生产事故报告和调查处理条例》等法律、行政法规，制定本办法。

第二条　旅游经营者的安全生产、旅游主管部门的安全监督管理，以及旅游突发事件的应对，应当遵守有关法律、法规和本办法的规定。

本办法所称旅游经营者，是指旅行社及地方性法规规定旅游主管部门负有行业监管职责的景区和饭店等单位。

第三条　各级旅游主管部门应当在同级人民政府的领导和上级旅游主管部门及有关部门的指导下，在职责范围内，依法对旅游安全工作进行指导、防范、监管、培训、统计分析和应急处理。

第四条　旅游经营者应当承担旅游安全的主体责任，加强安全管理，建立、健全安全管理制度，关注安全风险预警和提示，妥善应对旅游突发事件。

旅游从业人员应当严格遵守本单位的安全管理制度，接受安全生产教育和培训，增强旅游突发事件防范和应急处理能力。

第五条　旅游主管部门、旅游经营者及其从业人员应当依法履行旅游突发事件报告义务。

第二章　经营安全

第六条　旅游经营者应当遵守下列要求：

（一）服务场所、服务项目和设施设备符合有关安全法律、法规和强制性标准的要求；

（二）配备必要的安全和救援人员、设施设备；

（三）建立安全管理制度和责任体系；

（四）保证安全工作的资金投入。

第七条　旅游经营者应当定期检查本单位安全措施的落实情况，及时排除安全隐患；对可能发生的旅游突发事件及采取安全防范措施的情况，应当按照规定及时向所在地人民政府或者人民政府有关部门报告。

第八条　旅游经营者应当对其提供的产品和服务进行风险监测和安全评估，依法履行安全风险提示义务，必要时应当采取暂停服务、调整活动内容等措施。

经营高风险旅游项目或者向老年人、未成年人、残疾人提供旅游服务的，应当根据需要采取相应的安全保护措施。

第九条 旅游经营者应当对从业人员进行安全生产教育和培训，保证从业人员掌握必要的安全生产知识、规章制度、操作规程、岗位技能和应急处理措施，知悉自身在安全生产方面的权利和义务。

旅游经营者建立安全生产教育和培训档案，如实记录安全生产教育和培训的时间、内容、参加人员以及考核结果等情况。

未经安全生产教育和培训合格的旅游从业人员，不得上岗作业；特种作业人员必须按照国家有关规定经专门的安全作业培训，取得相应资格。

第十条 旅游经营者应当主动询问与旅游活动相关的个人健康信息，要求旅游者按照明示的安全规程，使用旅游设施和接受服务，并要求旅游者对旅游经营者采取的安全防范措施予以配合。

第十一条 旅行社组织和接待旅游者，应当合理安排旅游行程，向合格的供应商订购产品和服务。

旅行社及其从业人员发现履行辅助人提供的服务不符合法律、法规规定或者存在安全隐患的，应当予以制止或者更换。

第十二条 旅行社组织出境旅游，应当制作安全信息卡。

安全信息卡应当包括旅游者姓名、出境证件号码和国籍，以及紧急情况下的联系人、联系方式等信息，使用中文和目的地官方语言（或者英文）填写。

旅行社应当将安全信息卡交由旅游者随身携带，并告知其自行填写血型、过敏药物和重大疾病等信息。

第十三条 旅游经营者应当依法制定旅游突发事件应急预案，与所在地县级以上地方人民政府及其相关部门的应急预案相衔接，并定期组织演练。

第十四条 旅游突发事件发生后，旅游经营者及其现场人员应当采取合理、必要的措施救助受害旅游者，控制事态发展，防止损害扩大。

旅游经营者应当按照履行统一领导职责或者组织处置突发事件的人民政府的要求，配合其采取的应急处置措施，并参加所在地人民政府组织的应急救援和善后处置工作。

旅游突发事件发生在境外的，旅行社及其领队应当在中国驻当地使领馆或者政府派出机构的指导下，全力做好突发事件应对处置工作。

第十五条 旅游突发事件发生后，旅游经营者的现场人员应当立即向本单位负责人报告，单位负责人接到报告后，应当于1小时内向发生地县级旅游主管部门、安全生产监督管理部门和负有安全生产监督管理职责的其他相关部门报告；旅行社负责人应当同时向单位所在地县级以上地方旅游主管部门报告。

情况紧急或者发生重大、特别重大旅游突发事件时，现场有关人员可直接向发生地、旅行社所在地县级以上旅游主管部门、安全生产监督管理部门和负有安全生产监督管理职责的其他相关部门报告。

旅游突发事件发生在境外的，旅游团队的领队应当立即向当地警方、中国驻当地使领馆或者政府派出机构，以及旅行社负责人报告。旅行社负责人应当在接到领队报告后1小时内，向单位所在地县级以上地方旅游主管部门报告。

第三章　风险提示

第十六条　国家建立旅游目的地安全风险（以下简称风险）提示制度。

根据可能对旅游者造成的危害程度、紧急程度和发展态势，风险提示级别分为一级（特别严重）、二级（严重）、三级（较重）和四级（一般），分别用红色、橙色、黄色和蓝色标示。

风险提示级别的划分标准，由国家旅游局会同外交、卫生、公安、国土、交通、气象、地震和海洋等有关部门制定或者确定。

第十七条　风险提示信息，应当包括风险类别、提示级别、可能影响的区域、起始时间、注意事项、应采取的措施和发布机关等内容。

一级、二级风险的结束时间能够与风险提示信息内容同时发布的，应当同时发布；无法同时发布的，待风险消失后通过原渠道补充发布。

三级、四级风险提示可以不发布风险结束时间，待风险消失后自然结束。

第十八条　风险提示发布后，旅行社应当根据风险级别采取下列措施：

（一）四级风险的，加强对旅游者的提示；

（二）三级风险的，采取必要的安全防范措施；

（三）二级风险的，停止组团或者带团前往风险区域；已在风险区域的，调整或者中止行程；

（四）一级风险的，停止组团或者带团前往风险区域，组织已在风险区域的旅游者撤离。

其他旅游经营者应当根据风险提示的级别，加强对旅游者的风险提示，采取相应的安全防范措施，妥善安置旅游者，并根据政府或者有关部门的要求，暂停或者关闭易受风险危害的旅游项目或者场所。

第十九条　风险提示发布后，旅游者应当关注相关风险，加强个人安全防范，并配合国家应对风险暂时限制旅游活动的措施，以及有关部门、机构或者旅游经营者采取的安全防范和应急处置措施。

第二十条　国家旅游局负责发布境外旅游目的地国家（地区），以及风险区域范围覆盖全国或者跨省级行政区域的风险提示。发布一级风险提示的，需经国务院批准；发布境外旅游目的地国家（地区）风险提示的，需经外交部门同意。

地方各级旅游主管部门应当及时转发上级旅游主管部门发布的风险提示，并负责发布前款规定之外涉及本辖区的风险提示。

第二十一条　风险提示信息应当通过官方网站、手机短信及公众易查阅的媒体渠道对外发布。一级、二级风险提示应同时通报有关媒体。

第四章　安全管理

第二十二条　旅游主管部门应当加强下列旅游安全日常管理工作：

（一）督促旅游经营者贯彻执行安全和应急管理的有关法律、法规，并引导其实施相关国家标准、行业标准或者地方标准，提高其安全经营和突发事件应对能力；

（二）指导旅游经营者组织开展从业人员的安全及应急管理培训，并通过新闻媒体等多种渠道，组织开展旅游安全及应急知识的宣传普及活动；

（三）统计分析本行政区域内发生旅游安全事故的情况；

（四）法律、法规规定的其他旅游安全管理工作。

旅游主管部门应当加强对星级饭店和A级景区旅游安全和应急管理工作的指导。

第二十三条 地方各级旅游主管部门应当根据有关法律、法规的规定，制定、修订本地区或者本部门旅游突发事件应急预案，并报上一级旅游主管部门备案，必要时组织应急演练。

第二十四条 地方各级旅游主管部门应当在当地人民政府的领导下，依法对景区符合安全开放条件进行指导，核定或者配合相关景区主管部门核定景区最大承载量，引导景区采取门票预约等方式控制景区流量；在旅游者数量可能达到最大承载量时，配合当地人民政府采取疏导、分流等措施。

第二十五条 旅游突发事件发生后，发生地县级以上旅游主管部门应当根据同级人民政府的要求和有关规定，启动旅游突发事件应急预案，并采取下列一项或者多项措施：

（一）组织或者协同、配合相关部门开展对旅游者的救助及善后处置，防止次生、衍生事件；

（二）协调医疗、救援和保险等机构对旅游者进行救助及善后处置；

（三）按照同级人民政府的要求，统一、准确、及时发布有关事态发展和应急处置工作的信息，并公布咨询电话。

第二十六条 旅游突发事件发生后，发生地县级以上旅游主管部门应当根据同级人民政府的要求和有关规定，参与旅游突发事件的调查，配合相关部门依法对应当承担事件责任的旅游经营者及其责任人进行处理。

第二十七条 各级旅游主管部门应当建立旅游突发事件报告制度。

第二十八条 旅游主管部门在接到旅游经营者依据本办法第十五条规定的报告后，应当向同级人民政府和上级旅游主管部门报告。一般旅游突发事件上报至设区的市级旅游主管部门；较大旅游突发事件逐级上报至省级旅游主管部门；重大和特别重大旅游突发事件逐级上报至国家旅游局。向上级旅游主管部门报告旅游突发事件，应当包括下列内容：

（一）事件发生的时间、地点、信息来源；

（二）简要经过、伤亡人数、影响范围；

（三）事件涉及的旅游经营者、其他有关单位的名称；

（四）事件发生原因及发展趋势的初步判断；

（五）采取的应急措施及处置情况；

（六）需要支持协助的事项；

（七）报告人姓名、单位及联系电话。

前款所列内容暂时无法确定的，应当先报告已知情况；报告后出现新情况的，应当及时补报、续报。

第二十九条 各级旅游主管部门应当建立旅游突发事件信息通报制度。旅游突发事件发生后，旅游主管部门应当及时将有关信息通报相关行业主管部门。

第三十条 旅游突发事件处置结束后，发生地旅游主管部门应当及时查明突发事件的发生经过和原因，总结突发事件应急处置工作的经验教训，制定改进措施，并在30日内按照下列程序提交总结报告：

（一）一般旅游突发事件向设区的市级旅游主管部门提交；

（二）较大旅游突发事件逐级向省级旅游主管部门提交；

（三）重大和特别重大旅游突发事件逐级向国家旅游局提交。

旅游团队在境外遇到突发事件的，由组团社所在地旅游主管部门提交总结报告。

第三十一条 省级旅游主管部门应当于每月 5 日前，将本地区上月发生的较大旅游突发事件报国家旅游局备案，内容应当包括突发事件发生的时间、地点、原因及事件类型和伤亡人数等。

第三十二条 县级以上地方各级旅游主管部门应当定期统计分析本行政区域内发生旅游突发事件的情况，并于每年 1 月底前将上一年度相关情况逐级报国家旅游局。

第五章 罚 则

第三十三条 旅游经营者及其主要负责人、旅游从业人员违反法律、法规有关安全生产和突发事件应对规定的，依照相关法律、法规处理。

第三十四条 旅行社违反本办法第十一条第二款的规定，未制止履行辅助人的非法、不安全服务行为，或者未更换履行辅助人的，由旅游主管部门给予警告，可并处 2 000 元以下罚款；情节严重的，处 2 000 元以上 10 000 元以下罚款。

第三十五条 旅行社违反本办法第十二条的规定，不按要求制作安全信息卡，未将安全信息卡交由旅游者，或者未告知旅游者相关信息的，由旅游主管部门给予警告，可并处 2 000元以下罚款；情节严重的，处 2 000 元以上 10 000 元以下罚款。

第三十六条 旅行社违反本办法第十八条规定，不采取相应措施的，由旅游主管部门处 2 000 元以下罚款；情节严重的，处 2 000 元以上 10 000 元以下罚款。

第三十七条 按照旅游业国家标准、行业标准评定的旅游经营者违反本办法规定的，由旅游主管部门建议评定组织依据相关标准作出处理。

第三十八条 旅游主管部门及其工作人员违反相关法律、法规及本办法规定，玩忽职守，未履行安全管理职责的，由有关部门责令改正，对直接负责的主管人员和其他直接责任人员依法给予处分。

第六章 附 则

第三十九条 本办法所称旅游突发事件，是指突然发生，造成或者可能造成旅游者人身伤亡、财产损失，需要采取应急处置措施予以应对的自然灾害、事故灾难、公共卫生事件和社会安全事件。

根据旅游突发事件的性质、危害程度、可控性以及造成或者可能造成的影响，旅游突发事件一般分为特别重大、重大、较大和一般四级。

第四十条 本办法所称特别重大旅游突发事件，是指下列情形：

（一）造成或者可能造成人员死亡（含失踪）30 人以上或者重伤 100 人以上；

（二）旅游者 500 人以上滞留超过 24 小时，并对当地生产生活秩序造成严重影响；

（三）其他在境内外产生特别重大影响，并对旅游者人身、财产安全造成特别重大威胁的事件。

第四十一条　本办法所称重大旅游突发事件，是指下列情形：

（一）造成或者可能造成人员死亡（含失踪）10人以上、30人以下或者重伤50人以上、100人以下；

（二）旅游者200人以上滞留超过24小时，对当地生产生活秩序造成较严重影响；

（三）其他在境内外产生重大影响，并对旅游者人身、财产安全造成重大威胁的事件。

第四十二条　本办法所称较大旅游突发事件，是指下列情形：

（一）造成或者可能造成人员死亡（含失踪）3人以上10人以下或者重伤10人以上、50人以下；

（二）旅游者50人以上、200人以下滞留超过24小时，并对当地生产生活秩序造成较大影响；

（三）其他在境内外产生较大影响，并对旅游者人身、财产安全造成较大威胁的事件。

第四十三条　本办法所称一般旅游突发事件，是指下列情形：

（一）造成或者可能造成人员死亡（含失踪）3人以下或者重伤10人以下；

（二）旅游者50人以下滞留超过24小时，并对当地生产生活秩序造成一定影响；

（三）其他在境内外产生一定影响，并对旅游者人身、财产安全造成一定威胁的事件。

第四十四条　本办法所称的“以上”包括本数；除第三十四条、第三十五条、第三十六条的规定外，所称的“以下”不包括本数。

第四十五条　本办法自2016年12月1日起施行。国家旅游局1990年2月20日发布的《旅游安全管理暂行办法》同时废止。

参考文献

安娜，2012. 现代企业管理［M］. 北京：机械工业出版社.

曾兰君，2015. 景区服务与管理［M］. 北京：北京理工大学出版社.

陈才，龙江智，2008. 旅游景区管理［M］. 北京：中国旅游出版社.

陈玉林，郭其，2010. 休闲农业与乡村旅游知识读本［M］. 银川：宁夏少年儿童出版社.

单凤儒，2014. 管理学基础［M］. 北京：高等教育出版社.

段青民，2013. 酒店客房服务细节与作业流程手册（图解版）［M］. 北京：人民邮电出版社.

方小燕，张莉，孔捷，2015. 景区服务与管理［M］. 北京：清华大学出版社.

付明星，2012. 休闲农业与乡村旅游［M］. 武汉：湖北科学技术出版社.

高海晨，2014. 企业管理［M］. 北京：高等教育出版社.

耿宝江，2015. 休闲农业开发与管理［M］. 成都：西南财经大学出版社.

耿红莉，2015. 休闲农业与乡村旅游发展理论和实务［M］. 北京：中国建筑工业出版社.

郭焕成，2008. 我国休闲农业发展的意义、态势与前景［C］//中国农业资源与区划学会学术年会.

姜若愚，2011. 旅游景区服务与管理［M］. 大连：东北财经大学出版社.

李弈萱，黄志伟，2017. 岳阳助推乡村旅游提档升级　紧盯农家乐食品安全［N/OL］. (02-20)［2018-12-30］. http://news.163.com/17/0220/10/CDNA85NG000187VG.html.

廖军华，2011. 农业生态旅游发展中的环境问题［J］. 安徽农业科学（13）：7952-7953.

蔺娟，梁爱平，2015. 西安"农家乐"遭遇山洪敲响乡村旅游安全警钟［N/OL］. (08-06)［2019-02-11］. http://society.people.com.cn/n/2015/0806/c136657-27420795.html.

刘亚轩，肖鸿燚，等，2014. 旅游景区服务与管理［M］. 北京：中国商业出版社.

卢晓，2009. 旅游景区服务于管理［M］. 北京：清华大学出版社.

罗广元，2010. 园林企业管理［M］. 咸阳：西北农林科技大学出版社.

罗景峰，2015. 乡村旅游者安全影响因素辨识研究［J］. 安徽农业科学，43（6）：214-217.

罗迈钦，2014. 管理学基础［M］. 长春：吉林大学出版社.

吕明伟，孙雪，张媛，等，2010. 休闲农业规划设计与开发［M］. 北京：中国建筑工业出版社.

马勇，李玺，2006. 旅游景区管理［M］. 北京：中国旅游出版社.

农家乐（乡村游）服务宝典编委会，2012. 农家乐（乡村游）之餐饮服务［M］. 北京：旅游教育出版社.

农业部农村社会事业发展中心组，2010. 休闲农业管理人员手册［M］. 北京：中国农业出版社.

潘福达，2017. 京郊游遇事故理赔是大难题　北京首次推出民俗游保险［N/OL］. (03-08)［2019-01-23］. http://travel.people.com.cn/n1/2017/0308/c41570-29130714.html.

彭怡萍，2013. 休闲农业发展的环境法规建设研究［D］. 福州：福建农林大学 .

彭怡萍，2014. 休闲农业开发中的生态环境问题与环境管理制度研究［J］. 现代农业科技（10）：220-221，226.

汪红烨，2012. 旅游心理学［M］. 上海：上海交通大学出版社 .

王昆欣，2004. 旅游景区服务与管理［M］. 北京：旅游教育出版社 .

王昆欣，2008. 旅游景区服务与管理案例［M］. 北京：旅游教育出版社 .

王庆国，2006. 旅游景区经营与管理［M］. 郑州：郑州大学出版社 .

谢彦君，2009. 旅游景区管理［M］. 北京：中国旅游出版社 .

姚元福，逯昀，2015. 休闲农业与乡村旅游［M］. 北京：中国农业科学技术出版社 .

于卫东，2013. 现代企业管理［M］. 北京：机械工业出版社 .

张胜利，2014. 中国休闲农业发展现状与对策研究［D］. 株洲：湖南农业大学 .

张胜利，2016. 国外休闲农业发展的典型模式分析及经验启示［J］. 青海科技（2）：94-96.

张跃西，2009. 休闲农业经营管理模式创新实证研究［D］. 杭州：浙江教育学院 .

赵艺桦，2015. 浅谈农业生态旅游经济的发展对地区旅游经济的影响［J］. 中外企业家（7Z）.

周国忠，2007. 旅游景区服务与管理实务［M］. 南京：东南大学出版社 .

朱明德，2011. 园林企业经营管理［M］. 重庆：重庆大学出版社 .

朱颖，2015. 农庄经营管理［M］. 北京：中国农业大学出版社 .

邹统钎，吴丽云，2013. 景区服务与管理［M］. 南京：南京师范大学出版社 .